Erziehen, ohne die Nerven zu verlieren

Duden

Erziehen, ohne die Nerven zu verlieren

Verbindlich kommunizieren, liebevoll handeln

von Tania García

Aus dem Spanischen von
Emilia Gagalski und Margarita Ruppel

Dudenverlag
Berlin

Für meine Kinder Uriel und Gadea, meine größten Lehrer und die reinsten und schönsten Menschen, die ich kenne. Für alle Kinder dieser Welt, die sie als Einzige retten können.

Impressum

Bibliografische Information der Deutschen Nationalbibliothek
Die Deutsche Nationalbibliothek verzeichnet diese Publikation in der Deutschen Nationalbibliografie; detaillierte bibliografische Daten sind im Internet über http://dnb.dnb.de abrufbar.

Bibliographisches Institut GmbH, Mecklenburgische Straße 53, 14197 Berlin

Redaktionelle Leitung Susanne Klar
Übersetzung aus dem Spanischen Emilia Gagalski und Margarita Ruppel
Lektorat Ulrike Schimming, www.letterata.de
Herstellung Alfred Trinnes
Layout und Satz Veronika Neubauer
Umschlaggestaltung zero-media.net, München
Umschlagabbildung FinePic®, München
Druck und Bindung AZ Druck und Datentechnik GmbH, Heisinger Straße 16, 87437 Kempten

Printed in Germany
ISBN 978-3-411-75672-8
Auch als E-Book erhältlich unter: ISBN 978-3-411-91422-7
www.duden.de

PEFC
PEFC/04-31-2260

PEFC zertifiziert
Dieses Produkt stammt aus nachhaltig bewirtschafteten Wäldern und kontrollierten Quellen.

www.pefc.de

Inhaltsverzeichnis

Einleitung

Das Leben ist intensiv und flüchtig, wunderschön und zugleich so schwierig.

Noch herausfordernder wird es vermutlich, wenn wir zu Müttern und Vätern werden. Denn dies ist der Augenblick, in dem all die Gefühle ans Licht kommen, die wir in unserer Kindheit und Jugend empfunden, aber nicht ausgedrückt haben, und die also in unserem Inneren schlummern.

Plötzlich verlieren wir die Nerven bei Dingen, die vor unserer Elternschaft für uns nie ein Problem waren, von denen wir nun aber wie besessen sind. Einst entspannte Abläufe, wie zum Beispiel das Haus zu verlassen, um arbeiten zu gehen, sind nun für viele von uns der blanke Horror.

Sobald wir Eltern werden, scheint es, als müssten wir ständig etwas fordern: die Einhaltung von Regeln, Uhrzeiten oder Appelle an unsere Kinder. Es ist, als würden wir davon ausgehen, dass unsere Sprösslinge sich andernfalls in abhängige, unverantwortliche Menschen ohne Ziele verwandeln. Manchmal geht es sogar so weit, dass wir glauben, unsere Kinder könnten zu Erwachsenen werden, die anderen Menschen Böses wollten.

So wurde es uns schließlich von der Gesellschaft und unseren eigenen Eltern beigebracht. Viele von uns haben verinnerlicht, dass wir unseren Kindern überlegen sind, dass Kinder außerdem immer tun müssen, was wir sagen, und dass nur die Dinge akzeptabel sind, die von uns Erwachsenen gutgeheißen werden.

Viele von uns Eltern haben gelernt, ihre Kinder zu ignorieren, wenn sie wütend sind, wenn sie weinen, wenn sie keine Lust haben, etwas zu tun, wenn sie neidisch oder intolerant sind. Uns wurde eingetrichtert, dass Kinder umso weniger entschlossen und schlechter auf das Leben vorbereitet werden, je mehr Unterstützung sie erfahren. Man hat viele von uns Müttern und Vätern glauben gemacht, dass hartes Durchgreifen am besten funktioniere, dass die Kinder umso stärker würden, je schwerer wir Erwachsene es ihnen machen. Da wir die wahren Gefühle unserer Kinder (und unsere eigenen) nicht kannten, haben wir diesen Lehren geglaubt. Dabei ist uns Eltern durchaus bewusst, dass wir selbst Unterstützung, Gespräche, Empathie und Liebe am meisten gebraucht hätten, als wir uns in unserer eigenen Kindheit und Jugend traurig, wütend und unverstanden gefühlt haben. Wir erinnern uns genau daran, wenn uns damals in Momenten voller Verärgerung liebevolles Verständnis, ein offenes Ohr, eine Umarmung oder Beistand entgegengebracht wurden. Wir klammern uns mit unserem ganzen Schmerz und unserer Liebe an diese Erinnerungen, sobald ein Elternteil von uns geht (oder womöglich schon gegangen ist).

» *Unsere größte Aufgabe als Eltern ist es heute also, uns wirklich bewusst zu machen, dass dieser alte Erziehungsansatz für Jungen und Mädchen schädlich ist.*

Die Ansicht, Kinder sollten das Ebenbild ihrer Eltern sein, schadet ihnen nämlich: Dadurch werden die Kinder unsicher, fühlen sich unterlegen und entwickeln ein sehr geringes Selbstwertgefühl. Dies prägt dann nicht nur ihre Kindheit und Jugend, sondern auch ihr Erwachsenendasein.

Diese Theorien, die nur auf den elterlichen Interessen beruhen und die wahren Gefühle und Bedürfnisse der Kinder ignorieren, trennen uns von unseren Kindern und lassen die emotionale Bindung zu ihnen verkümmern, bis diese fast völlig verschwindet.

Im Leben ist niemand besser als der andere. Genauso wenig sind Mütter und Väter ihren Kindern überlegen. Wir Eltern sind dazu da, unseren Sprösslingen den Weg zu weisen sowie mit gutem Beispiel und Gelassenheit voranzugehen. Wir sind dazu da, damit sie etwas lernen können, ohne Schaden zu nehmen. Wir sollten an ihrer Seite sein, ohne dass sie uns vormachen müssen, so zu sein, wie wir sie haben wollen. Sie sollen nicht ständig ihre tiefsten Gefühle verdrängen müssen.

» *Alle Menschen sollten geliebt, respektiert und akzeptiert werden, so wie sie sind.*

Aber viele Eltern haben gelernt, ihre Kinder auf eine adultistische und verhaltensbezogene Weise zu erziehen. Adultismus bezeichnet das ungleiche Machtverhältnis zwischen Eltern und Kindern. Die Eltern gelten dabei aufgrund ihres höheren Alters immer als die Besseren und Kompetenteren, Kinder hingegen werden u. a. als unreif und rücksichtslos angesehen. Erziehen Eltern adultistisch, erwarten sie, dass sich ausschließlich die Kinder ändern, ohne dass die Eltern dabei an die Entwicklungsphasen ihres Gehirns oder ihrer emotionalen Fähigkeiten denken. Sie erwarten von den Kindern Dinge, die sie entweder nicht wollen oder noch gar nicht können. Diese Erziehungsmethode hat nur das Wohlergehen und Interesse der Erwachsenen im Blick.

Dieses Buch nun stellt dir all das notwendige theoretische und praktische Know-how für eine kindgerechte Erziehung zur Verfügung. Es zeigt dir, dass es nicht darum geht, dein Kind zu verändern, zu formen und zu modifizieren, sondern dass die eigentliche Arbeit bei den Eltern selbst liegt (wie auch bei den pädagogischen Fachkräften, die mit Kindern zu tun haben). Die pädagogischen Strukturen müssen sich umfassend verändern, da Menschen nicht glücklich sein können, wenn man sie zwingt, etwas zu tun oder zu fühlen, was sie nicht möchten, wenn sie keine Aufmerksamkeit bekommen und man ihnen nicht zuhört, wenn sie es brauchen. Ebenso wenig werden Kinder glücklich, wenn sie kontrolliert werden und Angst vor strafenden oder kritisierenden Eltern haben, weil sie offen sagen, was sie denken, und in einer Atmosphäre des Misstrauens und der Unterdrückung leben.

» Wenn Kinder vorgeben müssen, anders zu sein, als sie sind, entwickeln sie sich nicht vollständig und werden zu verkrampften Erwachsenen.

Genau das passiert nämlich, wenn Kinder und Jugendliche nicht ausdrücken können, was sie fühlen: Sie verstecken ihr wahres Ich.

Um dich bei der großen Aufgabe der kindgerechten Erziehung zu unterstützen, erzähle ich dir in diesem Buch die Geschichte meiner Protagonistin Alexandra, von ihrer Kindheit in den 1980er-Jahren bis in die Gegenwart. Mit ihrer Hilfe wirst du mehr Verständnis für dein Kind und für dich selbst aufbringen.

Zunächst allerdings müssen wir uns als Mütter und Väter bewusst machen, dass wir selbst uns ändern sollten und diese grundlegende Lebensveränderung auch wirklich wollen. Das bedeutet, dass wir unser Erwachsenen-Ego tatsächlich hintenanstellen, um eine echte Verbindung zu unseren Söhnen und Töchtern aufbauen zu können. Wir müssen uns klarmachen, dass wir niemanden kontrollieren sollten, denn wir haben nur unser eigenes Leben in der Hand, nicht aber das unserer Kinder.

Dafür müssen wir aus unseren Handlungen lernen und uns vor allem unserer Gefühle bewusst werden. Erst dann können wir erkennen, wie unverhältnismäßig unsere alltäglichen Reaktionen gegenüber unseren Kindern oftmals sind, wenn wir uns ihnen gegenüber adultistisch verhalten, uns selbst nicht im Griff haben, uns an der beschränkten Kenntnis unserer eigenen Gefühle orientieren und völlig unwissend sind, was unsere Söhne und Töchter von uns brauchen, wenn sie von ihren Gefühlen überwältigt werden.

Viele Mütter und Väter sind im Grunde nicht glücklich, wenn sie auf eine solche Weise erziehen. Sie versuchen, die Kinder zu zwingen, das zu tun, was sie selbst wollen. Sie verlangen, dass sie ruhig sein sollen, dass sie aufhören zu weinen und zu wüten, dass sie Hausaufgaben machen oder sich nicht mit ihren Geschwistern streiten sollen. Diese Eltern sind unglücklich, weil sie strafen, schreien, drohen, erpressen, fordern, manipulieren und sogar physische Gewalt anwenden (Klapse, Kniffe, an den Haaren ziehen usw.). Diese über kurz oder lang schädlichen Handlungen sind nur von der Gefühlslage der Eltern und ihrem Wollen sowie von ihrem Bedürfnis nach Kontrolle geleitet.

Kontrolle ist eines der größten Übel, das sich den Erwachsenen eingebrannt hat. Ihnen wurde beigebracht, dass sie Kinder kontrollieren müssten. So sind viele Techniken der „sanften" Kontrolle entstanden, in denen sie „nicht strafende" Konsequenzen, Belohnungen oder Methoden nutzen. All dies führt zu einer großen Verwirrung bei den Eltern, bei pädagogischen Fachkräften und natürlich auch bei den Kindern. Man lässt sie im Glauben, dass solche Methoden sowohl für die einen als auch für die anderen gut seien. Dabei ist nichts weiter von der Realität entfernt als diese Überzeugung.

» *Eltern sollten lernen zu erziehen, ohne zu kontrollieren.*

Denn selbst wenn sie die Kontrolle hinter zufriedenen Gesichtern, positiven Verstärkern und beruhigenden Sätzen verstecken, fordern Erwachsene dennoch, dass ihre Kinder tun sollen, was sie wollen, dass die Sprösslinge gehorchen, mitarbeiten und anderes mehr. Diese versteckte Art der Kontrolle und des emotionalen Missbrauchs macht Jungen und Mädchen unglücklich, da nicht ihre Bedürfnisse im Vordergrund stehen, sondern die der Erwachsenen.

Mit der Kontrolle ihrer Söhne und Töchter zeigen Eltern lediglich, dass sie sich selbst nicht zu kontrollieren wissen, dass sie andauernd die Nerven verlieren, weil sie ihre eigenen Gefühle nicht kennen. Durch das Zähmen und Herumkommandieren der Kinder steigern sie ihr eigenes Selbstwertgefühl. So gewinnen sie den Eindruck, dass endlich irgendjemand ihre Worte hört und ihre Erwartungen erfüllt. Auf diese Art schaffen sie jedoch einen Teufelskreis: Die Kinder werden später zu Erwachsenen, die ihre eigenen Gefühle ebenfalls nicht kennen und dann wiederum ihre Kinder kontrollieren müssen.

„ Kinder müssen lernen, ihre eigenen Entscheidungen zu treffen. Sie sollen sich selbst und ihre Gefühle lieben, sollen Nein sagen können und ihre Empfindungen, Vorlieben und Interessen verstehen.

Dafür müssen sie authentisch sein und fühlen dürfen, ohne dafür verurteilt zu werden. Sie sollten keine Angst vor der Reaktion oder Missbilligung der Eltern haben müssen und in ihrem Tun und Fühlen nicht manipuliert werden. All dies sollten unsere Kinder gemeinsam mit uns Müttern und Vätern lernen. Wir unterstützen sie, indem wir mit Liebe, Orientierung, Respekt, Empathie, Verständnis, Toleranz und mit gutem Beispiel erziehen und nicht mit Groll und Kontrolle.

Viele von uns Eltern neigen jedoch zu der Überzeugung, dass Kinder, die nicht kontrolliert werden, später Probleme bekommen. Dabei besteht das einzige Problem gerade darin, dass durch die Kontrolle das wahre Wesen der Jungen und Mädchen im Verborgenen bleibt.

Wenn ich mit Eltern darüber spreche und sie frage, was sie sich für ihre Kinder im Leben wünschen, sind sich alle einig: Glück. Nicht den besten Uniabschluss, den besten Job, das große Geld oder das Eigenheim. Mütter und Väter halten das Glück für das Wichtigste im Leben ihrer Kinder.

Auch versichern mir die meisten Eltern, dass sie zum Glück ihrer Kinder gern mit einer respektvollen Erziehung beitragen würden, aber Angst davor haben. Sie haben Angst, nachgiebig zu sein, Angst, dass die Kinder ihnen entgleiten. Sie glauben, wenn sie aufhörten, zu bestrafen, zu schreien, sie auf den „Stillen Stuhl“ zu setzen und ihnen beizubringen, das zu tun, was Erwachsene wollen, dass sie als Eltern versagen und dass ihre Kinder - und sie selbst - immer unglücklich sein werden. Hätten sie die Gewissheit, dass ihre Kinder dadurch zu Menschen werden, die für sich selbst und andere Verantwortung übernehmen, dann würden sie sie zweifelsohne mit Respekt und Empathie erziehen. Darin sind sich alle einig.

Die Angst ist durchaus nachvollziehbar: Gesellschaftliche Überzeugungen sind sehr tief verwurzelt und es kostet viel Überwindung, aus festgefahrenen Strukturen auszubrechen, selbst wenn diese nachweislich falsch sind. Jahrelange Untersuchungen und Studien in den verschiedensten Fachgebieten (Neurowissenschaften, Psychologie, Biologie, Psychiatrie, Medizin usw.) haben gezeigt, dass eine kontrollierende, angstbasierte Erziehung und die Missachtung der kindlichen Gefühle und Bedürfnisse eine Reihe negativer Folgen für die psychische Entwicklung der Kinder nach sich zieht. Diese Rückstände sind schwer aufzuholen und bestehen manchmal sogar lebenslang. Im Verlauf dieses Buches werde ich dir einige dieser Folgen vorstellen.

» Durch eine emotionale Erziehung sollen die Kinder verstehen, dass Gefühle zum Leben dazugehören.

Damit du diese bei deinem Kind anwenden kannst, musst du diese Erziehung jedoch zunächst einmal selbst verinnerlichen. Bekanntermaßen gibt es keine effektivere Methode, etwas zu begreifen, als es am eigenen Leib zu erfahren. Du solltest dich selbst verstehen, wissen, welche Gefühle du empfindest, woher sie kommen und wie du auf sie reagierst. Du solltest wissen, wie du dich beruhigen und kontrollieren kannst. Zudem solltest du erkennen, wie wichtig deine Gefühle für die Entwicklung der Persönlichkeit und des Selbstwertgefühls deines Kindes sind. Nur so kannst du ihm die notwendigen Werkzeuge an die Hand geben, damit es seine Gefühle kennenlernt, die Widrigkeiten des Lebens gelassen übersteht, sich behauptet sowie sich und andere respektieren kann. Nur dann kann dein Kind das Leben in seiner Ganzheit genießen und eine positive Einstellung, Respekt und Empathie in Beziehungen entwickeln. Es wird glücklich sein und von den Menschen geleitet werden, die es am meisten lieben: seine Mutter und sein Vater.

Diesen Weg wirst du mit diesem Buch beschreiten. Ich habe es mit meiner ganzen Liebe, Professionalität und Erfahrung geschrieben, nachdem ich jahrelang - und noch immer - unzähligen Eltern und pädagogischen Fachkräften dabei geholfen habe, sich selbst zu verändern.

Alles, was du hier erfährst, kannst du in jeder Entwicklungsphase deines Kindes anwenden, denn meine Grundsätze passen in jedem Alter und helfen dir immer.

Wie anfangs bereits gesagt: Das Leben wird herausfordernder, wenn wir Kinder bekommen. Wenn wir bei der Erziehung aber unseren Kindern folgen, wenn wir ihre Eigenarten verstehen und auf ihre Bedürfnisse eingehen, ihnen Gelassenheit, Unterstützung und Respekt entgegenbringen, wenn wir zulassen, dass sie ihre Gefühle ausdrücken und wir sie als gleichwertige Menschen betrachten (und als die Menschen, die wir am meisten lieben), dann wird das Leben nicht nur viel einfacher, sondern nimmt auch an Bedeutung zu, und wir werden viel glücklicher.

John Ruskin soll sinngemäß einmal gesagt haben: „Es gibt keinen Reichtum, außer dem Leben." Also lass uns das Leben gemeinsam mit unseren Kindern genießen. Alle Phasen vergehen irgendwann, wir überstehen die schwierigen Momente, und unsere bedingungslose Liebe (die Liebe, die nicht urteilt, ganz gleich, ob wir wütend oder fröhlich sind), die wir ihnen heute entgegenbringen können, trägt sie in die Zukunft.

Vielen Dank, dass du dieses Buch in deinen Händen hältst. Ich hoffe, dass es dein Herz und deine Gefühle lenkt und dass du eine Verbindung zu dir selbst und deinen Kindern aufbauen kannst.

Liebste Grüße und ein glückliches Leben.

Alexandra und die Silvesterfeier

Es war der letzte Tag des Jahres 1986, und Alexandras Zuhause platzte vor Menschen aus allen Nähten: Onkel und Tanten, Cousins und Cousinen, Großeltern, Nachbarinnen und Nachbarn, dazu noch ihre Schwester Carolina und ihre Eltern.

Vor Kurzem erst war Alexandra sechs geworden und blickte dem Jahreswechsel sehr nervös entgegen. Alle wuselten herum, und sie ließ sich von der aufgeregten Stimmung mitreißen. Ihre älteren Cousinen putzten sich im Badezimmer heraus und sangen lauthals ein angesagtes Pop-Lied mit dem Titel „Wen interessiert's" mit.

Sie fand das Lied lustig, und tief in ihrem Inneren hatte sie das Gefühl, dass es für sie gemacht war. Alexandra hatte immer den Eindruck, dass die Dinge, die ihr Angst machten, für ihre Eltern keine Rolle spielten oder von ihnen gar nicht wahrgenommen wurden. Wenn sie weinte, aus welchem Grund auch immer, meinten die Eltern bloß, sie solle damit aufhören, oder machten sich über den Grund für ihr Weinen lustig und sagten den Satz, den Alexandra am allerwenigsten mochte: „Große Mädchen weinen nicht." Nie fand sie Trost, und ihre innere Traurigkeit machte sich immer mehr bemerkbar.

Ihre drei Jahre ältere Schwester Carolina war ganz anders. Carolina weinte niemals, und wenn sie doch mal den Drang verspürte, biss sie die Zähne zusammen und verkniff es sich. Die Eltern waren immer sehr stolz auf sie.

Die beiden Schwestern waren gern zusammen, spielten miteinander, redeten über die Schule und ihre Freunde, lächelten einander verschwörerisch zu, wenn sie ihr Gemüse in der Serviette versteckten.

Sie schliefen in getrennten Zimmern, obwohl sie ihre Eltern schon oft gebeten hatten, zusammen in einem Zimmer schlafen zu dürfen. Die hatten das jedoch abgelehnt und zu Carolina gesagt, dass sie sonst auch zu einer „Heulsuse“ werde wie ihre kleine Schwester. Außerdem seien die beiden schon zu groß dafür.

Weinen wurde in ihrem Zuhause nicht gern gesehen. Alexandra schien die Einzige zu sein, die das tat. Doch sie fühlte sich dabei nie frei. Immerzu wurde sie kritisiert, und so fühlte sie sich leer, einsam und entmutigt.

Das alte Jahr verging, und zwischen dem Feuerwerk der Nachbarn, dem Geschrei im Haus und den beschwipsten Erwachsenen fühlte sich Alexandra so einsam wie nie zuvor. Sie war traurig und hatte niemanden, den sie umarmen konnte. Es wurde noch schlimmer, als sie keine Lust auf Gambas hatte und ihre Großeltern zu meckern begannen. Ihre Oma meinte, Alexandra sei undankbar, denn nur wenigen Kindern sei so ein Genuss vergönnt, ihr Opa hingegen meinte, Frauen würden von Gambas hässlich werden. Alexandra wäre gern in der Nähe ihrer Schwester gewesen, doch die saß am anderen Ende des Tisches und lachte mit ihren Cousinen und Cousins. Alexandra konnte niemandem ihr Herz ausschütten, und so überkam sie ein Gefühl der Machtlosigkeit. Sie brach in Tränen aus, ohne ein Wort hervorzubringen. Alle schienen so glücklich zu sein, und sie verstand noch immer nicht, was Glück war, zumindest nicht so, wie sie dachte, dass es sein müsste. Sie wurde auf ihr Zimmer geschickt, um sich „die Flausen aus dem Kopf zu schlagen“. Sie wollte unbedingt im Wohnzimmer bleiben und zusammen mit allen anderen die traditionellen Glockenschläge zählen. Doch ihre Eltern ließen nicht mit sich reden.

Als Mitternacht vorbei war, begann Alexandra das Jahr 1987 nicht zusammen mit den anderen, sondern damit, sich mit ihrer Bettdecke die Tränen zu trocknen. Noch am Morgen zuvor hatte die Mutter ihr, während sie ihr sanft die Haare gebürstet und den Zopf geflochten hatte, gesagt, dass man ein Jahr immer mit einem neuen Vorsatz beginnen müsse. In diesem Moment, als sie weinend in ihrem Bett lag, konnte sie nur an ihren größten Herzenswunsch denken: sich von ihren Eltern immer geliebt und verstanden zu fühlen.

I \ eins

Der Ursprung der Emotionen

Was sind Gefühle?

Kein Mensch kann ein Leben ohne Gefühle führen. Die Gefühle gehören untrennbar zu uns und entstehen in uns.

Alles, was wir denken, sagen, entscheiden oder tun, wird unmittelbar durch unsere Emotionen gesteuert. Ein Gefühl zu erleben ist für uns also genauso essenziell und unentbehrlich wie essen oder schlafen.

Trotz dieser wissenschaftlich bewiesenen Tatsache herrscht in der Gesellschaft immer noch viel Unwissen über die Gefühle und ihre Eigenschaften. Unsere Gefühlskultur ist nicht gerade ausgeprägt, und das wirkt sich negativ auf alle Bereiche aus, sowohl auf die Beziehung zwischen Eltern und Kindern als auch auf jegliche andere Art von Beziehung.

» Emotionen spielen in unserem Leben rund um die Uhr eine Rolle.

Jahrzehntelang haben die Menschen sich dagegen gesträubt, sich von ihren Gefühlen leiten zu lassen. Gefühle sind nicht erwünscht. Wenn sich jemand von einem Lied gerührt zeigt, verurteilen wir das noch immer als „sentimental“. Weinenden Kindern sagen wir, sie sollen still sein. Und über diejenigen, die wegen eines wichtigen Ereignisses am nächsten Tag nicht einschlafen können, machen wir uns lustig.

Bis heute wird eine strikte Trennungslinie zwischen Emotion und Verstand gezogen. Viele Menschen denken nach wie vor, dass Entscheidungen ausschließlich verstandesgemäß getroffen werden sollten und Emotionen lediglich eine vorübergehende Modeerscheinung sind. Tatsächlich aber sind beide Fähigkeiten in unserem Gehirn verortet und arbeiten zusammen. Beide sind für ein erfülltes Gefühlsleben unentbehrlich.

Wie funktioniert unser Gehirn?

Bekanntermaßen ist unser Gehirn ein äußerst komplexes Organ. Es besteht aus verschiedenen Teilen, von denen jeder seine eigenen Funktionen hat, allesamt davon sind wichtig. Ich werde nur kurz die beiden Bereiche erläutern, die aktiv an den Emotionen beteiligt sind und somit auch daran, wie wir mit unseren Kindern in Beziehung stehen: die Großhirnrinde (der zerebrale Kortex) und das limbische System.

Die Großhirnrinde ist für den Verstand zuständig. Es ist der rationale Teil unseres Gehirns. Hier laufen die komplexen Prozesse des Menschseins ab, wie sprechen, erinnern und verstehen.

Jede Information, die in der Großhirnrinde verarbeitet wird, ist vorher von anderen Bereichen des Gehirns empfangen worden. Dieses teilt sich in zwei sehr unterschiedliche Hälften auf: die rechte und die linke Hemisphäre. In der ersten sitzt die Kreativität (musikalisches Gehör, Intuition und Vorstellungskraft, künstlerische Ader usw.), in der zweiten findet das logische Denken statt (Logik, Sprache, wissenschaftliche und mathematische Fähigkeiten usw.). Die beiden Hälften sind durch den Balken (Corpus callosum) miteinander verbunden. Im Idealfall befinden sich beide Bereiche im Gleichgewicht. Dann haben wir unsere Emotionen gegenüber unseren Söhnen und Töchtern im Griff.

Das limbische System wird auch „das emotionale Gehirn“ genannt, da es für Gefühle zuständig ist. Während der Kortex der gefurchte Teil des Gehirns ist, befindet sich das limbische System direkt darunter und umfasst den Thalamus, den Hypothalamus, den Hippocampus und die Amygdala. Dieser Bereich des Gehirns steht mit vielen anderen Gehirnregionen in Verbindung. Fast unser gesamtes zerebrales System ist mit dem limbischen System verbunden, weshalb der gesamte Mensch von Emotionen beeinflusst wird. Weder die Großhirnrinde noch das limbische System können allein funktionieren. Sie brauchen sich gegenseitig.

» Emotion und Verstand lassen sich also nicht trennen.

Wir sollten beide wertschätzen, da sie unsere zwischenmenschlichen Beziehungen gleichermaßen prägen. Nur mit diesem Wissen können wir unsere Kinder auf emotionale Weise erziehen.

Emotion und Verstand arbeiten eng zusammen

Während das emotionale Gehirn durch die Emotionen unser Überleben und unsere Gesundheit sichert, beherbergt also die linke Gehirnhälfte unseren Verstand. Sie durchdenkt eine Situation, sobald sie Informationen darüber erhält, welche Emotion wir gerade empfinden. Deshalb ist es wichtig, dass wir unseren Gefühlen genauso viel Aufmerksamkeit schenken wie unseren Gedanken.

Verstand und Gefühl im Gleichgewicht zu halten, ist unser wichtigstes Ziel: Wir können nur eine optimale Beziehung zu unseren Kindern entwickeln, indem wir in jeder Situation unser Bestes tun und wirklich konsequent sind. Damit geben wir unserem Nachwuchs auch folgende Lehre auf den Weg:

» Emotion + Verstand = Entscheidung.

Sind unsere beiden Gehirnhälften im Gleichgewicht, erkennen und verstehen wir unsere Emotionen und können sie, falls nötig, regulieren. So wissen wir immer, was mit uns los ist, und treffen die richtigen Entscheidungen, nachdem wir darüber nachgedacht haben, was wir fühlen, ohne uns vom ersten primitiven Impuls leiten zu lassen.

Durch das Zusammenspiel von Emotion und Verstand können wir zudem jede Situation auskosten, uns selbst voll und ganz kennenlernen und sind uns in jedem Augenblick bewusst, was wir wollen. Unsere Entscheidungen sind dann immer von unseren eigenen Überlegungen geleitet und nicht von dem, was andere denken oder gutheißen könnten.

In Alltagskonflikten mit unseren Kindern kann dieser Prozess hilfreich sein. Stellen wir uns vor, dass ein achtjähriges Mädchen sich nicht die Zähne putzen möchte. Die Eltern haben es ihr schon mehrmals gesagt, und sie spielt einfach weiter mit ihrem Mittelalterschloss. Ohne eine Verbindung zwischen Emotion und Verstand würden Eltern meist so handeln:

- Die Eltern sagen es einmal freundlich, und ihre Tochter reagiert nicht. (Weiter unten gehe ich genauer darauf ein, aber ich möchte kurz erwähnen, dass Kinder „sich nicht taub stellen“ oder „ihre Mutter/ihren Vater ignorieren“, sie sind vielmehr im Spiel und ihrer Fantasie versunken, was wiederum ihrem Gehirn Nahrung gibt.)
- Die Eltern sagen es ein zweites Mal, und die Tochter reagiert nicht. Hier sendet das emotionale Gehirn das Signal der Verärgerung. Dieses erste Warnsignal ist mit dem Wohlbefinden verbunden: Das Gehirn warnt vor einer möglichen Gefahr.

» Die Eltern sagen es ein drittes Mal, und da das Mädchen weder reagiert noch das macht, was sie in diesem Augenblick möchten, explodieren sie. Der Ärger hat ihr Gehirn in Beschlag genommen. Obwohl der Verstand vorhanden ist, können sie ihn nicht nutzen und merken nicht, wie die Emotion sie vereinnahmt. Sie packen die Tochter am Arm, zerren sie ins Badezimmer, sagen ihr, dass sie es satthätten, dass das Kind nicht höre, und dass sie ihr das nächste Mal das Spielzeug wegnähmen und es der Nachbarin schenken würden. Das Mädchen fängt an zu weinen, putzt ihre Zähne, versucht, sich zu erklären, aber die Eltern hören nicht einmal zu. Das Herz rast, der Ärger hat sich in Wut verwandelt, und sie sagen ihr, dass sie ohne Mucks sofort ins Bett gehen solle.
» Als die Tochter bereits schläft und die Eltern sich wieder beruhigt haben, setzt ihr Verstand ein. Ihnen wird klar, dass ihr Verhalten und ihre Worte komplett übertrieben und verletzend waren. Sie haben sich einzig und allein von den Emotionen leiten lassen, erst vom Ärger, dann von der Wut. Dieses Verhalten hat ihre Tochter nicht verdient. Also bekommen sie Gewissensbisse, fühlen sich schrecklich und entwickeln eine Angst, die sie in Alarmbereitschaft versetzen wird, sobald sie ihrer Tochter sagen müssen, dass sie ihre Zähne putzen soll.

Und so würden sich Eltern verhalten, wenn sie ihre Emotionen kennen und verstehen würden, was diese ihnen in jedem Augenblick sagen möchten:

» Es ist Zeit, schlafen zu gehen, und die Tochter sollte sich die Zähne putzen und ins Bett gehen. Sie spielt ganz ruhig mit ihrem Mittelalterschloss, und die Eltern stellen sich vor, wie ihr Tag wohl gelaufen ist: Sie war in die Schule und musste dort essen, weil niemand sie früher abholen konnte. Am Nachmittag hatte sie noch Englisch- und Klavierunterricht. Zum ersten Mal an diesem Tag hat sie Zeit zu spielen. Die Eltern möchten ihr freundlich mitteilen, dass sie bald schlafen gehen und vorher noch ihre Zähne putzen muss. Sie geben ihr einen Kuss und sagen ihr, dass sie ihr, wenn sie möchte, beim Spielen zuschauen.

» Das Mädchen ist einverstanden und findet es toll, dass ihre Mama oder ihr Papa, ohne zu urteilen oder sich zu ärgern, ihr beim Spielen zuschauen. Dann finden die Eltern, dass es reicht. Es ist spät geworden, und das Kind wird nicht genug Schlaf bekommen. Der nächste Tag wird für ihre Tochter sehr anstrengend.

» Sie gehen zu ihr, umarmen sie und erklären ihr, wie wichtig es sei, schlafen zu gehen. Sie erzählen ihr von den Vorteilen und vom gegenwärtigen Moment (nicht von der Vergangenheit). Sie drohen nicht mit all dem Schlechten, was geschehen wird, wenn sie es nicht tut. Sie sagen ihr, dass sie sie begleiten und bei ihr bleiben, bis sie eingeschlafen sei.

» Die Tochter wird wütend und möchte nicht schlafen gehen. In diesem Augenblick werden die Eltern wütend, obwohl sie vorher die ganze Zeit ruhig waren. Sie erkennen diese Wut und machen sich bewusst, was sie in ihnen auslösen kann. Sie atmen tief durch[1] und beruhigen sich. Die Eltern wissen, wie sie ihrer Tochter helfen können, ihre eigene Wut zu besänftigen. Sie helfen ihr, diese besser zu verstehen. Sie beruhigen ihre Enttäuschung und erklären ihr, was gut daran ist, wenn sie mit dem Spielen aufhört und schlafen geht.

» Gemeinsam gehen sie ins Badezimmer, machen Witze über die Zahnbürste, und die Eltern bleiben bei ihr, bis sie einschläft. Danach werden sie froh sein, dass sie ihre Wut so gut im Griff hatten und dass sie ihrer Tochter zeigen konnten, wie sie mit ihrer eigenen Wut umgehen kann.

Die gemeinsame Arbeit von Emotion und Verstand besteht aus zwei Phasen. In der ersten erhalten wir Informationen zu unserem Wohlergehen, wir spüren die Emotion und bewerten, was gerade mit uns geschieht. In der zweiten Phase müssen wir einschätzen, ob es sich bei der Ursache für unsere Emotion um eine echte Bedrohung handelt, damit wir über unsere weiteren Handlungen und Worte entscheiden können. Im Umgang mit unseren Kindern erreichen wir die zweite Phase meist gar nicht. Unsere Kommunikation besteht dann aus Erwartungen, Bestrafungen und Drohungen, wodurch sich die Beziehung zu unserem Kind immer mehr verschlechtert.

In dem vorangegangenen Beispiel konnten die Eltern, nachdem sie die zweite Phase erreicht und nachgedacht haben, feststellen, dass keine Gefahr bestand und sich alles im Guten regeln lässt, ohne sich selbst und andere zu verletzen. Wut kann uns nämlich entweder auf eine echte Lebensgefahr hinweisen, oder sie kann ein Zeichen für uns sein, dass unsere Wahrnehmung von bestimmten Umständen übertrieben ist. Die Lösung besteht darin herauszufinden, womit wir es zu tun haben, und mit diesem Wissen richtig umzugehen.

» Im Zusammensein mit unseren Kindern sollten wir lernen, jedes Gefühl entsprechend einzuordnen, damit wir sie so erziehen können, wie sie es brauchen und verdient haben.

Genauso benötigen wir diese Einordnung, um mit uns selbst und unserem Leben im Allgemeinen zufrieden und emotional ausgeglichen zu sein. Dafür sollten wir die Emotionen in unserem Inneren fließen lassen, sie als Teil unseres Körpers spüren. Die Kunst besteht darin, uns selbst kennenzulernen und unsere eigenen Emotionen zu verstehen. Wir sollten wissen, wie wir sie mäßigen können, je nachdem, was sie uns vermitteln.

Die Funktion der Emotionen

Die Gesellschaft, in der wir leben, kategorisiert gern. Wir haben uns daran gewöhnt, über Dinge zu sprechen, bevor wir sie überhaupt kennengelernt haben, ihnen ein Adjektiv aufzudrücken und sie zu beurteilen, ohne überhaupt aus eigener Hand erlebt zu haben, wovon wir sprechen.

Emotionen sind einer der Bereiche des menschlichen Lebens, in dem wir diesen Fehler begehen. Es fängt bereits damit an, dass wir zwischen guten und schlechten, positiven und negativen Emotionen unterscheiden. Zorn, Wut und Ärger beispielsweise werden als schlecht bewertet. Wenn unsere Kinder diese empfinden, wollen wir, dass sie sich so schnell wie möglich wieder beruhigen. Wenn wir solche Emotionen durchleben, werten wir uns selbst ab, sobald sich der Sturm gelegt hat. Freude oder Glück, als gut empfundene Emotionen, sind wiederum angenehm. Allerdings sehen wir auf Menschen herab, die solche positiven Emotionen überschwänglich ausdrücken, so als würden sie etwas Illegales tun. Wenn unsere Kinder solche Emotionen so zeigen, bitten wir sie, dass sie sich beruhigen und sich „zusammenreißen". Der Gefühlsausbruch unserer Kinder beschämt uns, weil uns beigebracht wurde, unsere Emotionen zu verstecken.

Es gibt also weder gute noch schlechte Emotionen, sondern einfach nur Emotionen.

» *Sie helfen uns dabei, uns anzupassen, Entscheidungen zu treffen, Konflikte zu lösen und letztendlich zu leben.*

Alle Emotionen sind notwendig, denn sie liefern uns Informationen darüber, wer wir sind und wer wir sein wollen, wie wir die Welt wahrnehmen und was um uns herum passiert.

> ❞ *Sie verbinden das, was wir im Inneren fühlen, mit dem, was im Außen wirklich passiert.*

Wenn wir uns nicht intensiv mit unseren Emotionen auseinandersetzen, kann es passieren, dass wir diese Realität verzerren. Dann formen wir sie nach unseren Wunschvorstellungen. Es kann zudem sein, dass wir uns an das Gefühl klammern, das uns überkommt, ohne die Information dahinter zu verarbeiten.

Entscheidend ist jedoch, dass wir nicht ununterbrochen nach Perfektion streben - sowohl nach unserer als auch der unserer Kinder - und Situationen nicht idealisieren. Wir sollten uns selbst genau kennenlernen und unsere Innenwelt mit der Außenwelt in Gleichgewicht halten. Emotionen sind Zeichen, die zu Reaktionen in unserem Körper führen. Sie dienen dazu, uns das Überleben zu sichern. Sie wachen über unsere Sicherheit und informieren uns darüber, dass es etwas gibt, das wir beachten sollten.

Der Ablauf ist folgender:

Wir erleben eine Situation

» das Gehirn löst mittels Botenstoffen eine Emotion aus und informiert uns so, wie es um unser Wohlergehen bestellt ist
» unser Körper reagiert auf die empfangene Information, indem er eine Reihe an Mechanismen aktiviert, die sich je nach Emotion und von Mensch zu Mensch unterscheiden (Schweißausbruch, Luftnot, errötete Wangen, steigender Puls usw.)
» wenn wir rein emotional handeln, würden wir impulsiv mit Worten, Gesten und Taten reagieren. Doch wenn Emotion und Verstand im Einklang stehen, können wir die Gefühle verarbeiten, überdenken und filtern, weil wir zunächst in uns hineinspüren.
» anschließend gehen wir ruhig, vernünftig, stimmig und respektvoll mit der Situation um und suchen nach eventuell nötigen Lösungen.

Wenn ein 16-jähriger Sohn beispielsweise fragt, ob er freitags lange weggehen darf, weil all seine Freundinnen und Freunde es tun, empfinden Eltern meist schreckliche Angst. Sie wollen am liebsten, dass er gar nicht ausgeht, weil er viel zu jung ist. Diese Angst führt dazu, dass sie impulsiv fragen, was er sich dabei denke, dass er noch viel zu jung sei. So verschließen sie die Tür für einen Dialog und beiderseitiges Verständnis. Würden sie das Geschehene richtig einordnen, wäre ihnen klar, dass ihr Junge sich mitten in der sozialen Entwicklung befindet.

» Die Pubertät ist eine Entwicklungsphase, in der das Gehirn Hunderte von neuronalen Verbindungen neu herstellt, und viele Gefühle und Entscheidungen des Teenagers basieren auf dem, was sein soziales Umfeld macht.

Für ihn ist es unglaublich schmerzhaft, nicht mit all seinen Freundinnen und Freunden zusammen zu sein. Deshalb durchlebt er ganz andere Gefühle als seine Eltern: Er empfindet Trauer, Frust und Wut, während Vater oder Mutter von der Angst beherrscht werden. Diese Angst trübt ihren Blick und verhindert, dass sie mit ihrem Kind mitfühlen.

Obwohl sie ihrem Sohn nicht erlauben, freitags lange wegzubleiben, weil sie um seine Sicherheit besorgt sind (und nicht um ihr eigenes Wohl), sollten sie sich seinen Gefühlen gegenüber öffnen. Die Beziehung zwischen Eltern und Kind sollte nicht von Ängsten und furchtbasierten Handlungen geprägt werden, sondern von der Bindung zueinander. Auch wenn die Antwort auf seine Bitte ein Nein sein sollte, ist es ein entscheidender Unterschied, wenn die Eltern ihre Angst filtern, unterdrücken, reflektieren und sich beruhigen. Denn sie wissen ja, dass *an sich* keine Gefahr besteht und dass sie immer mit ihrem Kind sprechen können. Dabei sollten sie daran denken, was und wie es fühlt. Sie sollten freundlich und emphatisch bleiben und auch seinem Frust und seiner Wut, ganz gleich, wie heftig sie auch sein mögen, mit Ruhe und Respekt begegnen.

Neben unseren eigenen Emotionen sollten wir auch die Emotionen der anderen, vor allem unserer Kinder, verstehen und uns in sie hineinversetzen können.

Gefühle und ihr sozialer Einfluss

Menschen unterscheiden sich durch ihre Gene, ihre Erziehung, Lebenserfahrung, Persönlichkeit und ihre Eigenarten, aber sie haben alle etwas gemein (außer der Tatsache, dass sie Menschen sind): die Emotionen. Sie alle erleben Emotionen und passen sie an ihre Umgebung an. Sie empfinden die Gefühle zwar auf unterschiedliche Weise, je nach Charaktereigenschaften, aber sie existieren gleichermaßen in jedem.

Wir alle brauchen andere Menschen, um uns zugehörig zu fühlen. Bei unseren Vorfahren war dies eine Frage des Überlebens.

» *Nur diejenigen, die einer Gruppe angehörten, sicherten sich ihr Überleben.*

Ein einzelner Mensch konnte sich weder gegen Tiere mit Säbelzähnen oder andere Feinde verteidigen noch jagen oder sich fortpflanzen. Daher ist die soziale Komponente in unseren Genen verankert, und die Emotionen hängen wiederum eng mit unseren sozialen Bindungen zusammen. Wenn wir eine schöne Liebesbeziehung erleben, sind wir überglücklich; wenn wir einer Gruppe angehören, in der unsere Meinung beachtet wird, fühlen wir uns fröhlich und zufrieden; wenn wir Freunde haben, die uns in schwierigen Zeiten Trost spenden, empfinden wir Dankbarkeit und so weiter.

In Gesellschaft sind Emotionen ansteckend.

Wir stimmen uns auf die Gefühle der anderen ein, und die wiederum werden in Lichtgeschwindigkeit von einem zum anderen weitergegeben. Stellen wir uns vor, wir machen beispielsweise mit unserer Familie einen Ausflug in den Naturpark, und plötzlich schreit jemand erschrocken und fängt an zu laufen. Instinktiv handeln wir und laufen genauso schnell zu unserer Familie, während unser Herz bis zum Hals schlägt und wir nur nach vorn schauen. Später stellt sich heraus, dass die Person nur losgelaufen ist, weil sie dachte, sie hätte eine Schlange gesehen, wovor sie seit ihrer Kindheit Angst hat. Aber wir haben in dem Moment nicht nachgedacht, sondern uns von der Panik dieser Person anstecken lassen. So etwas kann allen passieren - und zwar mit jeder Emotion. Wir beobachten andere Menschen, lassen uns von deren Gefühlsausbrüchen mitreißen und tun alles, uns selbst zu retten oder unser Wohlergehen sicherzustellen.

Als soziale Wesen sind wir sehr schwach, wenn es darum geht, uns nicht davon beeinflussen zu lassen, was die anderen denken. Der Gruppenzwang und die Meinung der Allgemeinheit beherrschen uns so sehr, dass wir uns manchmal, obwohl wir anders denken, nicht trauen, etwas Gegenteiliges zu sagen oder zu tun - aus Angst vor der emotionalen Reaktion der anderen. Es ist die Angst, nicht mehr zu einer Gruppe zu gehören, die uns so handeln lässt.

Denn aus rein genetischen Gründen verbinden wir die Gruppenzugehörigkeit mit unserem Überleben.

Das geschieht zum Beispiel am Arbeitsplatz, wenn über einen Kollegen gelacht wird, weil er seinen Kaffee umgestoßen hat. Der Arme ärgert sich, aber die anderen machen sich über ihn lustig, weil er der Neue ist. Sie lachen über seine Tollpatschigkeit und seine unbeholfene Art. Wir fühlen mit ihm, weshalb uns die Situation sehr unangenehm ist. Wir würden ihm gern helfen, den Tisch sauber zu machen, oder ihm mit einem Lächeln zeigen, dass er locker bleiben soll. Aber wir trauen uns nicht, haben Angst, unsere Arbeit zu verlieren, wenn wir uns anders verhalten als die Mehrheit. Sobald wir aber zu Hause sind, machen wir uns Vorwürfe, dass wir nicht das getan haben, was uns unser Inneres gesagt hat.

Es ist gut, zu einer Gruppe zu gehören, wenn sie uns glücklich macht. Für unser emotionales Wohlergehen ist es jedoch nicht gut, wenn wir uns davon beeinflussen lassen, was die anderen denken, sagen oder machen, weil wir Angst vor Ablehnung haben. Um das zu verhindern, sollten wir an unserem Selbstwertgefühl arbeiten. Und damit auch unsere Kinder nicht unter diesem sozialen Druck leiden, müssen wir sie mit Respekt und Vertrauen erziehen, sodass sie ein gutes Selbstwertgefühl entwickeln. Sie dürfen nicht glauben, dass sie etwas verlieren, wenn sie andere Entscheidungen treffen als der Rest der Menschheit. Sie sollen angstfrei tun und sagen können, was sie fühlen.

Emotionen zu verstehen hilft, eine Bindung zu unseren Kindern aufzubauen

Wenn wir als Erwachsene unsere Emotionen nicht filtern und somit impulsiv und ohne jegliche Kontrolle handeln, verletzen wir diejenigen, die wir am meisten lieben und für die wir unser Leben geben würden: unsere Kinder.

Wie oft hast du es schon bereut, wie du deine Kinder behandelt hast, wenn du von Gefühlen überwältigt wurdest, die du nicht kontrollieren konntest? Wie oft hättest du am liebsten die Zeit zurückgedreht, um Situationen rückgängig zu machen, die dir englitten sind?

> *Natürlich sind wir nur Menschen und nicht perfekt, aber das Elternsein ist eine großartige Gelegenheit, um zu wachsen, voranzukommen, besser zu werden und nicht stehen zu bleiben.*

Es ist tatsächlich möglich, unsere Emotionen zu kennen, zu verstehen und zu zügeln, wenn es notwendig ist. Und genauso ist es möglich, uns vernünftig und ruhig mit unseren Kindern zu unterhalten. Natürlich wird es weiterhin schwierige Augenblicke geben. Das Leben verläuft nicht immer geradlinig, es gibt Rückschläge und nichts ist rosarot, aber sowohl wir als auch unsere Kinder werden diese Rückschläge anders meistern. Wir werden auf natürliche und reife Art mit unseren Kindern umzugehen wissen. Wir werden konsequent sein, aber immer berücksichtigen, was sie in emotionaler Hinsicht fühlen, denken und brauchen. Das wird unsere Bindung zu ihnen stärken.

Die Rolle der Kindheit für unsere Emotionen und die unserer Kinder

Die Vergangenheit eines Menschen hat immer Auswirkungen auf seine Gegenwart. Die gelebten Erfahrungen, getroffenen Entscheidungen und die Beziehungen beeinflussen uns und sind Teil unserer Gegenwart. Wir sind nicht nur die, die wir in einem bestimmten Augenblick sind, sondern auch die Summe all unserer Lebensumstände.

Dennoch haben Hunderte von wissenschaftlichen Studien Folgendes gezeigt: Die Kindheit ist die Grundlage, auf der wir unsere Persönlichkeit, unsere Emotionen, samt ihrer Intensität, sowie unsere Handlungen aufbauen und definieren. Sie ist die Grundlage unseres Lebens. Wenn wir leugnen, dass eine untrennbare und tiefe Verbindung zwischen unserem heutigen Ich und dem unserer Kindheit und Jugend besteht, liegen wir falsch. Wir lassen uns damit die Chance auf eine emotionale und persönliche Weiterentwicklung entgehen. Wenn wir das Leben mit einem anderen Bewusstsein angehen, können wir die Beziehung zu unseren Kindern verbessern und sie vor dem emotionalen Ballast bewahren, den wir mit uns herumschleppen.

Oft fragen wir uns, wieso wir so wenig - oder quasi gar keine - Selbstbeherrschung gegenüber unseren Kindern haben. Wir begreifen nicht, wieso wir in allen möglichen Situationen mit Freunden, der Familie und sogar Unbekannten die Nerven behalten und nachdenken können, aber unfähig sind, unseren intensivsten Gefühlen einen Riegel vorzuschieben, wenn es um diejenigen geht, die wir am meisten lieben.

Die weite Welt der Elternschaft stellt uns vor zwei Möglichkeiten: Entweder bleiben wir in der Vergangenheit verhaftet und erziehen unsere Kinder genauso, wie wir erzogen wurden, inklusive entsprechender Moden und Tabus. Oder aber wir übernehmen selbst das Steuer und emanzipieren uns davon.

Die Gefühle vieler Erwachsener sind früher nicht besonders beachtet worden. Kamen sie beispielsweise traurig aus der Schule, weil sie eine wichtige Arbeit nicht geschafft hatten, fragten ihre Eltern nicht, was passiert sei. Falls doch, schimpften sie über die schlechte Leistung. Manche Menschen, die Angst vor der Dunkelheit hatten, wurden nur kritisiert und hörten Vorträge darüber, dass Kinder stark sein müssten. Das Gleiche gilt für diejenigen, die auf ihre Geschwister eifersüchtig waren und von allen Seiten (Lehrkräften, Großeltern usw.) nur zu hören bekamen, dass sie eifersüchtig und dumm seien. Viele von ihnen wurden verspottet und verhöhnt, wenn sie weinten, und bekamen den Spruch zu hören: „Nun gib endlich Ruhe."

Wenn sie einen Gefühlsausbruch hatten, hörte man ihnen nicht zu, sie bekamen keine Hilfe oder Verständnis, wurden weder respektiert noch so geliebt, wie sie es gebraucht hätten.

> *Kinder und Jugendliche benötigen jedoch so viel Respekt und Verständnis wie möglich für ihre eigenen Gefühle.*

Nur so können sie die Situation und sich selbst verstehen und die Handlungen, die sich daraus entwickeln, vernünftig einordnen.

Da auch wir in unserer Kindheit emotional oftmals nicht das bekommen haben, was wir gebraucht hätten, wissen wir meist nicht, was wir unseren Kindern geben sollen, damit sie zu emotional stabilen Persönlichkeiten werden. Wir können ihnen kaum zuhören, ohne sie zu kritisieren oder überheblich zu sagen, was wir denken. Wir haben weder Geduld, noch nehmen wir sie ernst oder schenken ihnen Vertrauen. Wir können ihnen keine bedingungslose Liebe bieten, wir wollen immer, dass sie sich diese verdienen. Wir haben keine Ahnung, wie wir ihnen beibringen sollen, ihre Emotionen zu verstehen, weil wir unsere eigenen nicht kennen, da uns selbst ja nicht dabei geholfen wurde, sie zu begreifen.

Wenn unsere Kinder Gefühle durchleben, die sie in Form von Weinen, Schreien, schlechtem Benehmen und hässlichen Worten ausdrücken, fühlen wir uns schnell überfordert und wollen sie kontrollieren, als wären sie Marionetten. Wir können es nicht verhindern, aber wir wollen, dass sie still sind, weil sie uns verunsichern. Denn die Art und Weise, wie sie ihre Gefühle zeigen, erinnert uns an unsere emotionalen Erfahrungen in unserer Kindheit.

Stellen wir uns beispielsweise vor, dass ein Vater mit seinem siebenjährigen Sohn und seiner neunjährigen Tochter auf dem Spielplatz ist. Als es

Zeit ist, zum Abendessen nach Hause zu gehen, möchte der Sohn nicht gehen. Also fängt er an zu weinen, um sich zu treten und zu schreien. Er ist sehr wütend, weil er nicht bleiben darf. Innerlich kocht der Vater. Die Menschen auf dem Spielplatz starren sie an, der Vater fühlt sich verurteilt und kritisiert. Was die anderen denken könnten, führt dazu, dass er noch gereizter wird. Er möchte nicht, dass sein Kind sich so fühlt, wie es sich fühlt, er möchte nicht, dass es tut, was es tut, und er sieht nur seine Emotion. Die Wut überfällt ihn, er packt seinen Sohn am Arm und steckt ihn resolut ins Auto. Während der Fahrt weint der Junge unaufhörlich, und der Vater sagt, wie anstrengend er sei, und droht ihm, ihn nie mehr auf den Spielplatz mitzunehmen. Später läuft er in seine Arme und bittet den Vater um Entschuldigung. Dieser küsst den Sohn, sagt, dass er sich schlecht benommen habe und dass er nicht mehr weinen solle, wenn sie das nächste Mal den Spielplatz verlassen, dass es Unsinn sei und er das verstehen müsse. Als der Vater ihn ins Bett bringt, fühlt er sich schlecht, weil er denkt, dass er in der Situation gelassener hätte reagieren können und der Junge ja nur ein Kind ist. Aber er hat Stunden gebraucht, um seinen durch die erlebte Situation erzeugten Ärger abzuschwächen und das Kind ein wenig zu verstehen.

★ Hilfreiche Fragen

Folgende Fragen sollen dir dabei helfen, über Situationen wie diese nachzudenken:

» Gab es für die Wut des Kindes auf dem Spielplatz einen Grund oder nicht?

» War es wichtig, was die anderen Leute dachten, oder sollte das den Vater eher nicht interessieren?

» Brauchte das wütende Kind in dem Moment eher die Wut oder das Verständnis des Vaters?

- Helfen Drohungen oder führen sie nur dazu, die Angst des Kindes vor seinen Gefühlen zu verstärken?
- Denkst du, ein Kind hat es verdient, dass der Vater barsch und wütend mit ihm spricht, wenn es gerade emotional aufgeregt ist (oder in jeder anderen Situation)?
- Sollte das Kind sich beim Vater entschuldigen, weil es seine Wut gezeigt hat?
- Sollte sich nicht eher der Vater beim Kind entschuldigen?
- Ist es richtig vom Vater zu behaupten, dass sich das Kind schlecht benommen hat, oder anzudeuten, dass Gefühle zu zeigen schlecht sei?
- Hat sich das Kind schlecht benommen oder das Empfundene auf unreife Art und Weise ausgedrückt, da es sich in einer „Phase" befindet?
- Hätte der Vater sich besser verhalten können?
- Musste er seinem Kind sagen, dass es nie mehr weinen soll, wenn sie den Spielplatz verlassen wollen? Oder ist das nicht ganz normal, wenn es wieder vorkommt?

In unserer Kindheit wurde uns beigebracht, uns zurückzuhalten, nicht zu weinen, nicht wütend zu werden, uns nicht zu ärgern oder zornig zu sein, uns nicht einmal zu beklagen. Uns wurde beigebracht, Gefühle zu verstecken, und dasselbe machen wir mit unseren Kindern. Emotional gesehen sind wir also wie Kinder.

» Kinder in verschiedenen Lebensphasen sind in Bezug auf ihre Emotionen noch unreif.

Das Gehirn entwickelt sich mit fortschreitendem Alter. Erst dann lernt es, Emotionen immer besser zu verstehen. Nach und nach stellt es die notwendigen Verbindungen her, um Gefühl und Verstand im Gleichgewicht zu halten. Damit das jedoch einwandfrei gelingt, brauchen Kinder eine gute emotionale Anleitung. Die Eltern (beziehungsweise die Personen, mit denen sie eine emotionale, vertrauensvolle und liebevolle Bindung aufgebaut haben) sollten die Kinder mit den notwendigen Werkzeugen ausstatten, um ihre Gefühle zu verstehen. Dafür sollten zunächst einmal die Eltern sich selbst zu kontrollieren wissen, wenn die Kinder in einer Situation verunsichert sind.

Fehlt den Kindern eine solche Anleitung, können sie keinen sinnvollen Mustern folgen. Sie wachsen in Unkenntnis ihrer Gefühle auf, was später im Erwachsenenleben zum Vorschein kommt und sich für gewöhnlich umso deutlicher zeigt, wenn sie selbst Kinder bekommen.

» *Unser limbisches System verbindet unsere heutigen Empfindungen mit dem, was wir als Kinder empfunden haben.*

Wenn unsere Kinder also weinen, weil sie ein Spielzeug haben wollen, dann stellt unser Gehirn augenblicklich eine Verbindung zu dem Mal her, als unserem Weinen keine Beachtung geschenkt wurde und wir auch noch ausgelacht wurden. Innerlich empfinden wir Wut, Ohnmacht und Trauer. Wir sind dann noch immer dieses Kind, das sich in seiner Verzweiflung eine Umarmung gewünscht und Aufmerksamkeit gebraucht hätte. Diese innere Wut führt dazu, dass wir uns über unsere eigenen Kinder ärgern. Denn wir besitzen keine emotionalen Strategien, mit denen wir uns selbst beruhigen können, um danach unsere Kinder zu unterstützen.

Wir müssen also zunächst über unsere eigene Kindheits- und Jugendgeschichte nachdenken und uns bewusst machen, wie mit unseren Emotionen umgegangen wurde, wie viele Gefühle wir versteckt haben, aus Angst, zu Hause von unseren Eltern nicht akzeptiert zu werden. Wie oft hätten wir in unserem eigenen Zorn oder unserer Traurigkeit eine Umarmung oder einen Kuss und liebevolle Worte gebraucht?

Nur wenn wir uns selbst von Grund auf verstehen, können wir unseren Kindern jederzeit das bieten, was sie in emotionaler Hinsicht brauchen, damit sie nicht dieselben emotionalen Schäden davontragen wie wir.

Die Grundlage des emotionalen Gehirns

Das emotionale Leben beginnt bereits mit den ersten Herzschlägen im Mutterleib. Während der Schwangerschaft entwickelt sich das Gehirn des Fötus entsprechend den Nährstoffen der Mutter, ihren Hormonen sowie ihren Botenstoffen.

» *Der Gefühlszustand der Mutter während der Schwangerschaft stellt die erste emotionale Grundlage für ihr Kind dar.*

Der Fötus spürt nicht nur die Emotionen, die sie erlebt, sondern ahmt diese Emotionen exakt nach und durchlebt sie selbst. Die Gefühle seiner Mutter sind auch seine Gefühle.

Fast alle Mütter versuchen sowohl auf körperlicher als auch auf emotionaler Ebene das Beste aus der Schwangerschaft zu machen, da sie in dieser Zeit emotionale Defizite spüren und von sozialen Mythen unter Druck gesetzt werden. Sie haben starke Ängste, werden unsicher, bekommen Schuldgefühle und fühlen sich schlecht, wenn sie zu viel Schokolade oder ein Stück Schinken essen.[2] Aufgrund von hormonellen und körperlichen Veränderungen, die der Organismus während einer Schwangerschaft durchmacht, werden die Emotionen intensiver. Fast jede werdende Mutter geht durch stressige, beunruhigende oder traurige Momente. Das Gehirn ist darauf jedoch vorbereitet, da es ja die Existenz des Fötus im Körper registriert. Es passt sich daher an die Bedürfnisse von Mutter und Kind an.

Auch das Gehirn des Fötus ist darauf vorbereitet, unterschiedliche emotionale Situationen zu durchleben, es passt sich an und wächst entsprechend diesen vorgeburtlichen Erfahrungen. Dennoch gibt es einige Situationen, die extrem stressig für eine Schwangere sein können, wie zum Beispiel der Tod eines geliebten Menschen, die Trennung vom Partner oder ein gesundheitliches Problem des Fötus. Dann ist auch das Gehirn des Kindes einem besonderen Stress ausgesetzt, der sich auf sein Leben nach der Geburt auswirkt.

Es gibt unzählige Studien über den Zusammenhang zwischen den Erfahrungen im Bauch der Mutter und dem späteren Leben außerhalb. Die Studie der Psychologin und Biologin Vivette Glover und ihres Teams[3] am Imperial College in London untersuchte den Zusammenhang zwischen der Schwangerschaft und der späteren Gefühlswelt des Babys. Das Team fand heraus, dass Kinder, deren Mütter während der Schwangerschaft viel Stress ausgesetzt waren, im Erwachsenenalter vermehrt unter Angstzuständen oder Depressionen litten. Zudem stellte Glover einen Zusammenhang zwischen einem hohen Cortisolspiegel (einem Stresshormon) bei der Mutter während der Schwangerschaft und dem Intelligenzquotienten der Kinder in ihrem späteren Leben fest.

» *Das Leben ist also eng mit den ersten Tagen im Mutterleib, mit Geburt und Kindheit verbunden.*

Die Liebe, die ein Kind in dieser Zeit empfindet und empfängt, ist von großer Bedeutung für seine gesamte Entwicklung. Eine Mutter sollte ihrem Kind bereits in der Schwangerschaft Liebe entgegenbringen: Sie sollte sich freuen, dass sie es in sich trägt, ihren Bauch streicheln, mit ihm tanzen, sich für das Kind gut ernähren, sich vorstellen, dass sie es umarmt. Es gibt viele Möglichkeiten, dem Baby, das sie in ihrem Leib trägt, Liebe entgegenzubringen. Wichtig ist nur, es aus tiefstem Herzen zu empfinden und zu zeigen.

Ich arbeite mit vielen Eltern zusammen, die ihre Kinder adoptiert haben und die sehr erstaunt und traurig sind, wenn sie erfahren, wie wichtig diese erste Phase eigentlich ist. Menschenkinder sind bei der Geburt die unreifsten und unvollständigsten Säugetiere, die es überhaupt gibt. Daher können sie sich von dem Mangel an Liebe der ersten Phase erholen, wenn ihnen diese in den folgenden ersten Lebensjahren vermehrt geschenkt wird.[4] Je früher wir unseren Kindern Respekt, Zuneigung und Liebe entgegenbringen, umso besser bewahren wir sie vor den negativen Folgen fehlender Liebe in der Anfangsphase oder schwächen diese zumindest ab.

» Emotionen bestimmen unser menschliches Dasein, auch das unserer Kinder.

Wenn wir sie also freundlich, geduldig, empathisch und liebevoll behandeln, schüttet ihr Gehirn Glückshormone (wie Oxytocin, Serotonin, Endorphin und andere) aus. Begegnen wir ihnen jedoch wütend und ungeduldig und geben ihnen das Gefühl, nur geliebt zu werden, wenn sie tun, was wir Eltern als richtig empfinden, unterdrücken wir ihre wahren Emotionen. Das verinnerlichen sie dann und behandeln andere Menschen ebenso.

Emotionen und Genetik

Jeder Mensch besitzt bestimmte Gene, seine DNA. Üblicherweise wird angenommen, dass die Gene für alles verantwortlich sind. Wir gehen beispielsweise davon aus, dass es genetisch bedingt ist, wenn Erwachsene zu Depressionen neigen, fettleibig sind oder Schwierigkeiten haben, sich zu binden. Ganz gleich, was für Schwächen die Menschen haben, wir schieben die Schuld gern auf die Gene und blenden die wahren Gründe aus. Wir gehen heute davon aus, dass die Gene zu etwa 50 Prozent dafür verantwortlich sind, wie wir sind. Zehn Prozent sollen Erfahrungen und Lebensumstände ausmachen. Die restlichen 40 Prozent sollen auf der Einstellung, die wir gegenüber verschiedenen Lebenssituationen haben, beruhen.

Die Erfahrungen mit unseren Eltern und der bedingungslosen Liebe, die wir in Kindheit und Jugend von ihnen bekommen, prägen unser Verhalten jedoch mehr als unsere angeborene DNA. Es entwickelt und verfeinert sich je nachdem, wie wir erzogen, geliebt und respektiert werden. Diese Erfahrungen bestimmen, wie wir uns während der zentralen Anfangszeit unseres Lebens fühlen.

» *Damit sich das kindliche Gehirn gut entwickeln kann, müssen wir unseren Kindern also Aufmerksamkeit schenken und für sie sorgen, und zwar nicht nur körperlich, sondern auch psychisch und emotional.*

Vielen von uns wurde von klein auf beigebracht, nur auf Äußerlichkeiten zu schauen, auf das, was die anderen sehen oder sagen könnten, auf das, was augenscheinlich alle machen. Wenn Eltern sich beispielsweise über die Englischkenntnisse ihrer Tochter Sorgen machen und sie bei einem Kurs anmelden, damit sie in Zukunft gut vorbereitet ist, bringt das gar nichts, wenn dies nur eine Bestrafung und Forderung für das Mädchen darstellt. Eltern sollten auf die Gefühle und die Verärgerung der Tochter eingehen und ihr bei nicht bestandenen Englischprüfungen keine Schuld dafür geben, dass sie ihre Erwartungen nicht erfüllt. Der Preis dafür, dass die Tochter als Erwachsene diese Sprache vielleicht perfekt spricht und versteht, ist viel zu hoch.

Das, was uns Menschen bewegt und nährt, ist die Liebe. Würde man uns fragen: „Was würdest du tun, wenn heute der letzte Tag deines Lebens wäre?“, wäre die Antwort immer, Zeit mit unseren Liebsten zu verbringen: mit Kindern, Partnern, Eltern, der Familie. Wir würden uns nie mit Dingen beschäftigen, die nichts mit den Menschen zu tun haben, die uns am nächsten stehen. Wir wollen sie spüren, umarmen und bedingungslos lieben. Also gibt es zwei Möglichkeiten, das Leben mit seinen Höhen und Tiefen zu leben: Entweder negativ, düster, gradlinig, immer voller Unmut über unsere Kinder, ohne Alternativen, mit Angst, Trauer, innerer Wut, oder indem wir aus jeder Situation etwas Positives ziehen, daraus lernen, unsere Kinder so lieben, wie sie sind, anstatt für das, was sie tun, und ihnen die nötige Liebe und Respekt entgegenbringen. Denn nur so können sie zu unabhängigen, empathischen, solidarischen, verantwortungsbewussten und positiven Erwachsenen werden.

» *Unsere Einstellung zum Leben hängt von unserer Kindheit und unserer Jugend ab.*

Die Art und Weise, wie wir erzogen werden, ist demnach der Grundpfeiler unseres emotionalen Lebens.

Emotionale Bedürfnisse in Kindheit und Jugend

Die ersten sieben Jahre im Leben eines Menschen sind in emotionaler Hinsicht die wichtigsten. In dieser Zeit entwickeln sich all unsere Emotionen und legen den Grundstein für soziale und gefühlsmäßige Bindungen. Die Art und Weise, wie wir uns selbst und andere behandeln, ist immer mit den Erfahrungen dieser ersten Jahre verknüpft.

Trotzdem haben wir Menschen das große Glück, dass unser Gehirn wandelbar ist. Waren die ersten Erfahrungen negativ oder voller Mangel an Zuneigung, kann dieser erste Grundstein mit der Zeit zum Positiven verändert werden, vor allem, wenn Kinder zumindest einen Menschen - im besten Fall Mutter oder Vater - an ihrer Seite haben, der ihnen Liebe, Respekt und Empathie entgegenbringt, der bei ihnen ist und an sie glaubt.

Erfolgt dies in der zweiten Phase der Kindheit und Jugend (also ungefähr zwischen dem achten und 18. Lebensjahr) und sogar noch davor, während sich das Gehirn noch entwickelt, ist es viel einfacher, den emotionalen Mangel zu beheben. Im Erwachsenenalter ist dies hingegen schwieriger. Menschen können zwar Schicksalsschläge sowie komplexe und schwierige Situationen überstehen, aber das Gehirn hat während der kindlichen Entwicklung bereits viele Dinge als normal abgespeichert, die eigentlich nicht normal sind. Diese können die Personen dann kaum erkennen oder ändern. Das ist beispielsweise der Fall, wenn Eltern das Weinen ihrer Kinder als etwas Nerviges oder Peinliches betrachten, wenn sie nicht zulassen, dass Babys ihre Gefühle frei ausdrücken dürfen, wenn sie die kindlichen Emotionen nicht anerkennen, die Kinder nicht umarmen, wenn sie wütend sind, oder ihre Bitten überhören, also immer, wenn Eltern meinen, dass Kinder sich so verhalten müssten, wie sie es als Eltern für angemessen betrachten. Es fällt Eltern sehr schwer, sich von diesem

Erziehungsstil zu lösen, da sie erst erkennen müssen, dass diese Ansicht falsch ist. Es ist anstrengend, sich bewusst und effektiv zu ändern.

» *Doch in jeder Entwicklungsphase des Kindes bilden sich neue neuronale Verbindungen und ihr Gehirn baut sich um.*

Es gibt unzählige Anlässe, bei denen wir nicht im Blick haben, durch welche Phase unsere Kinder gerade gehen, und wir ihnen unsere eigenen Interessen aufdrängen. Wir erwarten mehr von ihnen, als sie uns geben können. Es ist nicht so, dass sie es nicht wollen, sie können es einfach nicht, weil sie körperlich und geistig noch nicht so weit entwickelt sind. Kinder sollten spielen, sich kennen- und verstehen lernen, genießen, spüren, erforschen, einfach leben. Sie sollten lernen, sich um sich selbst zu kümmern und andere zu respektieren. Diese Phasen sind unwiederbringlich. Selten sind wir uns darüber im Klaren, dass sie die wichtigsten im Leben sind, da das weitere Dasein von ihnen abhängt. Wir bereiten die Kinder am besten auf das Leben vor, indem wir ihnen die Gewissheit geben, dass wir ihnen als Eltern immer helfen und sie sich jederzeit auf uns verlassen können.

» *Kinder sind Menschen in der Entwicklung. Ihre Gehirne sind noch nicht voll ausgereift.*

Daher dürfen sie unkontrollierte Gefühlsausbrüche haben, zum Beispiel vor einem wichtigen Ereignis wie ihrem Geburtstag, einer Klassenfahrt oder dem Familienurlaub. Es ist normal, dass sie glücklich und aufgeregt sind und es laut ausdrücken, dass es ihnen schwerfällt einzuschlafen, dass sie sich hin und her wälzen. Es kann sein, dass sie gereizter sind und sich schneller aufregen, vor Ärger weinen oder um sich schlagen. In solchen Situationen brauchen Kinder Harmonie, Verständnis, ein offenes Ohr und Hilfen, damit sie ihre intensiven Gefühle einordnen können.

★ **So hilfst du deinem Kind:**

In all diesen Phasen braucht dein Kind auf emotionaler Ebene Folgendes von dir:

» deine Zuneigung und eine enge, emotionale Bindung
» das Gefühl, dass du es beschützt und behütest
» positive Aufmunterungen („Ich hab dich lieb", „Du bist nicht allein", „Ich bin immer für dich da")
» gib ihm die Möglichkeit, seine Gefühle frei ausdrücken zu können
» sei empathisch und verständnisvoll gegenüber seinen Emotionen, auch wenn du die Gründe nicht verstehst
» verbringe Zeit mit ihm allein, ohne Geschwister
» wähle liebevolle und sanfte Worte
» mach dich nicht über seine Gefühle lustig
» kritisiere es nicht und vergleiche es nicht mit anderen
» nimm seine Gefühle ernst
» sei aufmerksam
» zwinge es zu nichts oder verpflichte es nicht zu etwas
» höre ihm zu – die ganze Zeit!
» geh als gutes Beispiel für Gelassenheit und Respekt voran
» zeige deine bedingungslose Liebe, damit es sich geliebt fühlt, ganz gleich, wie es sich verhält
» triff Entscheidungen, die seinem Alter entsprechen
» weise es nicht zurecht, was es fühlt oder warum es so fühlt
» blicke ihm liebevoll in die Augen
» predige ihm nicht, dass seine Gefühle falsch sind – Gefühle sind nie falsch!
» sage weniger Nein und setze deinen gesunden Menschenverstand ein
» lass ihm Raum für sich
» sprich über alles ganz selbstverständlich und ruhig, ohne Tabus
» beantworte seine Fragen mit Respekt

- zeige ihm, dass es seine Gefühle nicht verstecken muss, weil es Angst hat, dich zu enttäuschen
- biete körperlichen Kontakt an („Wollen wir kuscheln?"). Wenn es das nicht will, erinnere es daran, dass du da bist, sobald es das braucht.
- gib ihm ein Gefühl der Sicherheit, wenn es seine Gefühle zeigt
- verbiete ihm nicht, Emotionen zu empfinden
- du solltest selbst wissen, wie du mit deinen eigenen Emotionen umgehst. Respektiere den emotionalen Raum deines Kindes, indem du die vorherigen Punkte beachtest.
- zeige Respekt in jedem einzelnen Augenblick!

Wenn diese emotionalen Bedürfnisse gestillt sind, können unsere Kinder zu Erwachsenen werden, die wissen, wie sie ihre Emotionen ausdrücken und ausleben können, ohne sich selbst oder andere zu verletzen. Sie werden feinfühlig und empathisch.

» Sie werden das Leben voller Freude und Motivation leben.

Sie werden sich um Schwächere sorgen und Probleme mit Verstand und Ruhe meistern, ohne Gewalt anzuwenden oder ihre Emotionen zu verstecken. Denn sie werden wissen, wie sie mit ihnen umgehen müssen, da sie sich selbst verstehen.

Unerfüllte emotionale Bedürfnisse in der Kindheit und Jugend der Eltern

Wir erziehen unsere Kinder so, wie wir erzogen worden sind. Wie oft haben wir gesagt, dass wir uns niemals so verhalten würden, wie es unser Vater getan hat? Wenn er uns zum Beispiel damit bestraft hat, nicht mit unseren Freunden rausgehen zu dürfen, uns gezwungen hat, Linsen zu essen oder zum Friseur zu gehen, uns die Haare schneiden zu lassen, obwohl wir das nicht wollten, sie aber seiner Ansicht nach zu lang waren. Oft haben wir gesagt, dass wir so etwas nie tun würden, sehr oft. Das war für uns ganz klar, bis wir selbst zu Eltern wurden. Auf einmal vereinbaren wir einen Termin beim Friseur, weil die Haare unseres Kindes viel zu lang sind. Anstatt also darüber nachzudenken, mit unserem Kind mitzufühlen und den Plan zu verwerfen, sagen wir Folgendes: „Meine Mutter hat damals schon gesagt, dass ich es verstehen würde, wenn ich selbst Mutter wäre.“ Das heißt, wir schlagen uns auf die Seite der Erwachsenen. Wir sollten stattdessen in der Zeit zurückreisen und uns bewusst machen, wie wir uns an dem Tag gefühlt haben, als uns gegen unseren Willen die Haare geschnitten wurden, unsere tief empfundene Trauer, über die sich die anderen auch noch lustig machten. Die Erinnerung ist in unserem Kopf noch so lebendig, als sei es gestern gewesen.

Dass emotionale Bedürfnisse erfüllt und beachtet werden, ist lebensnotwendig. Doch wenn wir in emotionaler Hinsicht nicht so begleitet wurden, wie wir es während unserer Kindheit und Jugend gebraucht hätten, hat das viele negative Folgen, die sich auf vielfältige Weise zeigen.

> *Jeder Mensch ist einzigartig, jeder trägt sein eigenes Päckchen, seine eigene persönliche, familiäre und emotionale Geschichte, seine Veranlagung, seine Persönlichkeit, seine Einstellung zum Leben und eine bestimmte Art, die Dinge zu sehen.*

Wenn einer Person immer wieder gesagt wird, sie solle aufhören zu weinen, still sein und sich zusammenreißen, kann das im Erwachsenenalter beispielsweise dazu führen, dass sie häufig weint, sich nicht kontrollieren kann, schnell gerührt ist, sich immer traurig fühlt oder denkt, gescheitert zu sein. Oder sie versteckt im Gegenteil all ihre Tränen und denkt, dass sie diese immer unterdrücken sollte, da so alles besser ist. Vielleicht bringt diese Person ihre unterdrückten Gefühle zum Ausdruck, indem sie Essen in sich hineinstopft, oder ihr ist alles gleichgültig und sie denkt, alle Liebesbeziehungen seien zum Scheitern verurteilt.

In jedem Fall haben all diese Menschen gemeinsam, dass sie nicht wissen, wie sie ihren Kindern in emotionaler Hinsicht richtig zuhören oder ihnen Aufmerksamkeit schenken können. Sie können ihre wütenden oder überforderten Kinder nicht liebe- und respektvoll bei der Auseinandersetzung mit ihren Gefühlen anleiten, da sie sich von deren Empfindung anstecken lassen. In ihrem Innersten sind sie wie Kinder, deren Gefühle von niemandem ernst genommen wurden, und deshalb geraten sie in einen Teufelskreis, aus dem sie nicht herauskommen. Weder helfen sie sich selbst noch ihren Kindern.

Durch die lebenslange Zensur der eigenen Gefühle weisen sie gefühlsmäßige Defizite auf. Einerseits äußert sich dies in einem schwachen und geringen Selbstwertgefühl sowie in dem Gefühl, sich permanent in einem emotionalen Kampf zu befinden und zu glauben, weniger wert zu sein als die anderen. Sie sind unfähig, ihre Emotionen zu kontrollieren, weil sie sich in einem Zustand befinden, den sie nur schwer anerkennen und in dem sie ganz leicht in eine Depression oder einen Angstzustand verfallen können. Andererseits sind sie suchtanfällig. Es müssen keine Drogen sein wie Zigaretten oder Alkohol, sie können süchtig nach Essen, dem Smartphone oder auch nach einem Menschen sein. Auf diese Weise versuchen sie, die emotionale Leere mit etwas zu füllen, was sie aber in Wirklichkeit nur weiter von ihrem Ziel entfernt, nämlich sich selbst kennenzulernen und eine Bindung zu ihren Kindern aufzubauen.

Diese ganze emotionale Last wiegt schwer auf ihren Schultern und beherrscht das Herz oftmals in Form von Gewalt: Gewalt gegen andere, Gewalt gegen sich selbst, Gewalt gegen ihre Kinder. Die innere Wut, die Schuld und das Unbehagen überfallen sie immer wieder, und manchmal können sie leider nicht einordnen, woher all dieses emotionale Ungleichgewicht kommt.

» *Um Kinder mit Respekt, Aufmerksamkeit und Verständnis für ihre Gefühle zu erziehen, ist Empathie unerlässlich.*

Diese Eigenschaft ist eng mit der Liebe und der emotionalen Sicherheit verbunden, die Kinder während der ersten Lebensjahre von ihren Eltern erfahren haben. Wenn diese ihnen also nicht genug Liebe und Sicherheit gegeben haben, kann das in ihrem Erwachsenenleben zweierlei Folgen haben: Entweder es fällt ihnen sehr schwer, sich in andere hineinzuversetzen (sie sind misstrauisch und denken, sie hätten das Recht, sich über andere lustig zu machen), oder sie fühlen übermäßig mit und leiden dadurch sogar in verschiedenen sozialen Kontexten (sind aber gleichzeitig nicht fähig, mit ihren Kindern mitzufühlen). Das Mitfühlen mit den Kindern gelingt dann nur, wenn sie sich selbst zurücknehmen und sich aktiv in die Lage ihrer Kinder hineinversetzen.

Wie kannst du dich von fehlender Zuwendung erholen?

Hast du als Kind selbst zu wenig Zuwendung erhalten, so stellst du dein emotionales Gleichgewicht am besten dadurch her, indem du jeden Tag auf deine Gefühle achtest.

Diese tiefgehende und persönliche Arbeit ist notwendig, um deine eigenen Emotionen zu verstehen und zu wissen, woher sie kommen. Du solltest deine Gefühle mit Verstand und Gelassenheit betrachten, so als würdest du dich selbst umarmen, unterstützen und Mut machen. Dafür brauchst du niemand anderen. Bist du dann in emotionaler Hinsicht mit dir ins Reine gekommen, kannst du deinem Kind ein Vorbild sein und ihm das Wissen über seine eigenen Emotionen beibringen.

Wenn du an diesem Punkt angelangt bist, wird sich vieles verändern. Denn du erkennst den großen Einfluss, den du als Erwachsene auf dein Kind hast. Es ist wichtig, für dein Kind gesund zu sein, damit dieses sich gesund entwickelt. Es kann schön sein, in schwierigen Momenten jemanden an seiner Seite zu haben und das Problem gemeinsam zu lösen. Durch die tägliche Anstrengung kann es dir gelingen, dich in jede Lage deines Kindes hineinzuversetzen und zuzuhören. Die Klarheit über deine eigenen Gefühle und über die Empfindungen deines Kindes ist wichtig, ebenso eine urteilsfreie Gelassenheit. Erst dann kann dein Kind sich bei Gefühlsausbrüchen wirklich beruhigen. Das Ergebnis ist eine innere Ruhe sowohl bei dir als auch bei deinem Kind, ohne dass ihr euch gegenseitig zur Last fallt.

In den kommenden Kapiteln stelle ich dir die nötigen Grundsätze vor, mit denen du die Veränderung in dir und bei deiner Erziehung leichter umsetzen kannst.

Alexandra und die Silvesterfeier *Was ihre Eltern und Großeltern falsch gemacht haben und wie sie es richtig gemacht hätten:*

Falsch: *Alexandras Sorgen waren unwichtig für ihre Eltern.*
Richtig: Alles, was dem Kind wichtig ist, sollte auch den Eltern wichtig sein. Alles, was es beschäftigt, sollte auch Vater und Mutter beschäftigen, ganz gleich, was sie darüber denken. Sie sollten imstande sein, jede Emotion ihres Kindes wahrzunehmen. Sie sollten der Situation auf den Grund gehen, wissen, was ihr Kind beunruhigt. Sie sollten ihm helfen, Dinge friedlich und vernünftig zu lösen. Im Leben des Kindes sollten Eltern allem Aufmerksamkeit schenken.

Falsch: *Die Eltern haben ihr gesagt: „Große Mädchen weinen nicht."*
Eltern dürfen ihrem Kind niemals sagen, dass es nicht weinen soll. Weinen ist natürlich und notwendig. Nicht natürlich ist es, einem Kind (oder jemand anderem) zu sagen, dass es damit aufhören soll, wenn es das braucht.
Richtig: Eltern sollten sich die Gründe ihres Kindes für sein Weinen geduldig anhören, ohne es auszulachen oder zu drängen, bis es ihm besser geht. Wenn es weint, sollten sie es beobachten, umarmen, verstehen, unterstützen und ihm helfen, nach Lösungen suchen. Jedes Kind braucht dafür seine Zeit. Je mehr Verständnis und Unterstützung die Eltern ihm entgegenbringen, umso schneller erholt sich das Kind.

Falsch: *Alexandra wurde nie getröstet.*
Eltern sollten den Satz: „Es ist doch nichts passiert“ vermeiden.
Richtig: Eltern sollten ihr Kind immer trösten. Wenn ein Kind weint, klagt, Schmerzen hat, traurig oder wütend ist, dann ist natürlich etwas passiert und dem sollten Eltern Aufmerksamkeit schenken. Trost ist Teil der Elternarbeit, und Kinder haben ein Recht darauf.

Falsch: *Die Eltern haben Alexandra ständig mit ihrer Schwester Carolina verglichen.*
Vergleiche mit den Geschwistern sind tabu. Sie erzeugen Wut, Zorn und Misstrauen. Vergleiche schüren Konflikte zwischen Geschwistern und schwächen das Selbstvertrauen eines Kindes. Vergleiche führen dazu, dass die Beziehung der Geschwister nicht nur in der Gegenwart, sondern auch in Zukunft leidet.
Richtig: Eltern sollten jedes Kind gleichermaßen wertschätzen, ohne es zu vergleichen. Sie sollten ihm helfen, seinen eigenen Weg zu gehen, damit es ganz es selbst sein kann.

Falsch: *Alexandra musste allein schlafen.*
Eltern sollten nicht darauf beharren, dass ihr Kind allein schläft. Der Glaube, dass es nicht selbstständig wird, ist falsch.
Richtig: Menschen haben das Bedürfnis, sich in der Nacht nicht allein zu fühlen, vor allem als Kind. Es ist genetisch veranlagter Überlebensinstinkt. Je mehr Hilfe ein Kind bekommt, umso stärker und freier fühlt es sich. Es wird unabhängiger und ist motivierter, sein Leben selbst zu gestalten. Eltern sollten ihr Kind bei sich schlafen lassen, wenn es das möchte.

Falsch: *Alexandra wurde kritisiert, weil sie nicht essen wollte.*
Erwachsene dürfen nicht darauf bestehen, dass ein Kind isst, wenn es nicht mag. Die Großeltern haben Alexandra Schuldgefühle eingeredet, weil sie keine Gambas mochte.

Richtig: Kinder haben einen anderen Magen als Erwachsene. Das müssen Erwachsene respektieren. Die Großeltern hätten gemeinsam mit Alexandra herausfinden sollen, worauf sie Lust gehabt hätte.

Falsch: *Die Eltern haben Alexandras Selbstvertrauen nicht gestärkt.*
Richtig: Eltern sollten ihrem Kind das Gefühl geben, dass sie immer für es da sind. Sie sollten ihm angemessen und liebevoll antworten, ganz gleich, was es will, denkt oder vorschlägt. Es sollte keine Angst vor seinen Eltern haben, sondern ihnen vertrauen. Das Selbstvertrauen des Kindes wächst, indem auch die Eltern ihrem Kind vertrauen. Sie sollten ihrem Kind in jeder Phase seiner Entwicklung Aufmerksamkeit, Respekt und Toleranz entgegenbringen.

Falsch: *Die Eltern schickten Alexandra zur Strafe auf ihr Zimmer.*
Als das Mädchen Unterstützung gebraucht hätte, hat sie keine bekommen. Eine Strafe ist nie positiv, nicht einmal, wenn Eltern glauben, dass ihr Kind dadurch etwas lernt. Leid erzeugt nur Leiden.

Ein Kind fühlt sich allein, traurig und hilflos. Später empfindet es Wut, Zorn und Groll. Durch Strafen bringen Eltern ihrem Kind nichts Positives bei, sondern frustrieren es nur. Selbst wenn ein Kind etwas nicht mehr macht oder genau das macht, was die Eltern wollen, erreichen sie es nicht richtig. So kann es sich als Mensch nicht weiterentwickeln. Es wird lediglich gehorsam und unterwürfig. Dies wird es später als normal empfinden. Was es aber nicht ist. Eltern sollten nicht nur an sich und ihre Strategien denken.
Richtig: Alexandra hätte eine Umarmung von ihren Eltern oder ihrer Schwester gebraucht, jemanden, der sie tröstet und sie beruhigt. Sie hätte eine Schulter zum Anlehnen und viel Liebe bekommen müssen. Dann wäre sie glücklicher gewesen und hätte mehr Lust gehabt, mit den anderen zu feiern.

Zusammenfassung

» Emotionen sind Teil unseres Wesens und entstehen im limbischen System.

» Die Emotionen haben die Aufgabe, unser Überleben und unsere Gesundheit sicherzustellen. Der Verstand sorgt dafür, dass die Information über die erlebten Emotionen eingeordnet wird und wir eine Situation überdenken.

» Gefühl und Verstand sollten in Balance sein, damit wir nicht impulsiv handeln, sondern durch das Nachdenken über unsere Empfindungen die richtigen Entscheidungen treffen.

» Setzen wir uns nicht intensiv mit unseren eigenen Emotionen auseinander, verzerren wir möglicherweise die Realität und formen sie nach unserem Wunschdenken. Wenn wir die Information, die die Emotion uns mitteilt, nicht verarbeiten, bleiben wir im Gefühl hilflos gefangen.

» Emotionen dienen auch dazu, eine Verbindung zu anderen Menschen aufzubauen und mit ihnen mitzufühlen, insbesondere mit unseren Kindern.

» Die ersten sieben Lebensjahre eines Menschen sind in emotionaler Hinsicht die wichtigsten. In dieser Zeit entwickeln sich unsere Emotionen und bilden den Grundstein für soziale und emotionale Bindungen. Die Art und Weise, wie wir uns selbst und andere behandeln, ist immer mit den Erfahrungen unserer ersten Jahre verknüpft.

- Behandeln wir unsere Kinder freundlich, geduldig, empathisch und liebevoll, schüttet ihr Gehirn Glückshormone aus. Begegnen wir ihnen hingegen mit Wut, Frust, Unfähigkeit und Ungeduld und geben ihnen das Gefühl, nur geliebt zu werden, wenn sie tun, was wir für richtig halten, unterdrücken wir ihre wahren Emotionen. In beiden Fällen bringen wir ihnen bei, sich selbst und alle anderen auf dieselbe Weise zu behandeln.

- Wenn Erwachsene in ihrer Kindheit emotional nicht das bekommen haben, was sie brauchten, wissen sie meist nicht, was sie ihren Kindern mitgeben sollen, damit diese zu emotional gesunden Menschen werden.

- Wir sollten alle Entwicklungsphasen der Kinder bedingungslos respektieren. Kinder haben andere emotionale Bedürfnisse als Erwachsene. Kinder sind Menschen in der Entwicklung.

- Durch eine lebenslange Unterdrückung von Emotionen entstehen emotionale Defizite.

- Die beste Methode, um als Erwachsener unser emotionales Gleichgewicht wiederherzustellen, unsere Defizite zu beseitigen und unseren Kindern dasselbe Gleichgewicht zu vermitteln, ist, dass wir uns tagtäglich mit unseren eigenen Emotionen beschäftigen.

Alexandra und das Lernen

„Alexandra!“, rief die Mutter. „Hör auf zu trällern und fang verdammt noch mal an zu lernen!“

Sie wusste, dass ihre Tochter leicht und ohne Anstrengung lernte. Alexandra hatte die vierte Klasse der Grundschule geschafft, ohne viel dafür tun zu müssen, trotz der vielen Streitereien, die sie deswegen hatten. Nachdem sie nun das sechste Schuljahr beendet hatte, machte ihre Mutter, da die Zwischenprüfungen vor der Tür standen, sich jeden Tag Sorgen, dass sie durchfallen könnte. Sie war Elternvertreterin der Schule und ihre Tochter sollte die Prüfungen um jeden Preis bestehen. Sie wollte zudem nicht, dass die Lehrerin ihr berichten musste, dass ihre Tochter die Hausaufgaben nicht gemacht habe.

„Bist du taub? Hol das Buch und lern für die Prüfung morgen, aber sofort. Ich habe Marias Mutter angerufen. Sie hat mir erzählt, dass du morgen eine Matheprüfung hast. Das ist das Fach, in dem du die schlechtesten Noten hast. Aber dir ist das ja egal, oder? Das stört dich nicht.“

Empört holte sie Alexandras Kalender aus dem Rucksack und rief: „Du hast es dir nicht einmal aufgeschrieben, dich interessiert auch gar nichts.“ Sie warf den Kalender zu Boden, schlug die Tür zu und lief laut schimpfend durch den Flur.

Alexandra ließ sich auf ihr Bett fallen. Es war riskant, wenn sie sich jetzt etwas entspannte, aber sie brauchte es. Sie hatte sich diese Technik vor Kurzem selbst beigebracht, als ihr Vater sie erbost in ihr Zimmer schickte. Sie hatte ihm den Kaffee nicht bringen wollen und ihm gesagt, er könne ihn sich ja selbst holen.

Die Entspannung half ihr, sich nicht allein zu fühlen oder Angst zu haben, dass der Vater ihr eine Ohrfeige verpassen könnte. Alexandra beruhigte sich und stellte sich schöne Dinge vor, auch wenn sie ihre Eltern schreien hörte.

Sie hatte niemandem von ihrer Entspannungstechnik erzählt, weil sie wusste, dass die anderen sie auslachen würden. Manchmal war sie versucht, es Carolina zu erzählen, da sie glaubte, dass sie auch ihr guttun würde, aber sie konnte ihrer Schwester nicht völlig vertrauen. Es könnte sein, dass sie vor dem Schlafengehen ihrer Mutter davon erzählte und sie dann dumm dastand.

Alexandra überkreuzte die Arme auf der Brust, so als würde sie sich selbst umarmen, die Beine streckte sie lang aus. Dann zählte sie mit geschlossenen Augen bis zwanzig. Als sie die Augen öffnete, blickte sie an die Zimmerdecke und stellte sich einen Sternhimmel vor. So konnte sie die Traurigkeit dämpfen, die sie überkam.

Etwas ruhiger stand sie schließlich auf, hob ihren Kalender vom Boden auf und sah ihn durch. Ihre Mutter hatte das kleine blaue P nicht gesehen, dass sie selbst hingeschrieben hatte, um die Matheprüfung nicht zu vergessen. Das Dividieren von fünfstelligen Zahlen langweilte sie. Außerdem war sie davon überzeugt, dass es völlig unnütz war. Aber sie lernte es trotzdem, damit ihre Mutter, die erneut erschien, sie in Ruhe ließ.

„Zum Glück hast du dich dazu herabgelassen zu lernen", sagte sie barsch. „Sonst hättest du zur Strafe nächste Woche nicht ins Museum der Wissenschaften mitgehen dürfen."

„Danke, dass du mich nicht bestrafst, Mama. Ich möchte gern mit ins Museum."

„Dann verspiel es dir ja nicht."

Bestraft zu werden war für Alexandra viel schlimmer, als ausgelacht zu werden, wenn sie weinte. Sie schwor sich, dass sie ihre Kinder, wenn sie eines Tages welche haben sollte, niemals bestrafen würde. Zudem schwor sie sich, dass sie ihre Kinder niemals zwingen würde, langweilige Dinge zu lernen.

I \ zwei

Kindliche Emotionen zulassen

Kontrollieren ist nicht erziehen

Wir Menschen verabscheuen Kontrolle. Wenn uns der Partner, die Arbeitskollegin oder der Chef versucht zu kontrollieren, mögen wir das nicht: Etwas in unserem Inneren erwacht, wird aufgewühlt und sträubt sich. Denn es entspricht nicht unserer Natur, durch andere Menschen kontrolliert zu werden, außer durch uns selbst. Es widerstrebt unserer Spezies.

Wenn wir als Erwachsene merken, dass wir manipuliert werden, unterbinden wir dies sofort. Aber manchmal (ich komme später noch darauf zu sprechen) haben wir ein so geringes Selbstwertgefühl, dass wir uns nicht trauen, diejenigen, die uns kontrollieren, die uns nicht guttun und über uns bestimmen wollen, daran zu hindern. Unsere Kinder jedoch wollen wir weiterhin kontrollieren. Und obwohl wir genau wissen, dass wir eine Manipulation durch andere nicht akzeptieren, können wir selbst nicht aufhören, unsere Kinder zu überwachen.

Wir wollen absolut alles an ihnen kontrollieren, so als würden sie wie Marionetten an langen Fäden hängen und wir würden sie bewegen, für sie handeln und reagieren. Wenn Kinder wütend werden, schreien, um sich treten, weinen, jähzornig und aufbrausend sind, wollen wir ihre Gefühle ändern. Wir ertragen ihre Gefühlsausbrüche nicht und wollen sie in ihre Schranken weisen. Zudem fällen wir ein Urteil und richten uns nur nach unseren eigenen Empfindungen.

Wir wollen, dass die Kinder ihren seelischen Zustand verändern, aber eigentlich interessiert uns nur unser eigener. Wir wollen, dass sie sich beruhigen, damit wir selbst uns beruhigen, weil wir es auf andere Weise nicht schaffen. Dabei sollte es genau andersherum sein. Das heißt, wenn unsere Kinder von ihren Emotionen überwältigt werden, brauchen sie eine - konkrete und spezielle - Anleitung von Mutter oder Vater, die ihnen Gelassenheit, Klarheit und Ruhe bringt. Sie brauchen niemanden, der sie mit aller Kraft zum Schweigen bringen will und dafür sorgt, dass sie ihre Gefühle unterdrücken.

Stellen wir uns vor, es ist einer dieser Tage, an denen eine Mutter nachts lang wach gelegen und wenig Schlaf bekommen hat, aufgestanden ist und mit ihrem Kind diskutiert hat, weil es zu spät zur Schule kommen würde, sie sich im Job mit einigen überheblichen Kundinnen und Kunden herumärgern musste, ihr Chef ihr für den Geburtstag ihrer Mutter nicht freigegeben hat und sie sich am Ende mit ihrem Partner gestritten hat, weil er nicht, wie abends zuvor vereinbart, eingekauft hat. Als sie nach Hause kommt, hofft sie, dass alles wie am Schnürchen läuft, weil sie abschalten und früh ins Bett will. Alles läuft mehr oder weniger gut, bis es Zeit wird, das Kind ins Bett zu bringen. Sie merkt, dass es ziemlich unruhig ist und noch nicht schlafen will (wir erinnern uns, dass Emotionen ansteckend sind: je gereizter wir sind, umso mehr nehmen Kinder das wahr, und so verbreitet sich diese gereizte Stimmung im Haus). Aber die Mutter will nur, dass es sich endlich hinlegt. Sie denkt weder an ihr Kind, an seinen Tag, noch an das, was es gemacht hat, oder ob es Zeit zum Spielen hatte oder nicht. Sie bemerkt nicht einmal, dass sie eine halbe Stunde früher dran ist als sonst und dass außerdem Freitag ist und auch ihr Kind abschalten will. Sie denkt an gar nichts. Sie will nur, dass es schläft, damit sie ins Bett gehen und ein paar Seiten lesen kann. Sie will einfach nur ruhig schlafen, ohne an etwas denken zu müssen. In diesem Moment verliert sie die Nerven. Ihre Müdigkeit und die negativen Erlebnisse des Tages überwältigen sie, und sie kann sich nicht mehr zurückhalten: Schimpfend bringt sie ihr Kind ins Bett, schreit es an, verdonnert es zum Schweigen, vergleicht es mit seinen Cousinen und Cousins, die gute Kinder sind und bereits schlafen, macht das Licht aus, ignoriert sein Jammern und seinen Protest, seine physischen und emotionalen Bedürfnisse. Sie besteht nur auf ihrer Ruhe, und wer nicht hören will, muss eben fühlen. Sie droht ihm, regt sich so auf, dass sie ihm Angst macht, aber das interessiert sie nicht. Sie schafft es nicht, in sich hineinzuhorchen. Sie ist auch nicht in der Lage, in seine verängstigten Augen zu schauen, weil sie möchte, dass es schläft, damit sie endlich Ruhe hat. Schließlich schläft das Kind ein. Doch als sie die Augen ebenfalls schließt, zack!, fragt sie sich: „Was habe ich nur getan?“, und verbringt eine weitere schlaflose Nacht.

Die meisten Mütter und Väter erkennen sich in solch einer Situation wieder, in der sie nicht weiterwissen. Die Eltern wollen ihre Kinder nur kontrollieren und manipulieren, damit diese tun, was sie selbst in diesem Moment brauchen. Sie sind nicht in der Lage, darüber nachzudenken, was ihre Kinder eigentlich benötigen, weil sie von ihren eigenen emotionalen Reaktionen gefangen sind und ihr Kontrolldrang für sie handelt. Sie wissen nicht, wie sie eine Bindung zu ihren Kindern aufbauen sollen, ohne sie zu kontrollieren. Tatsächlich wollen wir so gut wie alles im Leben unserer Kinder kontrollieren: was sie essen, sagen, fühlen, wann sie keine Windeln mehr tragen oder den Schnuller nicht mehr benutzen sollen, wann sie Hausaufgaben machen sollen, wann sie ins Bett gehen sollen und sogar, welche Kleidung sie tragen dürfen.

In diesem Beispiel hätte die Mutter auf ihre Emotionen achten sollen, um sie sich bewusst zu machen. Dann hätte sie sich selbst sagen sollen: „Hör mal, du hast gar nicht geschlafen, bist müde und möchtest dich ausruhen, aber der Tag fängt gerade erst an. Sei geduldig.“

» Als Eltern und Menschen sollte eines unserer Ziele sein zu erkennen, was wir empfinden, das Gefühl zu benennen und die Gründe dafür.

Diese einfache Tatsache würde uns helfen, uns besser zu verstehen und uns bremsen zu können. Andere Menschen sollten nicht unter unseren Emotionen leiden müssen, und wir als Erwachsene sollten wissen, wie wir sie im Zaum halten.

Sich ihrer Müdigkeit und ihrem Wunsch, den Tag zu beenden, bewusst zu sein, würde dieser Mutter helfen, die Erwartungen herunterzuschrauben. Das heißt, sie würde ihre Einstellung ändern von: „Ich möchte, dass mein Kind schnell schlafen geht und dass alles wie am Schnürchen läuft, damit ich selbst schlafen gehen kann" zu: „Ich bin mir bewusst, dass ich müde bin und dass mein Kind nicht dafür verantwortlich ist, sondern nur ich selbst. Ich kann nicht verlangen, dass es tut, was ich brauche, sondern ich muss seine Bedürfnisse verstehen und geduldig abwarten, bis es schläft. Je ruhiger ich bin, umso schneller entspannt es sich und schläft ein, und zwar ohne schlechte Laune." Kinder sind nicht dafür verantwortlich oder schuld daran, was wir empfinden. Wir können nicht von ihnen verlangen, dass sie schon schlafen gehen, nur weil wir uns nach Ruhe sehnen.

„ Wir bekommen keine Kinder, um sie zu kontrollieren. Wir bekommen sie, weil wir wollen, dass sie frei sind, ihr Leben selbst gestalten und glücklich werden.

Sie können jedoch nicht glücklich sein, wenn sie in einem Gefängnis stecken, in dem sie weder Stimme noch Rechte haben, in dem sie auf Kommando ihre Wut abstellen müssen, in dem ihnen niemand zuhört, niemand sie umarmt oder wärmt, niemand sie versteht oder mit ihnen nach Lösungen sucht, sondern ihnen nur etwas aufdrängt, ob es ihnen gefällt oder nicht.

Im Leben geht es nicht um das Ziel, sondern um den Weg. Jede Phase, jedes Jahr in der Kindheit und Jugend unserer Sprösslinge ist wichtig für ihre Gegenwart und Zukunft. Doch sie werden den Weg nie genießen können, wenn sie kontrolliert, manipuliert und gelenkt werden.

Erziehen, ohne zu kontrollieren

Eltern, die meinen Rat suchen, scheinen zunächst nicht aufhören zu können, ihre Kinder zu kontrollieren. Sie beschreiben die Notwendigkeit der Kontrolle als etwas, das von innen herauskommt, das in ihnen in Form von Frust aufsteigt, der sie einnimmt. Obwohl sie versuchen, nicht zu kontrollieren, ist der Impuls sehr groß und mächtig.

Es scheint, als hätten wir Mütter und Väter perfekt gelernt, uns um unsere Kinder zu sorgen, wenn es um die Grundbedürfnisse geht: essen, trinken oder schlafen. Aber wir fühlen uns komplett verloren, sobald wir uns auf emotionaler Ebene um sie kümmern müssen.

> ›› *Die emotionale Fürsorge gehört jedoch zu den Grundbedürfnissen des Menschen.*

Geht es unseren Kindern emotional schlecht, wirkt sich das negativ auf ihren mentalen Zustand aus, was wiederum körperliche Auswirkungen haben kann. Emotionen haben sogar Einfluss auf unser Immunsystem.[5] Daher ist die Fürsorge in diesem Bereich genauso wichtig wie eine gesunde Ernährung, ausreichend Wasser und genügend Schlaf.

Wir müssen uns bewusst machen, dass wir die optimale emotionale Entwicklung unserer Kinder völlig vernachlässigen, wenn wir sie kontrollieren, bestrafen und gefügig machen. Wir legen ihnen Steine in den Weg, die nur schwer zu überwinden sind und ihre wahre Persönlichkeitsentfaltung behindern. Zusätzlich schwächen wir ihre Abwehrkräfte. Alle Mittel zur Stärkung des Immunsystem wie Gemüse und Obst bringen nichts, wenn wir sie emotional falsch behandeln.

Auch wenn wir unser Verhalten rechtfertigen, indem wir Sätze sagen wie: „Ich bestrafe dich zu deinem Besten", „Du musst mir gehorchen, um zu lernen ...", trägt das nicht zum Wohl der Kinder bei. Dadurch lernen sie nur zu leiden, still zu sein, ihre innere Wut zu verbergen, ihre Emotionen zu unterdrücken. Sie werden vom Leben enttäuscht sein, weil sie es als ungerecht empfinden. Für eine gelingende Erziehung ist nicht nötig, zu verletzen und zu kontrollieren:

» *Kontrolle erzieht nicht, sondern verletzt.*

Mag sein, dass es Eltern so vorkommt, als würden ihre Kinder „auf sie hören", als würden sie es schaffen, dass sie tun, was sie wollen. Vielleicht fühlen sie sich bestätigt, glauben, dass ihre Erziehung funktioniert und sich nicht negativ auf das Leben der Kinder auswirkt. Aber die Kinder gehorchen ihnen aus Angst und Unterwürfigkeit, weil diese Eltern ihnen keine andere Möglichkeit lassen. Daher verstecken sie ihre Gefühle, Gedanken und Wünsche. Das führt bei den Kindern zu Unzufriedenheit, Trauer, fehlendem Selbstwert und Wut.

Manchmal machen sich diese Gefühle innerhalb der Familie bemerkbar:

» Die Kinder schreien.
» Sie distanzieren sich.
» Sie verlieren die Bindung zu den Eltern.
» Sie sind aggressiv ihnen oder ihren Geschwistern gegenüber.
» Ihre schulischen Leistungen nehmen ab.
» Sie nässen nachts ein.
» Sie leiden an Schlaflosigkeit.
» Sie haben ständig Angst.
» Sie ziehen sich zurück.
» Sie leiden unter Verdauungsstörungen.
» Sie unterwerfen sich Mutter oder Vater.

In anderen Fällen richten sich solche negativen Gefühle eher nach außen:

» Die Kinder isolieren sich in der Schule.
» Sie sind aggressiv ihren Mitschülerinnen und Mitschülern gegenüber.
» Sie haben Probleme mit den Lehrkräften.
» Sie leiden unter selektivem Mutismus.
» Sie haben Angstzustände.
» Sie sind unkonzentriert.
» Sie zeigen sich unterwürfig anderen Kindern und Erwachsenen gegenüber und vieles mehr.

Letzten Endes sind Disziplin und Gehorsam für Kinder nie positiv, nicht einmal in Form von angeblich wohlwollenden Methoden, da das Ziel immer dasselbe bleibt: Erwachsene wollen ändern, was die Kinder machen, sagen und fühlen. Stattdessen sollten wir sie das machen, sagen und fühlen lassen, was sie brauchen.

» Wir sollten sie mit Verständnis und Akzeptanz begleiten, ohne sie zu verurteilen.

Wenn wir unsere Kinder disziplinieren, schaffen wir genau das Gegenteil: Wir erzeugen die Verhaltensweisen, die wir verhindern wollen. Während wir sie also zu etwas zwingen wollen, versuchen sie weiterhin, sie selbst zu bleiben, bis sie schließlich aufgeben. Womöglich sind sie erschöpft, und all ihr Unbehagen zeigt sich durch die zuvor beschriebenen Verhaltensweisen und Einstellungen, oder ihr Unbehagen manifestiert sich in Form von Unterwerfung. Sobald sie können, entwickeln sie ihre eigene Persönlichkeit. Wir als Mütter und Väter vergeuden bis dahin die Kindheit und Jugend unserer Kinder mit dem Wunsch, dass sie alle Entwicklungsphasen schnell hinter sich bringen, erwachsen werden, anstatt die Zeit zu genießen. Vielen ist nicht bewusst, dass die Zeit so oder so vergehen wird und wir sie gemeinsam nutzen sollten.

» Der Umgang mit unseren Kindern sollte auf Respekt und Verbundenheit aufbauen. Kontrolle darf in keiner Beziehung die Grundlage sein.

Eine Mutter, der ich dabei half, die Beziehung zu ihren Töchtern zu verbessern, fing an, ohne Kontrolle zu erziehen: Als Erstes machte sie sich bewusst, dass sie Kontrolle benutzt und dass sie damit aufhören will. Sofort fielen ihr unzählige Anlässe ein, in denen sie versucht hatte, ihre Töchter zu kontrollieren. Dieses Bewusstsein, das immer am Anfang stehen sollte, half ihr in jeder einzelnen Situation, sich zurückzuhalten und sich klarzumachen, was sie alles ändern musste. Ebenso half es ihr, die spontane und echte Dankbarkeit in den Augen und im Lächeln ihrer Töchter zu sehen, die sich von da an frei und dennoch geleitet fühlten, anstatt gezwungen, erpresst und manipuliert.

Wir mussten herzlich lachen, als sie mir eine Anekdote erzählte, die ihr in den ersten Tagen passiert war: Ihre fünfjährige Tochter hatte sich Kleidung ausgesucht, die sie zur Schule tragen wollte, während sie ein Lied sang, wie glücklich sie doch war, dass sie das selbst entscheiden durfte. Als sie zur Tür hinauswollten, spürte die Mutter einen Kontrollzwang in sich aufsteigen. Ihre Tochter trug ein grünes Shirt und eine braune Hose und sah aus wie ein Baum. Die Mutter sorgte sich: „Sie werden sie auslachen, sie sieht aus wie eine Tanne, und dann ist sie auch noch die Größte in der Klasse." In diesem Moment wollte sie, dass ihre Tochter sich umzieht, und ihr sagen, was sie dachte, obwohl sie wusste, dass sie sie damit verletzen würde. Doch sie machte sich diesen Impuls bewusst, und das half ihr. Sie atmete durch und versetzte sich in die unschuldigen Wünsche ihrer Tochter hinein, und beide fuhren entspannt zur Schule.

Diese Mutter war glücklich, als sie sah, wie zufrieden, fröhlich und glücklich ihre Tochter die Schule betrat, und das nur aufgrund der banalen Tatsache, dass sie sich ihre Kleidung selbst hatte aussuchen dürfen.

Wir wollen unsere Kinder so sehr kontrollieren, dass wir sogar ihr Aussehen bis ins Detail inspizieren. Wir wollen nicht, dass jemand sie auslacht, beschimpft oder abstempelt. Diese Angst führt genau dazu, dass wir Eltern es selbst tun. Wir sagen: „Mit diesen Augenringen siehst du aus wie ein Pandabär, in der Schule wird man dich auslachen“, und wir sind besessen davon, dass unsere Tochter genug schläft, damit diese Augenringe verschwinden, oder geben ihr sogar einen Abdeckstift. Wir finden: „Mit diesem gelben Shirt sieht man deine Speckröllchen, so kannst du nicht rausgehen. Zieh dir lieber das mit den schwarzen Knöpfen an“, und entscheiden, dass sie das Shirt anzieht, das wir für richtig halten. Situationen wie diese kommen häufig vor, und wir bringen unseren Kindern damit Dinge fürs Leben bei, die weit von dem entfernt sind, was wir uns für sie eigentlich wünschen. Stattdessen fördern wir damit nur Selbsthass, Unsicherheit, Vorurteile, Ungleichheit, Ängste und mangelndes Vertrauen in andere Menschen.

›› Die Kontrolle über unsere Kinder aufzugeben, kostet uns viel Mühe.

Wir sind traurig und demotiviert, weil wir kontinuierlich daran zweifeln, ob das richtig ist. Zudem haben wir das Gefühl, dass „unser Kopf explodiert“, wie mein Sohn Uriel gern sagt (so beschreibt er das Gefühl, wenn er wütend oder verärgert ist). Das gleiche Gefühl erleben wir, wenn wir uns überwinden, die Kontrolle aufzugeben, und uns stattdessen vertrauens- und liebevoll gegenüber unseren Kindern öffnen. Das Ganze macht uns schreckliche Angst, und das liegt daran, dass uns das Kontrollieren beigebracht wurde. Es kommt uns so vor, als müssten wir Eltern oder Erziehenden diese Rolle automatisch annehmen. Die Kontrolle unserer

Kinder ist überall gegenwärtig, auch wenn wissenschaftliche Studien zeigen, wie fatal die Auswirkungen auf ihr gesamtes Leben sind: An Schulen werden Forderungen und Erpressung eingesetzt (Strafen in Form von Pausenentzug, Verbot der Teilnahme an Ausflügen oder Nichtbestehen von Prüfungen). Den kindlichen Bedürfnissen wird wenig Aufmerksamkeit geschenkt. Kinder werden reihenweise in Schubladen gesteckt, so als wären alle Kinder in jeder Entwicklungsphase gleich.

7 Schritte für eine Erziehung ohne Kontrolle

Aber wer entscheidet, ob das, was ein Kind tut, gut oder schlecht ist? Wer urteilt darüber? Warum wird ein Kind, das durch einen Laden rennt, als schlecht beurteilt, obwohl es doch nur spielt? Es sind die Eltern, die die Nerven verlieren, wenn sie ein spielendes Kind sehen. Und das verhindert, dass sie den Kindern Werte und Respekt beibringen und für ihre Unversehrtheit sorgen.

» *Die Kontrolle beherrscht uns und zerstört die gesunde Beziehung zwischen Eltern und Kindern.*

Dennoch ist alles eine Frage des Vertrauens und der Motivation. Folgende sieben Schritte helfen dir, dein Kind ohne Kontrolle zu erziehen:

1. Schritt

Mache dir bewusst, dass du dein Kontrollverhalten aufgeben solltest und diese Veränderung für die ganze Familie notwendig ist.

2. Schritt

Verändere das gesetzte Ziel für dein Kind. Das Ziel sollte nicht sein, dass es tut, was du willst. Das Ziel ist, dass dein Kind sich selbst kennenlernt (das ist sein gutes Recht), seine eigenen Entscheidungen trifft, lernt, auf sein Unterbewusstsein und seinen Willen zu hören, sich selbst zu respektieren und das Leben voll auszukosten, trotz schwieriger Momente. Achte darauf, dass dein Kind immer sicher und beschützt ist, dass es nicht in Gefahr schwebt. Leite es mit Respekt, auch wenn es manchmal emotionale Ausbrüche hat.

3. Schritt

Du solltest begreifen: Kinder sind weder gut noch schlecht. Es sind Kinder oder Jugendliche, und du solltest sie nicht in Schubladen stecken. Wir sind so daran gewöhnt, sie abzustempeln, dass wir sie, wenn sie uns nicht gehorchen, als schlecht einstufen, und wenn sie uns folgen als gut. Wir machen das auf Grundlage von unseren eigenen momentanen, unausgeglichenen Gefühlen. Uns allen ist es schon passiert, dass das Verhalten unserer Kinder uns an einem Tag total auf die Nerven geht und an einem anderen Tag genau dasselbe Verhalten uns sogar zum Lachen bringt. Das liegt daran, dass unsere Erziehung auf unseren Gefühlen beruht und nicht auf dem, was die Kinder eigentlich brauchen. Wir wünschen uns inständig, dass unsere Kinder als Erwachsene unabhängig werden und niemandem gehorchen, aber während ihrer Kindheit bringen wir ihnen genau das bei: zu gehorchen.

Bitten wir unser Kind, die Konsole auszuschalten, weil es Zeit ist fürs Essen, und es spielt weiter, denken wir sofort, dass es sich uns widersetzt, uns herausfordert, dass es manipulativ ist und sehen will, wer der Stärkere ist. Wir kommen nicht darauf, dass wir selbst manipulieren. Wenn das Kind nicht aufhört, mit der Konsole zu spielen, liegt es daran, dass es das eben nicht will. Dieser eigene Wille ist normal und zeigt, dass es gesund ist und sich gut entwickelt. Denn es ist ein unabhängiges Wesen, ein Mensch mit eigenen Gefühlen und Interessen, eine Person, die das Recht hat, das tun zu wollen, auf was sie gerade Lust hat. Sind wir der Meinung, dass unser Kind an dem Abend bereits viel zu lange gespielt hat und es gesünder ist aufzuhören, sollten wir ihm geduldig mit Rat und Tat zur Seite stehen und die Situation erklären. Dabei sollten wir auf seine emotionalen Bedürfnisse eingehen und uns in es hineinversetzen. Wir müssen ihm weiterhin unsere Liebe zeigen, auch wenn es etwas tut, das wir nicht wollen. Wir sollten es ermutigen und ihm freundlich und respektvoll dabei helfen, mit dem Spielen aufzuhören, und natürlich sollten wir seinen Ärger verstehen, weil es sich bestimmt aufregen wird. Es ist ein Mensch, der weiterhin das tun möchte, was ihm Spaß macht. Und selbst wenn wir ihm unsere Gründe erklären, wird unser Kind es nicht verstehen. Es wird in seinen Gefühlen und seinem Frust versinken.

» *Das Wichtige ist dann, seiner Wut Aufmerksamkeit zu schenken und Trost zu spenden.*

Es ist ein Unterschied wie Tag und Nacht, ob wir unsere Kinder mittels Kontrolle zu etwas hinlenken, das sie wirklich brauchen, oder wir dabei mit Empathie und Verbundenheit vorgehen. Zunächst strengt uns die Umsetzung an, und wir müssen gegen unser schlechtes Gewissen ankämpfen. Aber sobald wir Tag für Tag diesen Kampf gewinnen, kommt irgendwann der Moment, an dem sich alles zum Guten wendet. Dann werden wir unsere Kontrollsucht in unzähligen Situationen erkennen und sie überwinden. Durch die Reflexion unserer eigenen Fehler können wir unsere Kinder dann ganz aufrichtig um Verzeihung bitten.

» *Es ist wichtig, sich klarzumachen, dass Kinder uns nicht gehören. Sie gehören sich selbst.*

Es ist nicht ihre Aufgabe zu tun, was Eltern von ihnen wollen, ihnen also zu gehorchen, sondern sich als Menschen emotional zu entwickeln, indem sie ihre eigenen Bedürfnisse beachten, ihre Wünsche wahrnehmen und emotionale Unterstützung von ihren Eltern bekommen, immer in der Gewissheit, dass ihre Motive genauso wertvoll sind wie die der Erwachsenen. Manchmal werden ihre Wünsche in Erfüllung gehen und manchmal nicht, denn das Leben verläuft nicht immer geradlinig, aber die Kinder sollen immer sicher sein, dass wir ihnen Aufmerksamkeit schenken und zuhören, ohne sie einzuengen oder zu kontrollieren, so als wären ihre Gefühle nichts wert.

4. Schritt

Für eine Erziehung ohne Kontrolle solltest du als Elternteil deine eigenen Emotionen erkennen und sie benennen. Du solltest wissen, was mit dir geschieht und aus welchem Grund, und vor allem solltest du deine Reaktionen ausbalancieren. Das gelingt nur mit viel Übung. Dafür solltest du dich in jeder schwierigen Situation mit deinen Kindern anstrengen und versuchen, deine eigenen Gefühle von denen deiner Kinder zu trennen und dich von deinem Kontrollbedürfnis zu distanzieren.

Stellen wir uns beispielsweise vor, dass ein Vater das Wohnzimmer fegt. Der ganze Müll liegt in seiner Kehrschaufel und plötzlich kommen seine fünf- und achtjährigen Kinder mit ausgestreckten Armen ins Zimmer gelaufen, so als wären sie Flugzeuge, und schmeißen die Schaufel zu Boden, sodass sich der aufgesammelte Müll und Staub im ganzen Zimmer verteilt. Der Vater hat zwei Möglichkeiten: Die erste besteht darin, dass die ganze Wut ungefiltert in ihm aufsteigt. Er spricht alles aus, was in ihm vorgeht, und lässt seinen Gefühlen freien Lauf. Er sagt seinen Kindern, dass sie aufhören sollen zu spielen, verlangt von ihnen eine Erklärung und wirft ihnen vor, dass sie das gemacht hätten, um ihn zu ärgern, und dass sie nur an sich denken würden. Am Ende bestraft er sie damit, dass sie nach dem Essen nicht fernsehen dürfen, weil ihn seine Wut blind macht und er sie an den anderen auslassen muss, jemanden beschimpfen muss, um sich abzureagieren.

Die zweite und korrekte Möglichkeit hingegen besteht darin, dass der Vater sich bewusst macht, dass nichts Schlimmes geschehen ist: Seine

Kinder sind Kinder und als solche spielen sie nun einmal, weil ihr Gehirn das braucht, weil das für sie genauso wichtig ist wie essen, weil sie ihre Beziehung als Geschwister festigen, indem sie ihrer Fantasie und Neugier folgen. Es ist nichts passiert, das sein oder ihr Leben in Gefahr gebracht hat. Er muss sich nicht verteidigen und angreifen. Dann benennt er es und ordnet das Geschehene ein, während er tief durchatmet und versucht, seine Wut zu zähmen. Er fragt sich: „Was geschieht mit mir? Ich empfinde Wut, weil ich gefegt habe und fertig werden wollte, und jetzt ist wieder alles schmutzig. Warum ist das passiert? Weil meine Kinder das Kehrblech heruntergeschmissen haben. Wie kann ich das lösen? Ich mache mir klar, dass meine Kinder Kinder sind, dass sie Menschen sind und niemand einen ungerechten Wutausbruch verdient." In diesem Augenblick beruhigt er sich und fegt alles wieder auf und ist zufrieden.

Er könnte seinen Kindern erklären, dass er das Kehrblech für einen Moment im Wohnzimmer lässt, weil er das Wischtuch holt, und sie bitten, vorsichtiger zu sein, damit es nicht noch einmal herunterfällt. Dabei bleibt er immer liebevoll, respektvoll, vertrauensvoll und empathisch, ohne Groll oder Wut. Wenn dasselbe noch einmal passiert, wäre das deine zweite Feuerprobe. Er müsste sich noch einmal bewusst zurücknehmen und Verständnis zeigen, dass Kinder eine freundliche Führung brauchen und durch die Praxis lernen. Es bringt gar nichts, vor den Kindern auszurasten, das löst keine Probleme und würde vieles zwischen ihnen zerstören.

5. Schritt

Einer der Kernpunkte in der Erziehung ohne Kontrolle, Geschrei, Bestrafungen, ohne die Nerven zu verlieren und ohne Gehorsam besteht darin, dass du dich an eine Situation anpassen solltest, anstatt zu erwarten, dass es dein Kind tut.

Es sind Situationen wie beispielsweise diese: Du steigst mit deiner Familie in den Ferienflieger und bemerkst, dass die Leute um dich herum stöhnen, wenn sie dich mit deinen Kindern bemerken, dich verächtlich ansehen und sich lustig machen oder tuscheln, wenn eines deiner Kinder weint, schreit oder spielt. Im Restaurant bemerkst du, wie die Leute an den Nebentischen jedes Mal herüberstarren, wenn deine Kinder laut reden oder beim Essen herumzappeln. Im Spielzeugladen schauen die Verkäufer böse, wenn deine Kinder eines der ausgestellten Spielzeuge anfassen und so weiter.

Leben wir in einer verkehrten Welt? Wir sind an einem Punkt angelangt, an dem uns alles, was mit Kindern zu tun hat, nervt. Die Ablehnung gegenüber unseren Kindern wächst, genauso wie unsere Lust, sie zu manipulieren, sie zum Schweigen zu bringen, ihren Bewegungsdrang zu kontrollieren. Wir wünschen uns, dass sie aufhören, Kinder zu sein. Sie sollen kleine, brav erzogene Personen sein, die sich so schnell wie möglich in Erwachsene verwandeln und ihre eigene Welt hinter sich lassen. Stattdessen sollten wir Erwachsenen unsere Interessen hintanstellen und uns in die Kinder hineinversetzen, an sie denken und uns an ihre Bedürfnisse anpassen. Kinder sollten nicht gezwungen werden, auf unsere erwachsenen Bedürfnisse einzugehen, da sie zukünftig sowieso wie Erwachsene leben werden.

» *Die Kindheit ist unwiederbringlich, und Kinder haben das Recht, sie als Kinder zu leben, nicht als Erwachsene.*

Eine der Aufgaben von Erwachsenen besteht darin, die Rechte der Kinder zu respektieren, und das vergessen wir oftmals. Wenn du mit deiner Familie in ein Flugzeug steigst und andere euch verächtliche Blicke zuwerfen, ist das deren Problem. Wir dürfen unsere Kinder niemals einschränken, weil wir Druck von anderen Erwachsenen spüren, die keinen Respekt haben, sondern müssen die emotionalen und körperlichen Bedürfnisse der Kinder über alles stellen. Wenn eines weint, weil es Angst vor dem Fliegen hat, nimm es in den Arm und beruhige es, ohne die

Blicke oder Kommentare anderer Menschen zu beachten. Schenke deinem Kind Vertrauen und Liebe und respektiere seine Angst. Was andere denken, sollen diese Menschen mit sich selbst ausmachen, denn sie haben sicherlich viel aufzuarbeiten. Im Falle des Restaurants stellt sich die Frage, ob wir uns nicht eher einen Ort aussuchen sollten, an dem die Kinder Spaß haben und sich wohlfühlen. Wir können sie fragen, ob sie Lust darauf haben, ohne sie zu bestechen oder zu zwingen. Wenn sie sich nicht wohlfühlen oder gar nicht hingehen wollen, wähle lieber einen Ort, an dem sie Bewegungsfreiheit haben und bequem spielen können, wie im Park, am Meer oder im Wald. So kommen sie zusätzlich mit der Natur in Kontakt.[6]

Genau darum geht es bei der Anpassung an die emotionalen und körperlichen Bedürfnisse von Kindern:

> » *Prüfe immer, was die Kinder brauchen, und stelle dich darauf ein.*

Vielleicht möchten sie in ein Restaurant gehen, weil ihnen die Nudeln dort schmecken. In diesem Fall sollten wir uns so verhalten wie im Flugzeug: Wir sollten uns auf sie konzentrieren und vergessen, dass andere wenig empathisch sind. Und wenn Kinder wirklich mal etwas tun, was ihnen oder anderen schadet, sollten wir ihre Bewegungen, ihr Lachen oder ihr Spiel dennoch nicht einfach unterbinden, sondern ihnen helfen, solche Verhaltensweisen abzulegen. Biete ihnen Alternativen, Gespräche und Verständnis an, spreche ganz offen mit ihnen und bring ihnen bei, wie sie mitfühlender werden können. Sei dir dabei stets bewusst, dass sie Empathie niemals lernen werden, wenn du ihnen gegenüber nicht empathisch bist. Wenn sie also immer nur erleben, wie wir andere Erwachsene verteidigen, die sich ihnen gegenüber verständnislos und empathielos verhalten, werden sie sich nie in andere hineinversetzen können. Für diesen fünften Schritt solltest du die Bedürfnisse deines Kindes kennen und deuten und nicht deine eigenen in den Mittelpunkt stellen.

Womöglich nimmt dein Kind bestimmte Verhaltensweisen an, nachdem du wütend geworden bist. Verzichtest du auf Kontrolle, wirst du verstehen, dass es müde ist, sich langweilt oder dass es einen schlechten Tag in der Schule hatte und jetzt mehr Verständnis braucht als sonst.

> ❞ *Nur wer Mitgefühl erhält, kann lernen, selbst Mitgefühl zu empfinden.*

Schlussendlich ist es im Spielwarenladen inkonsequent und unlogisch, wenn zum Kauf ausgestellte Spielzeuge nicht berührt werden dürfen. Kinder möchten Dinge ausprobieren, nach denen sie sich sehnen, sie möchten sie anfassen, sehen, ob sie real sind. Wir sollten unseren Kindern beibringen, das vorsichtig zu tun, ohne etwas kaputt zu machen. Kinder in einen Spielzeugladen zu lassen und zu erwarten, dass sie stillhalten, ist jedoch so, als wollten wir eine Biene von einer Blume fernhalten. All diese Augenblicke sind großartige Gelegenheiten, um uns selbst und unseren Kindern zu zeigen, dass sie das Wichtigste für uns sind, dass wir da sind, um sie zu führen, und nicht, um sie zu beurteilen. Wir zeigen ihnen, dass wir ihnen helfen, Lösungen zu finden, wenn sie das brauchen. Und zwar ruhig, gelassen, aufrichtig, gütig und liebevoll.

Tipp

Überlege dir immer, ob du von deinem Kind gerade erwartest, dass es sich an die Welt der Erwachsenen anpasst. Entscheide dich lieber für das Gegenteil und passe dich selbst an seine kindliche und jugendliche Welt an. So bringst du ihm nicht nur etwas Wichtiges für seine Gegenwart bei, sondern auch für seine Zukunft.

6. Schritt

Begleite dein Kind bei seinen Gefühlsausbrüchen. Die emotionale Begleitung ist tatsächlich der wichtigste von allen Schritten (im nächsten Kapitel werde ich ihn ausführlich erläutern).

> *Bei der emotionalen Begleitung geht es darum, ruhig zu bleiben, während die Kinder unruhig sind, und ihnen so eine Orientierung für ihr emotionales Gleichgewicht zu liefern.*

Wir müssen unsere Kinder begleiten, wenn sie verärgert, traurig, wütend, frustriert sind oder von einem anderen Gefühl überwältigt werden. Wir müssen da sein, damit sie sich bei uns ausweinen können (auch wenn wir ihre Gründe nicht verstehen), wenn ihnen danach ist. Wenn sie gut gelaunt sind, sollten wir ihre Freude teilen. Wir müssen für unsere Kinder da sein, unsere erwachsenen Emotionen im Zaum halten und uns bewusst machen, was sie in emotionaler Hinsicht gerade brauchen.

Viele Mütter und Väter haben mir zu Beginn unserer Zusammenarbeit gestanden, dass sie Dinge machen, weil sie Angst haben, dass sich ihre Kinder aufregen. Die Eltern sagen mir also: „Tania, ich lasse sie abends so lange Serien schauen, wie sie wollen. Hauptsache, ich habe meine Ruhe." Sogar hier denken wir nur an uns selbst. Manchmal tun wir lieber Dinge, von denen wir wissen, dass sie für die Gesundheit oder das Wohlbefinden unserer Sprösslinge schädlich sind, nur damit wir uns nicht mit ihnen streiten müssen. Wenn unser Kind schlafen gehen muss, um sich auszuruhen, und bereits genug Zeit hatte, um zu spielen und fernzusehen, sollten wir ihm beim Schlafengehen helfen. Wir sind dabei geduldig und liebevoll und haben Verständnis, wenn es wütend wird. Uns geht es genauso, wenn wir mit etwas aufhören sollen, das uns Spaß macht. Als Kind ist diese Reaktion heftiger, weil es noch nicht vorausschauend Dinge beurteilen kann, sondern im Hier und Jetzt lebt.

„ Emotional gesehen sind auch wir ja immer noch Kinder.

Wenn sich eines unserer Kinder ärgert, schreit oder frustriert ist, weil es seinen Willen nicht bekommt, gehen wir auf seine Ebene, verwandeln uns selbst in Kinder, die eine emotionale Führung brauchen, und sind verärgert, weil wir recht haben wollen. Wir sind in unserer Blase gefangen, ohne dass uns jemand retten kann. Wir erwarten, dass sich unsere Kinder durch Kontrolle und Aufforderungen beruhigen, damit sich unser Ärger und unsere Wut legen. Stattdessen sollten wir als Mütter und Väter unseren Kindern helfen, sie aus ihrer Wut herauszuholen, ohne ihnen zu schaden. Wir sollten uns von Anfang an außerhalb der Wut positionieren und ihnen emotionalen Halt geben, indem wir vernünftig bleiben und ihren Wut-, Schrei- und Frustausbrüchen mit Liebe und Verständnis begegnen. So können wir die Eltern sein, die sie wirklich brauchen und verdienen.

7. Schritt

In diesem Prozess der Lossagung von der Kontrolle über dein Kind wird dir dieser letzte Schritt in allen Lebensbereichen helfen:

„ Genieße die Gegenwart und lebe im Hier und Jetzt.

Das hört sich völlig einleuchtend an, und vielleicht denkst du, dass wir das doch ohnehin schon tun. In Wahrheit tun wir das meistens nicht und leider umso weniger, wenn es um unsere Kinder geht. Wir haben das Gefühl, dass ihre Phasen ewig anhalten, und wünschen uns, dass sie vorübergehen. Wir warten darauf so sehnsüchtig wie auf die Ferien, aber wenn sie dann da sind, wollen wir oft, dass die Schule wieder losgeht, weil uns die ständigen Streitereien zu Hause an unsere Grenzen bringen. Das verdienen wir als Eltern eigentlich nicht, da wir uns ja Kinder gewünscht haben, um glücklich zu sein. Mit und für die Kinder streben wir nach Glück. Und natürlich haben die Kinder die miese Stimmung auch nicht verdient.

Wir leben nicht ewig, wir alle werden sterben, ohne zu wissen wann. Wichtig ist, dass wir uns dessen bewusst sind, damit wir jeden Tag mit unseren Kindern vollends auskosten und Unstimmigkeiten überwinden, ohne uns von Emotionen wie Wut, Zorn oder Ohnmacht leiten zu lassen. Diese mangelnde Leidenschaft für das Leben sollten wir unseren Kindern nicht weitergeben. Wir können nicht kontrollieren, was morgen passiert, noch können wir die Vergangenheit ändern. Was wir jedoch ändern können, ist, in Einklang mit der Gegenwart zu leben und glücklich mit dem zu sein, was wir haben, und zwar in allen Lebenslagen.

Es geht nicht darum, *auf Wolke sieben* zu schweben, noch die Welt durch die rosarote Brille zu sehen. Es geht darum, realistisch zu sein und zuzugeben, dass die Gründe, aus denen wir unsere Kinder kontrollieren wollen, unberechtigt sind, dass wir stattdessen mit Respekt und Zuhören erziehen und führen könnten. Wir haben keine Kinder zur Welt gebracht, um sie zu steuern. Es wäre so, als würde man seinem Partner oder seiner Partnerin immerzu Befehle erteilen und ihn oder sie anschreien, Erwartungen haben, ihn oder sie einengen, zurechtweisen, das Selbstwertgefühl des Gegenübers mindern, ihn oder sie bedrohen oder sich lustig machen. Höchstwahrscheinlich wird die betroffene Person aus diesem Käfig ausbrechen wollen. Vielleicht fühlt sie sich klein und versucht noch, mit dieser Ungerechtigkeit zurechtzukommen (niemand verdient so etwas). Gleichzeitig hat sie den Drang, fliehen und frei sein zu wollen. Dies kann sie jedoch nicht und fühlt sich dazu auch nicht imstande.

Kinder sollten nicht in solchen Käfigen leben, sie sollen sich in ihrem Zuhause von Grund auf respektiert und geliebt fühlen. Die Eltern sollten das Leben positiv sehen, sich nicht immer beschweren und unglücklich sein, nur weil sie andere Interessen haben als ihre Kinder. Dafür ist das Leben viel zu schön!

›› Wir sollten lernen, jeden Augenblick wertzuschätzen, auch die schlechten.

Koste die Gegenwart richtig aus, mit guter Laune, einem Lachen und mit Liebe. Beschwere dich nicht. Hab Verständnis für die Bedürfnisse, Interessen und natürlichen Prozesse deines Kindes. Sucht gemeinsam nach Lösungen. Gib deine Negativität nicht an dein Kind weiter. Schätze es wert, dass ihr zusammen seid, und sorge, trotz möglicher Schwierigkeiten, jeden Tag für eine gute Atmosphäre.

Natürlich ist es schwierig, uns zu beherrschen, wenn wir wütend sind. Wir wurden ja dazu erzogen, unsere Emotionen zu unterdrücken, sodass es uns schwerfällt, unsere Kinder zu verstehen und ihre Gefühle vor die unsrigen zu stellen. Niemand hat uns gezeigt, wie das geht. Aber es ist möglich, wenn wir uns anstrengen und ihre Besonderheiten akzeptieren. Wir sollten eine gesunde und verständnisvolle Beziehung zu ihnen aufbauen, anstatt einer, die auf Kontrolle und Zwang beruht, ohne dass wir ihre Gefühle oder Gedanken kennen und so ihre emotionale Freiheit behindern.

Wir können nur glücklich sein und uns emotional wohlfühlen, wenn wir eine Beziehung zu unseren Kindern aufbauen und sie so lieben, wie sie sind. Auf diese Weise können auch sie glücklich sein.

Lass dein Ego hinter dir

Zu Beginn unserer Zusammenarbeit bestätigen mir die meisten Eltern sowie Erziehungskräfte, dass sie die Notwendigkeit verspüren, ihre Kinder zu kontrollieren, weil sie sich dadurch sicher und weniger gestresst fühlen. Sie glauben, dass sie sich besser und glücklicher fühlen, wenn sie alles unter Kontrolle haben. Doch im Grunde löst der Fokus auf die Kontrolle über unsere Kinder Stress in uns aus und entfernt uns vom Glücklichsein.

» Kontrolle bringt uns genau das Gegenteil von dem, was wir uns wünschen.

Wir denken nicht an unsere Kinder, wenn wir sie durch Kontrolle, Erwartungen, Bestrafungen, Anschreien und fehlende Empathie usw. erziehen. Indem wir glauben, alles unter Kontrolle haben und unerbittlich sein zu müssen, stellen wir unser eigenes seelisches Wohlbefinden in den Vordergrund. Folglich sind wir selbst der schlimmste Feind, der sich zwischen unsere Kinder und uns stellt.

Unser Erwachsenen-Ego ist das direkte Erbe der Kontrolle, unter der wir aufgewachsen sind, als auf unsere Emotionen oder wahren Bedürfnisse nicht eingegangen wurde, stattdessen aber Verurteilungen, Bestrafungen und Geschimpfe an der Tagesordnung waren. Während die Erwachsenen uns in unserer Kindheit und Jugend keine Luft zum Atmen ließen und ständig bestimmten, was wir fühlen, essen, welche Klamotten wir tragen und welche Freunde wir haben sollten, versteckten wir unsere Persönlichkeit und schufen uns je nach Situation unterschiedliche „Ichs".

Ist dir schon einmal aufgefallen, dass du dich in Gegenwart deiner Eltern ganz anders verhältst als gegenüber deinen Freundinnen und Freunden? Auch auf der Arbeit verhältst du dich auf eine bestimmte Weise und mit deinem Partner oder deiner Partnerin wiederum anders als bei deinen Schwiegereltern. Dein Ego passt sich an die unterschiedlichen Gegebenheiten an, deshalb weißt du möglicherweise nicht, wer du wirklich bist und was du dir im Leben wirklich wünschst. An diesen Rollen halten wir oftmals fest, ohne zu wissen, wie wir sie ablegen können. Wir verschließen unser Herz für unser wahres Ich.

» Diese Art der Erziehung hat dazu geführt, dass unser Erwachsenen-Ego genauso geworden ist wie das unserer Eltern.

Und wir glauben jetzt, dass wir dasselbe mit unseren Kindern machen müssten: ihre Persönlichkeit nach unseren Bedürfnissen formen. Wir müssen uns von unserem erwachsenen Ego verabschieden. Denn es bringt uns dazu, dass wir uns selbst gegenüber nicht ehrlich sind. Wir verstecken uns hinter dem, was scheinbar gesellschaftlich akzeptiert ist. Zudem lässt es uns denken, dass wir unseren Söhnen und Töchtern überlegen sind, dass wir Macht über sie hätten. Wir müssen mehr Selbstliebe und ein besseres Selbstwertgefühl entwickeln. Das wird uns helfen, so zu sein, wie wir wirklich sein wollen. Dann können wir auch eine echte Verbindung zu unseren Söhnen und Töchtern aufbauen, auf ihre Bedürfnisse eingehen und sie verstehen, ohne uns unsere eigenen Bedürfnisse zu verleugnen. Wichtig auf diesem Weg ist das Wissen, wie wir die Bedürfnisse unserer Kinder verstehen und ihnen Aufmerksamkeit schenken und dabei gleichzeitig unsere eigenen Gefühle im Griff behalten können.

Nehmen wir an, dass deine neunjährige Tochter das Gemüse nicht essen möchte, das du gekocht hast. Als du sie vorher gefragt hast, ob sie Lust auf grüne Bohnen und Kartoffeln hat, hat sie Ja gesagt. Aber als sie essen soll, ist sie sehr launisch, schreit, dass sie das nicht mag, und wird maulig. Du denkst, dass du bis zu diesem Augenblick alles richtig gemacht hast. Ihr wart zusammen im Schwimmbad und hattet viel Spaß beim Baden. Zu Hause angekommen, hast du ihr verschiedene gesunde Alternativen zum Essen angeboten, zwischen denen sie auswählen konnte, und sie hat dir beim Kartoffelschälen geholfen. Danach hat sie ein bisschen mit ihren Dinos gespielt. Schließlich habt ihr euch die Hände gewaschen und euch ruhig unterhalten, bis sie sich, als sie den Teller mit Bohnen sah, weigerte zu essen.

Als Erstes solltest du bedenken, dass es ganz normal ist, wenn ein Mensch zunächst etwas Bestimmtes essen will, ihm aber am Tisch die Lust darauf vergeht. Das ist uns allen schon einmal passiert. Deine Tochter ist ein Mensch und kann ihre Entscheidungen ändern. Mach dir zudem bewusst, dass du bis hierher weder kontrolliert noch manipuliert hast, sondern alles mit ihr gemeinsam gemacht hast: Du hast sie nach ihrer Meinung gefragt und verschiedene Optionen angeboten. Sie hat sich etwas ausgesucht. Du hast also ihre Gefühle und Rechte berücksichtigt. Jetzt, da sie wütend geworden ist, darfst du dies nicht einfach über Bord werfen, schimpfen, die Nerven verlieren und Gehorsam erwarten. Wenn du dich bisher auf ihre Bedürfnisse konzentriert hast, es geschafft hast, sie mit deinen eigenen in Einklang zu bringen, und deiner Tochter Respekt und Geduld entgegengebracht hast, warum dann jetzt alles kaputt machen?

» *Wut ist eine großartige Gelegenheit, um nicht nur etwas über unsere Kinder, sondern auch über uns selbst zu lernen.*

Anstatt auf ihr Verhalten mit Hilflosigkeit und Wut zu reagieren, kannst du lernen, deine eigenen Gefühle zu steuern und zu beruhigen. Erkläre ihr, dass ihr jetzt kein anderes Essen mehr kochen könnt, weil es zu spät ist; sie hat sich aus verschiedenen gesunden Varianten nun mal diese ausgesucht. Deine Tochter muss verstehen lernen, dass sie ihre Entscheidung nicht rückgängig machen kann. Verurteile oder kritisiere sie aber nicht, weil sie wütend ist. Sucht gemeinsam nach friedlichen und stimmigen Lösungen, die Rücksicht auf sie und ihre Bedürfnisse nehmen. Sag ihr beispielsweise, dass sie Nudeln haben kann, die von gestern übrig sind, und dazu ein paar Bohnen. Verabredet etwas, wodurch sie sich besser fühlt und ihr die Wut vergeht. Mach ihr freundlich klar, dass es ihre Entscheidung war. Wenn du dich so verhältst, vertreibst du deine eigenen wütenden Gedanken. Du bist empathisch, gehst auf ihre Bedürfnisse ein und kommst einer Problemlösung immer näher. Auf diese Weise baut ihr eine emotionale Verbindung zueinander auf, weil du nicht deine Wünsche in den Mittelpunkt stellst, sondern ihren Gefühlen Aufmerksamkeit schenkst.

Kinder haben Interessen, Vorstellungen, Bedürfnisse und Gefühle, die sich von unseren unterscheiden. Das bedeutet nicht, dass sie uns widersprechen oder unserem Wohlergehen schaden wollen.

> ❞ *Kinder sind einfach Menschen mit einer lebendigen Persönlichkeit, mit einzigartigen und individuellen Zielen und Gedanken.*

Wenn wir in jeder einzelnen Situation an unserem Ego arbeiten, unser Herz für ein gemeinsames Leben mit unseren Kindern öffnen, in dem wir nicht in Streit geraten, wenn sich ihre Emotionen von unseren unterscheiden, dann wird dieser Unterschied in unserem Zuhause so natürlich sein wie das Atmen.

Wir dürfen unsere falschen Reaktionen gegenüber den Kindern (anschreien, bestrafen, drohen, manipulieren, erpressen, beschimpfen oder gar körperliche Gewalt) nie auf ihr Verhalten schieben. Denn mit jedem Verhalten, das sich von unserem unterscheidet oder das uns nicht gefällt, zeigen sie uns ein inneres Bedürfnis, dem wir Aufmerksamkeit schenken sollten. Wir Erwachsenen beherrschen unsere Gedanken und unser Verhalten. Wir können diese ändern und jede Situation genießen, um uns weiterzuentwickeln und unseren Kindern ein Vorbild zu sein.

Wenn wir in der Erziehung permanent unser Ego sprechen lassen, wenn wir darauf aus sind, dass sich unsere Söhne und Töchter an unsere Bedürfnisse anpassen, erreichen wir damit nur, dass sie ihre Persönlichkeit unserem Urteil unterwerfen. Das wird sie prägen und ihr gesamtes Leben bestimmen.

Vom Ego zur Empathie

Es ist unvermeidlich, dass wir an manchen Tagen von negativen Gedanken und dem Verlangen nach Kontrolle heimgesucht werden. Wir sind keine perfekten Menschen. Dennoch ist es wichtig zu wissen, was wir mit diesen Gedanken und Gefühlen tun sollen, die uns beherrschen und uns dazu bringen, uns selbst und unsere Kinder zu zwingen.

> *» Sobald wir die Kinder kontrollieren oder den Versuch unternehmen, erwacht unser Ego und macht sich bemerkbar.*

Wenn wir hingegen für unsere Kinder Empathie aufbringen und versuchen, uns in sie und ihre Emotionen hineinzuversetzen, beruhigt sich unser Ego. Es ist also allein unsere Entscheidung, ob wir das Ego zusammen mit den negativen Gedanken ignorieren oder uns von ihm mitreißen lassen. Es ist eine bewusste Entscheidung. Wenn du entscheidest, eine negative Einstellung durch eine positive zu ersetzen, und für jeden Tag und jeden Menschen dankbar bist, wirst du gelassener sein. Mit jedem Mal wirst du es besser machen, sodass es irgendwann zu deinem Alltag gehört.

Nimm dir dafür jeden Tag Zeit für dich selbst. Denke in Ruhe nach, triff Entscheidungen, stelle dein Ego zurück, erkenne deine Erfolge oder Misserfolge des Tages an. Sei in dieser Zeit nett zu dir selbst und vergib dir, wenn du dich oder deine Familie enttäuscht hast. Damit du eine Beziehung zu deinen Kindern aufbauen kannst, solltest du zunächst eine Beziehung zu dir selbst aufbauen und versuchen, tief durchzuatmen und jeden Augenblick zu genießen.

Wenn ich diese tägliche Übung in meinen Beratungen vorschlage, wenden die Mütter und Väter meistens ein, dass das Arbeitsleben, die Verpflichtungen der Kinder, der Haushalt oder die Essenszeiten so aufreibend sind, dass sie keine Zeit dafür finden werden. Das ist eine Ausrede. Wir alle können uns Zeit für uns nehmen. Es reichen täglich fünf Minuten, um mental zur Ruhe zu kommen. Aber dafür sollte man sich organisieren und es wirklich wollen. Du kannst beispielsweise die Zeit nutzen, wenn du ein Bad nimmst oder duschst, oder auf dem Heimweg von der Arbeit im Zug oder im Auto sitzt, ohne dich jedoch mit Musik abzulenken. Sorge dafür, dass du ganz allein mit dir bist, in Stille, nur mit deinen Gedanken. Wenn du deinen Alltag mal genau betrachtest, wirst du feststellen, dass du viel Zeit in sozialen Netzwerken, in Gesprächen mit Familienmitgliedern oder sogar beim Fernsehen verbringst. Nur ein paar Minuten reichen aus, um durchzuatmen und über deine Ideen und Emotionen nachzudenken. Du kannst entspannen, positive Lösungen suchen und dir vorstellen, in welchem emotionalen Zustand du den nächsten Tag angehen willst.

Durch diese Verabredung mit uns selbst verbessern wir jeden Tag unsere empathische Selbstachtung. Nur so können wir uns von unserem Ego trennen und uns unseren Kindern nähern. Gefühle nicht zu beurteilen sollten wir täglich und jedes Mal üben. Empathie zu kultivieren wird unsere Bindung zu unseren Kindern immer positiv stärken.

» *Kindern gegenüber empathisch zu sein hilft, die Dinge anders zu sehen, weniger gestresst zu sein, Lösungen anzuerkennen, die vorher in emotional aufwühlenden Momenten nicht vorstellbar waren.*

Es hilft uns zudem, uns selbst zu beruhigen und liebevoll zu sein, auch wenn wir den Kindern mal etwas verweigern müssen. Wir werden sie einfach besser verstehen.

★ Entwickle Empathie für dein Kind

Dafür solltest du:

» tief durchatmen und den Stress loslassen, was dank der täglichen Zeit für dich möglich wird
» deinem Kind zuhören, ohne zu kritisieren oder deine Meinung zu äußern
» deinem Kind und seinen Gefühlen deine gesamte Aufmerksamkeit schenken
» respektvoll und geduldig sein
» dein Kind nicht unterbrechen
» nicht an die Zukunft oder etwas anderes denken, sondern dich auf diesen Moment konzentrieren
» verstehen, was mit ihm geschieht, ohne an dich selbst zu denken, und nur versuchen, seine Gefühle nachzuvollziehen
» weder die Gefühle noch Ansichten deines Kindes manipulieren, sondern einfach nur zuhören und versuchen, ihm dabei zu helfen, sich aus seinem Tief zu befreien.

Nur wenn wir mit unseren Kindern mitfühlen, helfen wir ihnen, ihre inneren Konflikte zu lösen, ihre Gefühle zu beruhigen und natürlich auch unsere. Wichtig ist, wie du dich entscheidest: Entweder du lebst in Abhängigkeit von deinem Ego, von deinen Gefühlen, von dem, was dein erschöpfter Verstand dir vorgibt, von der Negativität, die dich überkommt, oder du bleibst gelassen, indem du dich entscheidest, mit deinem Kind mitzufühlen und Problemen positiv gegenüberzustehen.

Wenn du dich von deinem Ego löst und nicht mehr davon ausgehst, die absolute Wahrheit zu besitzen und recht zu haben, wirst du eine Offenbarung erleben. Du wirst dein Kind immer weniger kontrollieren wollen und stattdessen versuchen, seine Emotionen und Wutanfälle zu verstehen, auch wenn du sie nicht teilst. Du wirst das Leben als halb volles

Glas sehen, anstatt als halb leeres. Du wirst dich nicht mehr bei jeder Gelegenheit rechtfertigen oder den Rest der Welt für deine Fehler verantwortlich machen.

Du wirst eine richtige Verwandlung erleben.

Leg deine unbegründeten Ängste ab

Die Angst ist eine primäre Emotion des Menschen und dient dazu, uns vor Gefahren zu warnen, damit wir uns vor ihnen schützen können. Die Angst ist ein Überlebenswerkzeug. Wenn wir Angst haben, reagiert unser Körper mit Schwitzen, muskulärer Anspannung, Schwindel, Beklemmung, Herzrasen, Stress, Zähneknirschen, Halluzinationen und anderem.

» *Ohne Angst können wir nicht leben, auch wenn wir es uns oft wünschen.*

Denn ohne sie würden wir vermutlich sterben, da unser Gehirn uns im Notfall nicht warnen würde.

Auf sozialer Ebene bringt die Angst das Problem mit sich, dass gewisse Dinge manchmal keine wirkliche Gefahr darstellen, weder für unser Leben, unsere Unversehrtheit oder unser Wohlergehen noch für die Menschen, die wir lieben. Es sind einfach Ängste, die in unserem Kopf entstehen, die oft mit der Zukunft und der Ungewissheit zu tun haben und die dazu führen, dass wir die Kontrolle über das tatsächliche Geschehen verlieren.

Was unsere Kinder angeht, kommen zu den normalen Ängsten eines Elternteils in Bezug auf ihre Gesundheit und Sicherheit noch verschiedene andere Ängste hinzu, die sich in dysfunktionale Störungen verwandeln können. Dann entwickelt die Angst in uns ein Missverhältnis zwischen dem, was tatsächlich passiert, und dem, was wir empfinden. Eine solche Angst hemmt und beherrscht uns. Sie beeinflusst unseren Verstand. Deshalb fällt es uns schwer, aus dem zu lernen, was wir empfinden, weil wir zu sehr mit der Angst selbst beschäftigt sind und uns in sie hineinsteigern. Dadurch behindern wir uns natürlich selbst, unsere Bindung zu unseren Kindern auf positive und korrekte Weise zu stärken.

Die Angst, als Eltern zu versagen

Dies ist die am häufigsten vorkommende Angst: die Angst, als Eltern zu scheitern, es zu vermasseln und es so falsch zu machen, dass die ganze Welt mit dem Finger auf uns zeigt und betont, was für schlechte Eltern wir doch sind.

> *Die Angst, es falsch zu machen, führt dazu, dass wir es falsch machen.*

Wir setzen uns selbst unter Druck und richten uns danach, was andere von uns denken könnten oder was die Gesellschaft uns angeblich vorschreibt. Wir machen einen Fehler nach dem anderen, weil wir nicht auf unsere innere Stimme, unsere wahren Gedanken oder unsere Instinkte hören, darauf, was das Gefühl uns sagt.

Das passiert beispielsweise, wenn ein Neugeborenes die ganze Zeit weint, weil es von seiner Mutter in den Arm genommen werden möchte, um sich beschützt zu fühlen. Sie aber legt es in die Wiege, weil die Nachbarin vorbeigekommen ist und sagt: „Ui, die Kleine ist aber nörgelig, oder? Wenn du sie im Arm hältst, wird sie sich noch daran gewöhnen. Du verziehst sie nur."

Die Mutter hört weder auf ihr Gefühl noch auf ihr Herz, die ihr ganz klar sagen, dass sie ihr Baby auf den Arm nehmen sollte, dass sie sich gegenseitig brauchen, dass kein Baby oder Kind verzogen oder nörglerisch ist, sondern es ihr nur so sagen kann, dass es sie braucht, um zu überleben. Um uns richtig um unsere Kinder kümmern und bei ihren Gefühlsausbrüchen ruhig bleiben zu können, müssen wir eine Bindung zu ihnen aufbauen, indem wir ihnen jeden Tag geben, was sie emotional brauchen. Der Angst vor dem, was andere von uns denken könnten, dürfen wir keine Beachtung schenken. Wir müssen zudem aufhören, an die negativen (unrealistischen) Folgen zu denken, die unser Gehirn durch unsere eigene Erziehung in Kombination mit den sozialen Stigmatisierungen projiziert.

Die Angst, unsere Kinder könnten scheitern

Viele Mütter und Väter steigern ihren Selbstwert und ihr Ego durch die Erfolge ihrer Kinder. Der Sohn soll weiter Geige spielen, weil er es gut kann, selbst wenn er keine Lust mehr dazu hat. Die Tochter lernt täglich sechs Stunden, nachdem sie den ganzen Tag in der Schule und bei außerschulischen Aktivitäten verbracht hat, nur weil die Eltern es erwarten.

Die Angst, dass die eigenen Kinder zu Menschen werden, die im Leben „nichts aus sich machen", unglücklich sind und ihren Mitmenschen wenig oder gar keinen Respekt entgegenbringen, führt dazu, dass Eltern sie nicht respektieren. Dadurch erschaffen sie eine imaginäre Welt, in der sie durch

Erwartungen, Geschrei und Kontrolle den Kindern den Weg vorgeben, nur um die Angst loszuwerden, die Kinder könnten scheitern. Denn das würde ja bedeuten, dass sie als Eltern versagt hätten. Die Kinder geraten dann in einen Teufelskreis, in dem sie es weder aus eigener Kraft noch durch elterliche Unterstützung schaffen, ihr eigenes Leben zu führen.

In unserem Zuhause sollte keine Atmosphäre herrschen, in der wir unseren Kindern ein Leben nach unseren Vorstellungen aufzwingen oder vorschreiben, sondern sie sollte respektvoll sein und sich danach richten, was sie im Leben wirklich brauchen und sich wünschen. Sie sollten nicht wegen ihres Geschmacks, ihrer Wutausbrüche und ihrer Bedürfnisse kritisiert werden, sondern volles Vertrauen entfalten können. Sie sollten spüren, dass niemand besser ist als der andere und alle Menschen gleich behandelt werden.

» Kinder und Jugendliche machen emotionale Entwicklungsprozesse durch, die Erwachsene bereits überwunden haben sollten.

Kinder sind die Einzigen, die das Recht haben, ihre Wut ungefiltert auszudrücken und durch sie hindurchgeführt und begleitet zu werden. Natürlich haben wir als Erwachsene das Recht, uns aufzuregen, wir sind auch nur Menschen, aber unser Ärger sollte nie in Respektlosigkeit münden oder die Träume unserer Kinder zunichtemachen.

Wenn wir unseren Kindern alles vorschreiben und sie unseren Zielen nicht gerecht werden, entwickeln sie schwere Schuldgefühle. Sie sind traurig und emotional überfordert, weil sie nicht das geschafft haben, was ihre Mutter oder ihr Vater von ihnen wollte. Wenn sich die Eltern wünschen, dass das Kind fünf Einsen nach Hause bringt, und es sich absolut anstrengt, es aber nicht schafft, wird es glauben, seine Eltern zu verlieren, gescheitert zu sein und kein gutes Kind zu sein. Eltern sollten ihrem Kind Liebe, Respekt, Toleranz und Empathie geben und ihre eigenen Interessen nicht vor die des Kindes stellen. Um die Angst vor dem Scheitern zu verlieren, sollten wir uns entspannen und begreifen, dass es weder logisch noch natürlich ist, Erwartungen an unsere Kinder zu stellen, die unseren eigenen Wünschen entsprechen. Kinder brauchen unsere respektvolle Begleitung durch alle Entwicklungsphasen hindurch, und je mehr Hilfe und Liebe wir ihnen geben, umso weniger werden sie scheitern - allerdings nicht nach unserer Definition, sondern nach ihrer. Für dich bedeutet Scheitern vielleicht, dass dein Kind als Erwachsener bei der Müllabfuhr arbeitet, während andere Eltern das als optimal betrachten würden, weil das Kind dort eine feste Arbeitsstelle, gute Arbeitszeiten und ein geregeltes Einkommen hätte. Wichtig ist nur, wie das Kind sich mit seinen Entscheidungen und seiner Lebensweise fühlt, nicht seine Eltern.

Das Leben ist eine Frage der Perspektive. Es geht also darum, mit den Augen der Kinder zu sehen, anstatt uns auf unsere Sichtweise zu konzentrieren. Die betrifft nur unser eigenes Leben. Die Kinder dürfen wir nicht manipulieren.

Die Angst, zu viel Liebe zu geben

Wenn Eltern ihre Kinder in der Angst erziehen, ihnen zu viel Freiheit zu lassen und zu viel Zuneigung zu geben, stehen wieder nur deren eigene Gefühle und Wünsche im Mittelpunkt.

Sie nehmen sich selbst nicht zurück und machen sich nur Sorgen, ob sie ihnen zu viel Freiheit lassen und die Kinder so zu skrupellosen Menschen ohne richtige Werte werden. Sie machen sich nicht klar, dass Kinder sowohl in guten als auch schlechten Momenten nur eines brauchen: Liebe.

Wer die Erziehung von seinen Ängsten leiten lässt, wird die Liebe komplett zurückstellen, so unglaublich das auch klingt. Bestimmen irreale

Ängste und egozentrische Sorgen, die Mutter oder Vater erst erschaffen, den Umgang mit dem Kind, entspricht das der erzwungenen Unterdrückung und Unterwerfung - und die Eltern verlieren mit Sicherheit die Nerven. Das ist keine Erziehung aus Liebe.

> *In Bezug auf Ängste ist es wichtig zu wissen, dass sie existieren, dass wir sie in uns tragen und nur wir allein sie überwinden können.*

Ängste können lähmen oder uns extreme Maßnahmen ergreifen lassen, um die Katastrophen zu verhindern, die unser Gehirn sich ausmalt.

Als mein Sohn Uriel fast drei Jahre alt war, bekam er einen Fieberkrampf[7], etwas, wovon wir als Eltern keine Ahnung hatten. Als es passierte, verabschiedete ich mich gerade von meinem Mann und wollte zur Arbeit. Unser Sohn, der eine erhöhte Temperatur von 37,2 Grad hatte, verlor plötzlich das Bewusstsein. Wir hoben ihn hoch. Sein Blick war leer, sein Körper glich einer Puppe mit blauen Lippen. Wir hörten, wie er zu atmen versuchte. Wir machten alles falsch, weil wir nicht wussten, was los war. Wir kannten die richtigen Maßnahmen nicht.

Tipp: Richtiges Verhalten bei einem Fieberkrampf

- Versuche, Ruhe zu bewahren
- Lege das Kind auf einen ebenen und stabilen Untergrund
- Schüttele es nicht
- Dreh es auf die linke Seite, falls es sich übergibt
- Steck ihm nichts in den Mund: Es könnte daran ersticken
- Entferne alles um das Kind herum
- Lockere seine Kleidung, damit es frei atmen kann
- Ruf den Notarzt (112), wenn der Krampfanfall länger als fünf Minuten dauert

» Bring das Kind nicht auf dem Arm zum Arzt, sondern warte, bis das Krampfen nachlässt.

Wir hatten das Gefühl, dass er in unseren Armen sterben würde und wir ihn nicht retten könnten. Da wir nicht wussten, was er hatte, handelten wir in völliger Panik. Wir stiegen mit ihm auf dem Arm in den Aufzug, rannten zum Wagen, und als wir am Krankenhaus vorfuhren, kam er zu sich. Nachdem er einige Stunden beobachtet worden war, sagte man uns, was es war, und schickte uns nach Hause.

Dieser *Schock* verursachte bei mir eine dysfunktionale Angst, die mich dazu brachte, mir immer wieder vorzustellen, was meinem Kind passiert wäre, was jedoch nicht der Wirklichkeit entsprach. Aufgrund dieser Angst klammerte ich mich an meinen Sohn und wollte mit aller Kraft verhindern, dass so etwas noch einmal geschah. Ich dachte, dass er sonst sterben würde, auch wenn Tausende von Studien das Gegenteil sagten. Ich war wie besessen und versuchte, mein Kind völlig abzuschirmen. Sechs Monate lang habe ich Uriel seelischen Schaden zugefügt, denn meine Panik war so groß, dass ich den Kontakt zu vielen Leuten vermied, damit er sich keinen Virus einfing, kein Fieber oder einen weiteren Krampf bekam. Ständig hatte ich das Thermometer dabei und maß andauernd seine Temperatur. Ich stellte mir vor, was wäre, wenn er einen weiteren Krampf bekäme, und tat mir selbst nicht gut, weil ich eine Angstneurose entwickelte.

Dann bekam er einen zweiten Krampf. Diesmal war ich mit ihm allein. Ich holte tief Luft und tat all das, was man mir beigebracht hatte. Ich bat meinen Mann am Telefon, den Rettungswagen zu rufen. Der Notarzt kam, als Uriel gerade wieder zu Bewusstsein kam. Ich blieb mit ihm zur Beobachtung im Krankenhaus und fuhr danach wieder nach Hause nur mit der Anweisung, ihn wieder auf diese Art zu unterstützen, wenn es erneut vorkommen sollte. Dies war der Wendepunkt in meiner unbegründeten

Angst. Mir wurde bewusst, dass passieren würde, was passieren musste, ganz gleich, wie sehr ich auch versuchte, Dinge zu verhindern. Ganz gleich, wie sehr ich versuchte, einen anderen Menschen zu kontrollieren (in diesem Fall einen meiner zwei Lieblingsmenschen), konnte ich nicht verhindern, dass sich sein Leben und sein Schicksal so entwickeln würden, wie es vorherbestimmt war. Ich konnte nur bei ihm sein, ihn mit all meiner Liebe begleiten und dem Leben vertrauen. Ich begriff, dass Kinder unsere ganze Liebe brauchen, um mit ihrem Leben genau das zu machen, was sie wollen, und zu glücklichen und gütigen Menschen heranzuwachsen, die weder sich noch andere verletzen.

Setz dir nicht zum Ziel, was du für deine Kinder willst. Schenk ihnen deine ganze Liebe und lass sie leben.

» Kein Mensch wird böse, wenn er Liebe, Empathie, Respekt und Toleranz erfährt.

Du wirst deine Kinder nicht von einem Tag auf den anderen ohne Kontrolle erziehen können. Das geht nicht von jetzt auf gleich. Dafür brauchst du tägliches Training und die klare Absicht, deinen Kindern Orientierung zu geben, ohne sie zu verpflichten, zu sein und zu tun, was dir gefallen würde.

Alexandra und das Lernen
Die Fehler ihrer Eltern und wie sie sich richtig verhalten hätten:

Falsch: *Die Mutter drängt Alexandra zum Lernen, indem sie sie anschreit und schimpft.*
Schreien und schimpfen mindern das Selbstwertgefühl der Kinder und entfremden sie von ihren Eltern.
Richtig: Die Mutter sollte ihrer Tochter so viel Respekt entgegenbringen wie möglich und ruhig und freundlich mit ihr sprechen. Sie sollte sich auf die wirklich wichtigen Bedürfnisse von Alexandra konzentrieren und nicht auf ihre Erwartungen als Mutter. Hätte ihr Alexandras Wohl wirklich am Herzen gelegen, so hätte sie zahlreiche Möglichkeiten gehabt, ihr das respekt- und liebevoll zu vermitteln. Die Mutter hätte sich zur Tochter setzen und schauen können, was sie lernen muss, oder sich für die Fächer interessieren, die sie gern mag. Sie hätte ihr Aufmerksamkeit, ein offenes Ohr und Verständnis entgegenbringen sollen.

Falsch: *Die Mutter sorgt sich, was andere von ihr dächten, wenn ihre Tochter nicht bestehen würde*
Eltern dürfen Kinder nicht dazu erziehen, dass sie sich Sorgen machen, ob sie bestehen oder nicht.
Richtig: Was andere denken, sollte Eltern immer egal sein, umso mehr, wenn es die eigenen Kinder betrifft. Kinder sollten genug Selbstvertrauen entwickeln, um zu wissen, was sie im Leben wollen. Im heutigen Schulalltag werden die Kinder mit Hausaufgaben überhäuft, haben selten spannenden oder innovativen Unterricht. Bewertungen und Noten setzen sie unter Druck, was zusätzlich Stress verursacht, ihr Selbstwertgefühl mindert und ihre Unsicherheiten verstärkt. Eigentlich sollten Kinder nur

spielen (denn so lernen sie am besten) und sich auf diese Art weiterentwickeln. Beim Lernen können Eltern ihnen auf unterschiedliche Weise helfen. Dabei sollte der Lernprozess im Mittelpunkt stehen, nicht die Ergebnisse.

Falsch: *Die Mutter stellt verletzende Vergleiche an, um ihre Ziele zu erreichen.*
Eltern sollten nie Vergleiche ziehen, da sie immer verletzen, selbst wenn sie gut gemeint sind.
Richtig: Eltern sollten ihre Einstellung von Grund auf ändern und aufhören, sich vorzustellen, wie sie ihre Kinder gern hätten. Eltern sollten sich stattdessen darauf besinnen, wie ihre Kinder sind, und das Leben mit ihnen genießen.

Falsch: *Die Mutter benutzt gewalttätige Gesten und wirft Alexandras Sachen zu Boden.*
Gewalt erzeugt mehr Gewalt. Wenn Eltern gewalttätig gegenüber ihren Kindern sind, schüren sie in ihnen (je nach Persönlichkeit oder Umständen) Gewalt, Aggressivität, Wut, Ängste oder Unterwerfung.
Richtig: Gewalt darf nie angewandt werden, weder durch Körpersprache noch durch Worte. Alexandras Mutter sollte ihre Emotionen und die Gründe für ihr Verhalten kennen. Sie muss in der Lage sein, sich zu bremsen. Kein Kind sollte den Frust, die Wut oder die Gereiztheit von Erwachsenen abbekommen.

Falsch: *Die Mutter beruhigt sich erst wieder, als ihre Erwartungen erfüllt werden und Alexandra anfängt zu lernen.*
Die Gelassenheit der Eltern sollte nicht davon abhängen, was andere machen. Sie hängt nur von einem selbst ab.
Richtig: Das Wichtigste wäre gewesen, erst gar keine Erwartungen an die Tochter zu haben. Wenn überhaupt, ist die einzige Erwartung, die Eltern an ihre Kinder haben sollten, die, dass sie glücklich und frei sind.

Falsch: *Die Eltern drohen Alexandra regelmäßig.*
Die Entscheidungsfähigkeit bedrohter Menschen nimmt immer weiter ab. Sie entwickeln Gefühle wie Beklemmung, Angst und Misstrauen.
Richtig: Alexandras Eltern sollten lernen, in Ruhe zu kommunizieren, durch bedingungslose Liebe ein Verständnis für die emotionalen Bedürfnisse ihrer Töchter entwickeln und sich bewusst werden, dass man das Leben genießen sollte, anstatt innerhalb der Familie toxische Beziehungen zu schaffen.

Falsch: *Alexandra muss immer allein ins Bett gehen.*
Alexandra hatte sich daran gewöhnt, allein zu sein, ihre Gefühle mit sich auszumachen und Wege zu finden, um sich selbst zu beruhigen.
Richtig: Einer der Augenblicke, an den Kinder sich immer erinnern und der sie mit Stärke und positiven Eindrücken erfüllt, ist der, wenn Eltern sie ins Bett bringen, umarmen, küssen, zuhören und die wichtigen Momente des Tages mit ihnen teilen. Es ist gut, wenn Eltern bei ihren Kindern bleiben, bis sie einschlafen. Das hat Vorteile für ihre emotionale und auch psychische Entwicklung.

Zusammenfassung

» Werden Kinder von ihren Emotionen überrollt, brauchen sie erwachsene Führung, ganz konkret von uns Eltern, die ihnen Gelassenheit, Klarheit, Hilfe und Ruhe vermitteln. Wir sollten nicht von ihnen erwarten, dass sie still sind und ihre Emotionen mit einem Mal abstellen.

» Disziplin und Gehorsam sind für Kinder nie positiv, nicht einmal in Form von angeblich wohlwollenden Methoden, da der Beweggrund immer derselbe ist: Es ist der Versuch, Taten, Worte und Gefühle der Kinder zu ändern, anstatt sie das tun, sagen und fühlen zu lassen, was sie brauchen. Erziehung sollte immer aus dem Verständnis, der Akzeptanz und der Urteilsfreiheit heraus stattfinden.

» Um mit der Kontrolle über unsere Kinder aufzuhören, sollten wir uns bewusst machen, dass diese Veränderung alle Familienmitglieder betrifft.

» Unser Ziel sollte nicht sein, dass unsere Kinder machen, was wir wollen, sondern, dass sie sich selbst kennenlernen und ihre eigenen Entscheidungen treffen.

» Als Erwachsene müssen wir unsere eigenen Emotionen ausmachen können, also wissen, was mit uns los ist, und die Gründe dafür kennen. Vor allem sollten wir wissen, wie wir unsere Reaktionen kontrollieren.

» Wir Erwachsenen sollten uns an die Situationen der Kinder anpassen, nicht die Kinder sich an die Erwachsenenwelt.

- Wir sollten lernen, die Gegenwart zu genießen und im Hier und Jetzt zu leben.
- Das Ego, das wir als Erwachsene haben, ist das direkte Erbe unserer Erziehung mittels Kontrolle. Statt emotionale Aufmerksamkeit zu bekommen, wurden viele von uns verurteilt, gestraft und beschimpft. Unsere wahren Bedürfnisse wurden nicht erfüllt.
- Empathie ist unerlässlich, damit wir uns vom eigenen Ego lösen und unseren Kindern näherkommen. Empathie ist nie negativ, ganz im Gegenteil, sie verstärkt die Bindung zu unseren Kindern.
- Unsere Angst, als Eltern zu scheitern, spielt eine immerwährende Rolle.
- Das Wichtige an Ängsten ist, dass wir uns bewusst machen, dass sie da sind. Nur wir selbst können sie überwinden.

Alexandra und der Sport-BH

Alexandra spielte leidenschaftlich Basketball. Beim Training fühlte sie sich frei, ausgelassen und dankbar. Sie verstand sich gut mit den anderen Mädchen der Mannschaft. Sie lachten viel und hielten zueinander.

Alexandra war jetzt 13 Jahre alt und hatte bereits vor einem Jahr ihre erste Periode bekommen, was für sie mit viel Unsicherheit und Unwissen verbunden war: Ihr wurde nur erklärt, dass sie sich in dieser Zeit eine Binde einlegen und diese später in den Müll werfen sollte und dass sich die Blutung jeden Monat wiederholte, mehr nicht. Sie wusste nicht, wie die Menstruation ablief und weshalb sie wichtig war. Bei ihr zu Hause war dies ein Tabuthema. Ihre Mutter und ihre Schwester taten so, als gäbe es die Periode nicht, und ihr Vater sagte immer: „Die Regel ist ekelhaft. Wenn ihr irgendwo Blutspuren hinterlassen solltet oder eure Binden vergesst, gibt es Ärger."

In ihrer Einsamkeit überlegte Alexandra, dass sie ihren Körper und die Vorgänge darin gern verstehen würde, aber der Schulunterricht beantwortete ihre Fragen nicht. Mehr als einmal versuchte sie, ein Buch aus der Bücherei zu leihen, aber es wurde ihr nicht erlaubt, weil es ein Buch „für Erwachsene" sei. Also beobachtete sie ihre Freundinnen und Familienangehörigen und behielt ihr weniges Wissen für sich.

Eines Abends nach dem Training kam sie nach Hause und sagte ihrer Mutter, dass sie einen Sport-BH bräuchte, weil ihre Brust mittlerweile groß war und sie sich unwohl fühlte. Außerdem taten ihr manchmal die Bewegungsabläufe weh oder die Stöße, die sie während der Spiele abbekam. Zudem riefen die Jungen, die auf dem Nachbarfeld trainierten und ein paar Jahre älter waren, ihr verletzende und beleidigende Kommentare zu: „Wie die wackeln! Schneller!"

Alexandra wollte nicht mit dem Basketballtraining aufhören, nur weil sie sich unwohl fühlte. Aber noch weniger wollte sie die obszönen Blicke der Jungs und deren Spott ertragen.

„Mädchen, jetzt willst du auch noch einen speziellen BH?", fragte ihre Mutter und lachte laut. „Hast du gehört, Paco? Das Mädchen ist jetzt nicht nur eine Primadonna, sondern beschwert sich auch noch, dass die Jungen ihr auf den Busen glotzen. Bald wirst du wollen, dass sie das tun, also beschwer dich nicht, sei froh, nicht so auszusehen wie deine Freundinnen, die so flach sind wie ein Brett."

„Alexandra, es reicht ja wohl, dass ich dich Basketball spielen lasse. Ich hätte Lust, dich aus der Mannschaft zu nehmen und das Geld für Mathe-Nachhilfestunden zu investieren, weil deine Noten zu wünschen übrig lassen. Die Diskussion ist beendet. Es gibt keinen BH", entgegnete der Vater mit lauter Stimme.

Alexandra hatte bisher nur selten gezeigt, was sie wirklich fühlte. Sie ließ ihren Gefühlen nur freien Lauf, wenn sie allein war, da ihr seit der Kindheit beigebracht wurde, ihre Emotionen zu verstecken. Nie hatten die Eltern ihr zugehört oder Aufmerksamkeit geschenkt oder Verständnis entgegengebracht. An diesem Tag ging sie schnell in ihr Zimmer, knallte die Tür zu und warf ihren Rucksack mit voller Wucht gegen die Wand. Ihr Herz schlug so schnell, dass die Wut ihr in die Ohren stieg und sie ihre Zähne zusammenbiss.

„Es reicht", sagte sie laut. „Dieses Mal muss ich ihnen die Meinung sagen." Sie verließ das Zimmer, ballte die Hände zu Fäusten, betrat das Wohnzimmer und schrie beinahe: „Ich habe es satt! Ihr denkt nie an mich, ihr lacht mich aus, ihr übergeht mich, ihr kümmert euch nie um mich. Ich bin euch komplett egal! Warum habt ihr mich überhaupt bekommen? Ich brauche nur einen blöden BH, der bestimmt weniger kostet als das, was ihr für Zigaretten oder Faltencremes ausgebt, aber nein, auch darüber macht ihr euch lustig. Wann werdet ihr euch ändern?" Tränen stiegen ihr in die Augen und rollten ihr über die Wangen.

Ihre Eltern aßen einfach weiter. Sie kauten übertrieben auf ihrem Essen herum und schauten dabei fern. Ihre Schwester war noch nicht zu Hause. Alexandra hatte gehofft, wenigstens ein bisschen an den gesunden Menschenverstand von einem der beiden appellieren zu können, aber sie hatte sich geirrt.

„Du gehst jetzt in dein Zimmer und ohne Abendessen ins Bett. Du darfst vorher auch nicht ins Bad, wenn du in die Hose machst, musst du damit leben. Du hast noch immer keinen Respekt vor uns, und ich schlage dich nur deshalb nicht, weil ich keine Lust habe aufzustehen. Wenn du nicht tust, was ich dir sage, verpasse ich dir eine fette Ohrfeige“, sagte ihr Vater.

„Du bekommst weder jetzt noch irgendwann anders einen Sport-BH und kannst schon einmal damit anfangen zu beten, weil ich dich aus dem Basketballteam nehme, wenn du mich noch einmal wütend machst“, erklärte die Mutter ihr.

Alexandras Tränen liefen nun nicht mehr aus Frust über ihre Wangen, sondern aus Traurigkeit. Sie ging in ihr Zimmer, ließ das Rollo komplett herunter und umarmte ihr Lieblingskuscheltier fest. Sie legte sich ins Bett und kniff die Lider zusammen.

Dunkelheit. Sie brauchte nur Dunkelheit.

I \ drei

Emotionale Begleitung: der Schlüssel zu allem

Den Kindern beistehen

Bereits im Jahr 1890 bestätigte William James, Psychologieprofessor an der Universität Harvard, mit seinen Untersuchungen, dass das emotionale Gehirn des Menschen sowohl darauf ausgelegt ist, Zuneigung zu geben, als auch, sie zu empfangen. Es leistet daher einen wesentlichen Beitrag zum Überleben unseres Organismus. Emotionen liefern uns nämlich unterschiedliche Informationen zu uns selbst. Sie schützen uns und werden von unserem Körper anschließend nach außen getragen. Das bedeutet, wenn wir Traurigkeit verspüren, weil wir unseren kleinen Hund verloren haben, informiert uns das emotionale Gehirn über diese Emotion, und sie durchdringt uns völlig. Wir können die Traurigkeit nicht von uns fernhalten, wir müssen sie erleben und empfinden, da unser Körper danach verlangt.

Gefühle sollten notwendigerweise herausgelassen und nicht unterdrückt werden. Wichtig ist nur, dass wir damit niemanden verletzen.

Kaum etwas bringt Mütter und Väter jedoch mehr aus der Fassung als die Wutanfälle und Gefühlsausbrüche ihrer Kinder. Viele können es nicht ertragen, wenn ihre Kinder starke Empfindungen ausdrücken, und tun alles, damit die Kinder ruhig bleiben. Sie unterdrücken die Kinder auf jede erdenkliche Weise, die sie von ihren eigenen Eltern und ihrem Umfeld gelernt haben: Sie bestrafen die Kinder, schreien sie an, ignorieren sie, erpressen sie, belohnen sie, wenn sie ihre Gefühle zurückzuhalten, und manche schlagen sogar zu, um dem Ausbruch ein Ende zu setzen. Und das Schlimmste daran ist, dass sie es tun, weil sie es für richtig halten.

Wir müssen akzeptieren, dass unsere Eltern den Fehler gemacht haben, unsere Emotionen zu unterbinden. Wir sollten unsere Eltern nicht idealisieren, rechtfertigen oder glauben, dass sie perfekt waren. Unsere Mütter und Väter haben sicher ihr Bestes gegeben. Alle Menschen handeln gemäß der jeweiligen Lebensphase, in der sie sich befinden. Sie tun, sagen und entscheiden Dinge abhängig von dieser Phase, von ihren Kenntnissen, ihrer emotionalen Reife, ihren erworbenen Mustern, vergangenen und gegenwärtigen Erfahrungen usw. Das ist ganz normal. Dennoch sollten wir nicht in jener Zeit verharren, sondern uns weiterentwickeln und überlegen, was gut war und was uns fehlte. Sobald wir unsere Vergangenheit verstehen und annehmen, können wir ganz im Hier und Jetzt leben.

» *Die Akzeptanz unserer emotionalen Vergangenheit ist die Voraussetzung dafür, dass wir eine Bindung zu unseren Kindern aufbauen.*

Nur so können wir ihnen bieten, was sie wirklich für ihre optimale emotionale und folglich zerebrale Entwicklung brauchen.

Im Normalfall lieben wir alle unsere Eltern bedingungslos und werden es immer tun. Wir sollten dennoch versuchen zu verstehen, in welchem Prozess sie sich damals bei unserer Erziehung befunden haben, ihre Fehler nachvollziehen und sie verzeihen. Dann werden wir Vater und Mutter weiterhin von ganzem Herzen lieben und es ihnen auch zeigen. Warum tun wir also nicht dasselbe mit unseren Kindern und erziehen sie so, dass wir alle voneinander lernen und Probleme gemeinsam aus der Welt schaffen?

» Die Begleitung der Kinder bei ihren Gefühlsausbrüchen bedeutet, gerade dann für sie da zu sein, wenn sie viel empfinden und ausdrücken.

Denn wenn sie verärgert, zornig, traurig, eifersüchtig oder enttäuscht sind, brauchen sie die Gewissheit, nicht dafür verurteilt oder in ihren Gefühlen eingeschränkt zu werden. Emotionen sind normal und menschlich. Als Eltern sollten wir unseren Kindern diese tolerante, freundliche, liebevolle, zärtliche und bedingungslose Begleitung bieten, die sie in diesem Augenblick brauchen, ganz gleich, weshalb sie wütend oder zornig sind, ganz gleich, ob wir das genauso sehen oder nicht.

In solch emotionalen Augenblicken denken viele oft, dass die Kinder sich schlecht benehmen, dass sie etwas fordern oder andere sogar manipulieren. Erwachsene fühlen sich dann meist machtlos und erkennen nicht, dass die Kinder nur ein Gefühl ausleben, das sie beherrscht. Die Kinder wollen damit niemandem schaden. Der Frust der Erwachsenen gegenüber diesen Gefühlsausbrüchen zeigt, dass sie selbst emotional gesehen weiterhin unreif sind. Die Unterdrückung der eigenen Gefühle in ihrer Kindheit hat dazu geführt, dass sie die Welt der Emotionen nicht verstehen.

Das sollte sich zum Wohle unserer eigenen Kinder ändern. Denn das emotionale Gehirn ist nicht nur für das psychische Wohlergehen der Kinder zuständig, sondern auch für das körperliche. Jüngste Studien weisen darauf hin, dass das limbische System unter anderem einen großen Einfluss auf das Herz, die Hormone, den Blutdruck und auch das Verdauungssystem haben kann.

> *Um sich gut zu fühlen, müssen Menschen ihre Emotionen ausleben und nicht unterdrücken.*

Auch sollten wir uns zu unserem eigenen Wohl ändern: Indem wir unsere Kinder mit ihren Emotionen begleiten, lernen wir unsere eigenen kennen. Das hilft uns, sie zu verarbeiten und richtig auf sie zu reagieren. So werden wir zu den Eltern, die wir wirklich sein wollen und sollen.

Das Band zwischen Eltern und Kindern ist das stärkste unter uns Menschen. Kein anderes hinterlässt so eine prägende Spur in unserem Leben. Es ist mit nichts vergleichbar.

Wir sollten also gut darauf aufpassen.

Emotionen erkennen

Irgendwann bat mich eine Mutter ganz dringend um eine individuelle Online-Sitzung. Es war an einem Frühlingsabend, und sie sagte, dass es sehr wichtig sei und wir uns unbedingt sehen müssten. Ich war alarmiert und änderte meine Termine, um ihr zu helfen. Wenig später erzählte sie mir, was am Abend zuvor mit ihrer Tochter vorgefallen war.

Sie wollte eine Lösung für folgende Situation:

„Wir machten gerade bei schönem Wetter einen Spaziergang auf der Strandpromenade. Mein Mann und ich hätten eine angenehme und entspannte Zeit haben können, aber der Spaziergang wurde zu einer Katastrophe. Meine dreijährige Tochter Amaia (Name geändert) hatte einfach auf nichts Lust: Wollten wir in eine Richtung gehen, wollte sie in die andere. Sie meckerte, schimpfte und beharrte als Dickkopf, der sie ist, darauf, im Sand spielen zu wollen. Wir erklärten ihr freundlich, dass wir dort nur spazieren gingen.

Doch es nützte nichts, und sie weinte, trat wütend um sich und schrie. Es kam noch schlimmer. Als mein Mann sie in den Arm nahm, haute sie ihm ins Gesicht. Da ging es mit ihm durch, und er gab ihr eine Ohrfeige. Ehrlich gesagt, war ich froh, dass er es getan hatte, weil ich von dem Unsinn und dem schlechten Benehmen meiner Tochter genug hatte. Natürlich schauten uns die vorbeigehenden Leute an, als wollten sie sagen, wir seien „schlechte Eltern mit einem ungezogenen Kind", und sie haben recht damit.

Manchmal denke ich, wir hätten keine Kinder kriegen sollen, dass wir allein besser dran wären. Dann könnten wir ohne Stress und Generve am Meer spazieren gehen."

Offensichtlich hätte es der Mutter in dieser Situation gutgetan, ihre Gefühle der Enttäuschung, der Wut und der Ratlosigkeit, die sie aufgrund des Verhaltens ihrer Tochter verspürte, herauszulassen. Stattdessen zwangen die Eltern ihre Tochter zu Hause, sich zu entschuldigen. Sie versuchten, ihr zu erklären, dass es nicht richtig war, etwas mit Nachdruck von den Eltern zu erzwingen, wenn diese bereits Nein gesagt hatten. Dann brachten sie Amaia früh ins Bett, damit sie selbst eine Serie sehen und entspannen konnten. Sie dachten immer noch, dass sie im Recht seien und ein dickköpfiges und schwieriges Kind hätten, das sie mit der Zeit „formen" müssten.

Selbstverständlich war die Haltung dieser Eltern das genaue Gegenteil von dem, was Amaia in emotionaler Hinsicht gebraucht hätte, und auch von dem, was sie selbst als Eltern brauchten. Angesichts dieser oder jeder anderen Situation mit ihrer Tochter, in der sich Amaias Meinung, Wünsche, Bedürfnisse oder Interessen von denen der Eltern unterschieden, hätten die Erwachsenen im Rahmen einer emotionalen Begleitung zunächst einmal ihre eigenen Emotionen erkennen müssen. Dann hätten sie ihre Tochter verstehen und sie beruhigen können. Auch sie selbst wären ruhiger geworden, hätten nachdenken und sich bewusst machen können, dass man ein bestimmtes Verhalten nicht einfach nachmacht (in diesem Fall das Schlagen). Sie hätten die Tochter nicht verurteilt, abgestempelt und sich von ihr distanziert.

» Deine Emotionen zu erkennen heißt, dass du sie benennen und einordnen kannst.

Du weißt, was mit dir los ist und warum. Du kannst die Informationen herausfiltern, die deine Emotionen dir in Form von Gedankengängen und körperlichen Reaktionen vermitteln wollen. Dadurch kannst du sie richtig einordnen. Diese Emotionen beherrschen dich dann nicht mehr und trüben auch nicht das Mitgefühl, das du deinem Kind gegenüber aufbringen solltest. Versuche, dich in das hineinzuversetzen, was dein Kind durchlebt, betrachte es mit seinen Augen. So kannst du es bei seinem Gefühlsausbruch begleiten und einfach in jedem Augenblick für es da sein, ohne selbst die Fassung oder den Verstand zu verlieren. Und wenn dein Kind sich beruhigt hat, kannst du ihm helfen, eine Lösung zu finden (wenn es eine Lösung gibt).

» Kinder sind darauf angewiesen, dass wir uns auf ihre Gefühle einlassen und sie als Menschen mit Respekt und Freundlichkeit behandeln.

Unsere Kinder drücken ihre Emotionen nicht aus, weil sie eigenwillig oder dickköpfig sind und uns herausfordern wollen. Sie sind einfach Menschen, deren Gehirn sich noch in der Entwicklung befindet und damit auch ihre Emotionen. Diese durchleben Kinder mit ihrem ganzen Körper. Sie verstehen und kennen ihre Gefühle noch nicht. Daher brauchen sie in solchen Situationen jemanden, der sie in den Arm nimmt und ihnen zeigen kann, was diese Emotionen sind und warum sie sie spüren.

★ So erkennst du deine Emotionen

Bevor ich dir später Techniken zur Selbstbeherrschung liefere und wie du sie bei deinem Kind praktisch umsetzen kannst, möchte ich dir hier bereits ein paar Schritte zeigen, die dir helfen, eine Emotion zu erkennen:

» Nimm bewusst wahr, dass eine Emotion in dir aufsteigt. Akzeptiere, dass sie da ist.
» Benenne die Emotion: Was fühlst du?
» Was ist der Grund für deine Emotion? Warum fühlst du, was du fühlst?
» Welche Zeichen sendet dein Organismus? Welche körperlichen Veränderungen nimmst du wahr (Herzklopfen, Schweiß, Tränen o. Ä.)?
» Welche verletzenden Gedanken kommen dir in den Sinn?
» Wandle diese verletzenden Gedanken in positive um.
» Begleite anschließend dein Kind in seiner Emotion.

Auch wenn es dir gerade unmöglich erscheint, solltest du all dies in einem Augenblick umsetzen, der für dein Kind emotional intensiv ist. Du darfst dann nicht woanders hingehen. Außer du merkst, dass du ansonsten die Nerven verlierst. Das wird dir später nicht mehr passieren, weil du ab jetzt einen anderen Weg einschlägst. Atme also tief durch und konzentriere dich auf das Erkennen deiner Emotionen, nur mithilfe deines Körpers und Geistes. Versuche, diese Schritte auch immer dann durchzugehen, wenn du im Alltag überfordert bist. Es wird dir mit der Zeit immer schneller gelingen.

★ So analysierst du deine Überforderung

Versuche am Ende des Tages, all die Situationen aufzuschreiben, in denen du mit deinem Kind überfordert warst. Beantworte dann folgende Fragen:

- Welche Emotionen wiederholen sich immer wieder in der Beziehung zu meinen Kindern?
- Welche Gedanken hatte ich in den verschiedenen Situationen?
- Wie waren die Situationen genau?
- Was hätte ich in diesen Momenten gern getan?
- Habe ich die Situationen trotzdem bewältigen können, ohne dies zu tun?
- Was hat mein Körper gespürt, und wie habe ich ihn umgelenkt?
- Was denke ich über mich selbst, ausgehend von meinem emotionalen Verhalten von heute gegenüber meinen Kindern?

Die 8 primären Emotionen

Obwohl die Studien zu Emotionen und ihren Auswirkungen auf den Menschen noch längst nicht abgeschlossen sind, hat die Wissenschaft festgestellt, dass sie in zwei große Kategorien (mit weiteren Unterkategorien) eingeteilt werden können: die primären und die sekundären Emotionen.

Primäre Emotionen sind fundamental für den Menschen und unerlässlich für seine Gesundheit. Wir empfinden beispielsweise Trauer, wenn ein geliebter Mensch stirbt. Sie entsteht im limbischen System und wirkt sich umgehend auf unseren Körper aus. Gelangen die Botenstoffe in die Hirnrinde, werden wir uns dieses Gefühls bewusst und tragen es nach außen. Primäre Emotionen kommen und gehen für gewöhnlich innerhalb kurzer Zeiträume. Doch manchmal bleibt ein und dieselbe primäre Emotion für eine lange Zeit in uns. Trauern wir beispielsweise jahrelang, kann sich das negativ auf unsere Gesundheit auswirken. Aus diesem Grund sollten wir daran arbeiten, diesen Seelenzustand zu überwinden.

Sekundäre Emotionen sind die Gefühle, die wir als Folge einer anderen Emotion empfinden. Das geschieht bei Menschen, die keinen Zugang zu ihren Emotionen haben und es gewöhnt sind, ihre wahren Gefühle zu verstecken. Bei ihnen kommen nur die sekundären Emotionen zum Vorschein. Die betreffende Person glaubt, dass dieses Gefühl eine primäre Emotion ist und nicht die, die es verbirgt. Diesem Irrtum unterliegen fast alle Menschen, weil sie ihre Emotionen unterdrückt oder verleugnet haben, je nachdem, was man von ihnen in ihrer Kindheit und Jugend in bestimmten Augenblicken verlangte. Eine sekundäre Emotion wäre zum Beispiel, wenn du eine Stunde vor deiner praktischen Führerscheinprüfung anfängst zu hyperventilieren und Beklemmungen bekommst. Du müsstest dich entspannen, tief durchatmen und umsorgt werden. Dieses beklemmende Gefühl verdeckt eine primäre Emotion, nämlich die Angst: Du hast Angst, dass du die Prüfung nicht bestehst, und deshalb spürst du eine Beklemmung. In solchen Fällen sollten wir die primären Emotionen erkennen und benennen können. Wir sollten ihnen Aufmerksamkeit schenken, wenn sie aufkommen, und ehrlich zu uns sein. So vermeiden wir viele sekundäre Emotionen, die unsere sozialen Beziehungen und natürlich das Verhältnis zu unseren Kindern beeinträchtigen.

Die Definition der primären Emotionen variiert in der Wissenschaft. Manche gehen von sechs, andere von vier grundlegenden Emotionen aus.

Daniel Goleman[8] bestimmte 1995 acht primäre Emotionen. Es handelt sich um Freude, Ärger, Trauer, Angst, Liebe, Scham, Zorn und Überraschung. Diese Einteilung lege ich im Folgenden für meine eigenen Überlegungen zugrunde. Für den Prozess der Selbsterkenntnis ist es wichtig, die Bedeutung jeder dieser Emotionen zu kennen:

1. Freude

Eine als angenehm empfundene Emotion. Körperlich drücken wir sie unter anderem dadurch aus, dass wir in einer höheren Tonlage sprechen und öfter lächeln. Die Freude steigert unser seelisches Wohlbefinden und nährt uns. Sie verbindet uns mit einem tiefen Glücksgefühl. Mir macht es eine große Freude, meine Kinder im Meer spielen zu sehen, ich fühle mich dann dankbar und liebe das Leben. Auch die Kinder freuen sich, wenn sie im Meer spielen können.

» Wann freust du dich? Und wann freuen sich deine Kinder?

2. Wut

Beim Gefühl der Wut fühlt sich unser Gehirn angegriffen, es meint, dass wir beleidigt wurden, und bringt uns dazu, wütend zu werden. Meistens geben wir jemand anderem die Schuld dafür. Diese Emotion ist jedoch eine Reaktion auf etwas, das nicht unseren Erwartungen entsprach. Das passiert uns mit unseren Kindern ständig: Wir stellen Erwartungen an sie; wir haben eine Vorstellung von dem, wie die Dinge, ihre Handlungen und Einstellungen sein sollten, und wenn sie nicht so sind, ärgern wir uns und werden wütend. Ich ärgere mich zum Beispiel, wenn ich zum tausendsten Mal vergessen habe, meinen Text abzuspeichern, weil ich ihn dann noch einmal schreiben muss und Zeit verliere, die ich mit meiner Familie verbringen könnte. Meine Kinder werden wütend, weil sie nach dem großen Eis, das sie von der Oma bekommen haben, nicht noch ein Eis essen dürfen.

» Worüber wirst du wütend? Und deine Kinder, was löst bei ihnen Wut aus? Haben deine Gründe etwas mit deinen Kindern zu tun? Und ihre?

3. Trauer

Diese tiefe Emotion erkennen wir ganz einfach: Sie ist der Schmerz angesichts eines Verlustes. Abhängig von unserer Bindung an die verlorene

Person (oder Sache) ist sie mehr oder weniger intensiv. Dann durchdringt uns ein Schmerz, nimmt uns die Freude und lässt uns weinen, vorausgesetzt, wir lassen diese Emotion zu. Mich hat es traurig gemacht, meinen Onkel zu verlieren, der nur 33 Jahre alt wurde. Es zerriss mich innerlich, als mein zweijähriger Cousin seinen Vater verlor. Meine Kinder sind zum Beispiel traurig, wenn meine Schwester wieder abfährt, nachdem wir gemeinsam ein Wochenende verbracht haben.

» Was macht dich traurig? Was macht deine Kinder traurig? Was brauchst du in diesen Momenten?

4. Angst

Unser Gehirn warnt uns vor einer Gefahr, davor, dass etwas uns schaden könnte, was wir auf jeden Fall vermeiden müssen. Diese Empfindung ist unangenehm, und wir erleben sie mit dem ganzen Körper. Angst hilft uns beim Überleben. Aber es gibt auch eingebildete Ängste, die sich zwischen das Leben, das wir uns wünschen, und die Realität stellen. Ich habe Angst, wenn meine Kinder Fieber haben und ich die Ursache dafür nicht kenne. Die Angst, sie zu verlieren, überkommt mich und lässt mich nicht ruhig und besonnen handeln. Meine Kinder haben Angst vor Fremden, die ihnen zu nahe kommen, einen Kuss von ihnen wollen oder sich ihnen nähern, um sie anzufassen (was wir natürlich nicht erlauben und ihnen auch beibringen).

» Wann hast du Angst? Und deine Kinder? Hat dich die Angst schon einmal so gelähmt, dass du nicht wusstest, wie du dich verhalten sollst?

5. Liebe

Liebe ist so intensiv und wichtig im Leben der Menschen, dass es meiner Meinung nach nicht ausreicht, sie als Grundemotion zu definieren. Da sie jedoch im limbischen System gebildet wird, gehört auch sie dazu. Die Liebe sorgt letztendlich für den Erhalt unserer Spezies. Und auch wenn es verschiedene Arten von Liebe gibt (die Liebe zu unseren Kindern ist nicht wie die Liebe zu einem Partner oder einer Freundin), ist der Nutzen für unseren Organismus derselbe: Wenn wir lieben, sinkt unser Stresslevel und wir werden belastbarer. Liebe wirkt sich positiv auf Hormone, Herzschlag und den Schlaf aus. Durch Liebe und Freude erfahren wir wahres und vollkommenes Glück. Ich liebe meine Kinder, und meine Kinder lieben mich, bedingungslos.

» Und du, wen liebst du? Und wen lieben deine Kinder?

6. Scham

Scham ist eine rein soziale Emotion. Wir empfinden Scham, wenn wir etwas tun, wofür wir von der Gesellschaft verurteilt werden, obgleich wir eigentlich nur akzeptiert werden wollen. Kinder empfinden oft Scham, da sie jeden Tag von ihren Eltern Vorträge hören, durch die sie sich schlecht oder unfähig fühlen, weil sie nicht das tun, was von ihnen erwartet wird. Das ist ziemlich ungerecht. Hier wird die Scham quasi ausgenutzt, damit die Eltern das von den Kindern bekommen, was sie wollen. Das ist nicht der Sinn der Scham. Ich habe mich zum Beispiel geschämt, als ich einmal beim Einsteigen in einen Zug vor allen anderen Fahrgästen stolperte. Sie schauten mich mitleidslos an, denn ich war ja die Einzige, der das passierte. Somit gehörte ich nicht zu ihrer Gruppe (sie hielten mich bestimmt für total tollpatschig, das dachte ich jedenfalls). Meine Kinder schämen sich ein wenig, wenn sie Kinder treffen, die eine andere Sprache sprechen, und sie sich durch Gesten, Spiele oder Laute verständigen müssen. Alle kennen die Sprache, nur sie nicht. Doch sie verlieren ihre Scham schnell und werden von der Gruppe aufgenommen.

Wären wir generell selbstbewusster und hätten wir mehr Respekt vor anderen, würden wir uns nur dann schämen, wenn wir etwas tun, was gesellschaftlich und menschlich wirklich falsch ist (wie Müll am Strand liegen zu lassen oder Vorurteile gegenüber einer Person mit anderer Hautfarbe zu haben). Was andere ansonsten über uns dächten, wäre uns dann gleichgültig. Andernfalls würden wir uns ihnen unterwerfen und unsere Freiheit einschränken. Solange wir niemanden verletzen und selbst nicht verletzt werden, können wir all das tun, was sich unser Herz (Gefühl und Verstand) wünscht.

» Und wann schämst du dich? Wann schämen sich deine Kinder? Hast du jemals mitbekommen, dass sie sich geschämt haben?

7. Zorn

Diese Emotion ist ebenfalls darauf ausgerichtet, uns vor Gefahren zu schützen, aber das Gehirn verleitet uns dazu, sie durch Aggressivität auszudrücken. Wir wollen uns dann gegen Ungerechtigkeiten oder Angriffe verteidigen, von denen wir glauben, dass sie sich gegen unsere Person richten. Diese normale (oder große) Aggressivität verletzt uns und andere. Einmal bin ich zornig geworden, als ich meine Tochter an der Strandpromenade stillte und sich jemand rauchend neben mich setzte, ohne ein Fünkchen Empathie aufzubringen. Meine Kinder werden zornig, wenn sie sich nach dem Spielen von ihren Cousinen und Cousins verabschieden müssen, weil es schon spät ist und wir nach Hause müssen.

» Hast du schon einmal darüber nachgedacht, warum du zornig wirst? Und deine Kinder? Glaubst du, dass du irgendwann einmal jemanden verletzt hast, als du zornig warst, deine Kinder eingeschlossen?

8. Überraschung

Sie steht für unsere Reaktion gegenüber etwas, womit wir nicht gerechnet haben, einer Sache, die neu für uns ist. Diese Emotion kommt zum Ausdruck, bevor das Gehirn die neue Information verarbeitet hat. Überraschung drückt sich durch Schreien, Applaudieren oder einen weit geöffneten Mund aus. Sie setzt im Gehirn die Informationsverarbeitung in Gang und strukturiert die Info neu. Mich hat es überrascht, als bei einer meiner Konferenzen einige mir nahestehende Menschen, die weit weg wohnen, teilnahmen, was ich nicht erwartet hatte. Ich war sehr überrascht und gerührt. Meine Kinder waren beispielsweise überrascht, als wir mit ihnen einen Dinosaurierpark besuchten, ohne es ihnen vorher zu verraten. Das war wunderbar.

» In welchen Situationen warst du zuletzt überrascht? Und deine Kinder?

Wir brauchen keine Angst zu haben, Emotionen zu spüren, sondern sollten sie erkennen und reflektieren. Zum Wohl von uns selbst und unseren Mitmenschen sollten wir sie, wenn nötig, überwinden können.

Das Wissen über die Grundemotionen wird dir helfen, sie zu erkennen. Es gibt jedoch noch viele andere Begriffe für unsere Gefühle, die du benötigst, um dir deine eigene Gefühlslage bewusst zu machen. Erst dann kannst du angemessen reagieren und auch deinen Kindern besser beistehen.

Alternative Bezeichnungen für die Grundemotionen:

Freude	Glück, Dankbarkeit, Erleichterung, Hoffnung, Zufriedenheit
Wut	Ärger, Groll, Hass, Eifersucht, Neid, Unruhe
Trauer	Pessimismus, Verlassenheit, Verzweiflung, Schuld, Melancholie
Angst	Nervosität, Beklemmung, Demütigung, Panik, Schrecken, Furcht
Liebe	Zuneigung, Begehren, Sehnsucht, Rührung, Mitleid
Scham	Unfreiheit, Sensibilität, Verlegenheit, Reue, Sorge, Peinlichkeit
Zorn	Frustration, Bedrohung, Wut, Aggressivität, Misstrauen

Überraschung	Staunen, Enttäuschung, Verblüffung, Verwirrung, Verwunderung

Im Falle von Amaia, die lieber im Sand spielen wollte, hätten ihre Eltern auch an ihre Tochter denken sollen, als sie sich zur Strandpromenade aufmachten. Amaias Bedürfnisse zählen genauso viel wie die ihrer Eltern. Diese einfache Sache hätte den Familienkonflikt verhindern und den Eltern etwas bewusst machen können: In einer Familie sind alle Meinungen fundamental. Das Bedürfnis des Kindes ist genauso wichtig wie unseres oder sogar wichtiger, da es sich noch entwickelt.

» Die Kindheit legt den Grundstein für das Erwachsenendasein, für die Emotionen und späteren Beziehungen.

Selbst wenn Amaia anfangs gesagt hat, sie wolle nur spazieren gehen (und die Eltern sich nur darauf vorbereitet haben), und sie plötzlich doch an den Strand möchte, hätten die Eltern es in Betracht ziehen sollen. Hätten sie dann mit ihr im Sand gespielt, hätten sie ihrer Tochter vermittelt, dass sie zuhören und dass Amaia wie jeder Mensch das Recht hat, ihre Meinung zu ändern und etwas anderes zu tun.

Hätten sie hingegen gemerkt, dass der Sand nass ist und sie später nass ins Auto steigen und 20 Kilometer bis nach Hause fahren müssten, hätten sie Amaia eine Alternative anbieten können, zum Beispiel mit ihr in einen Park zu gehen, auf einer Bank an der Promenade ein Spiel zu spielen, das sie mitgenommen haben, ein Eis zu kaufen oder ein Malbuch auszumalen.

Tipp
Wenn du mit deinem Kind nach draußen gehst, solltest du immer Spielzeug dabeihaben, Buntstifte, ein Malbuch, ein Gesellschaftsspiel, etwas, das nicht viel Platz braucht. Lass dein Kind sich vorher etwas aussuchen. Das kannst du dann herausholen, wenn es sich langweilt. Kindergehirne brauchen das Spiel, um sich zu regenerieren. So erleichterst du deinem Kind vieles.

Da es für Amaia jedoch keine Alternativen gab, wurde sie wütend und explodierte. Das ist total menschlich: Sie spürte eine primäre Emotion und musste diese herauslassen. In diesem Moment kann sie Vorwürfe und Erwartungen wie: „Wir haben es mit dir besprochen, und du hast gesagt, dass du nicht spielen wollest“, nicht gebrauchen. Schimpfen und Kritik sind nicht angebracht. Das Mädchen braucht einfach nur Aufmerksamkeit, Verständnis und Beistand.

Sind die Eltern hingegen von ihren eigenen Emotionen überfordert, die von ihrem Ego und dem Irrglauben erzeugt werden, Kinder hätten kein Mitspracherecht, sollten sie diese Emotionen mithilfe der oben aufgeführten Fragen erkennen. Sie sollten darüber nachdenken, ob es primäre oder sekundäre Emotionen sind, und entsprechend reagieren. Hierbei helfen auch die alternativen Bezeichnungen für die primären Emotionen (wenn die Eltern zum Beispiel zornig sind und wissen, warum, sollten sie den konkreten Begriff finden, mit dem sie den Zorn definieren würden, in dem Fall: Frustration). Sobald sie sich ihrer Emotionen bewusst sind, können sie sich selbst beruhigen, um dann ihrer Tochter in ihrem Ärger beizustehen. So wird ihnen klar, dass sie ihrer Tochter entgegenkommen sollten. Amaia möchte ihre Eltern nicht verletzen, sie fühlt sich einfach nur schlecht. Doch sie kann aus ihren Emotionen nur lernen, wenn ihre Eltern darum wissen.

> ❞ *Wir helfen unseren Kindern, ihre Gefühle zu erkennen, indem wir es zuvor mit unseren eigenen tun.*

So werden wir für sie zu einem Beispiel von Selbsterkenntnis und zeigen ihnen, wie sie ihre Gefühle je nach Situation einordnen.

Unsere Gefühle sind immer nur unsere, nicht die der anderen. Wir dürfen niemanden für unsere Gefühlslage verantwortlich machen. Wie wir uns fühlen, entscheiden wir selbst. Unsere Kinder sind nicht der Auslöser dafür, dass wir „die Nerven verlieren", „wütend sind" oder „Angst haben". Der Trick besteht darin zu verstehen, dass niemand schuld an unseren Emotionen ist. Sie sind einzig und allein das Ergebnis unserer persönlichen Entscheidung. Es ist grundlegend, sie zu erkennen und auszudrücken, ohne uns oder jemand anderem damit zu schaden. Wir können unsere Kinder nicht für unseren Kontrollverlust verantwortlich machen, das liegt allein an uns, unabhängig von der Situation oder dem Grund. Unser Wohlbefinden wie auch die Beziehung zu unseren Kindern hängt allein von uns selbst ab. Dafür sollten wir emotional wachsen.

Handeln und begleiten

Die Gefühle der Kinder können bei ihren Eltern für Frustrationen sorgen. Die Erwachsenen verstehen ihre Kinder nicht und werden deshalb wütend, sie fühlen sich unfähig und gestresst. Viele Mütter und Väter gaben, bevor sie anfingen mit mir zu arbeiten, schüchtern und beschämt zu, dass sie an einem Punkt angekommen seien, an dem sie sich wünschten, sie hätten keine Kinder bekommen. Die ständigen Streitereien daheim, das Empfinden (wortwörtlich), dass sie unentwegt bitten, aber die Kinder nie gehorchen, trieb sie an den Rand des Wahnsinns.

Die Beziehung zwischen Eltern und Kindern war geprägt von den Streitigkeiten um den Fernseher, den Auseinandersetzungen zwischen den Geschwistern und dem täglichen Kampf ums Zähneputzen, Spielzeugaufräumen oder Lernen für Klausuren.

> *Ein Großteil der familiären Probleme lässt sich darauf zurückführen, dass Erwachsene versuchen, die Kinder an ihre Welt anzupassen.*

Diese Welt ist von und für Erwachsene geschaffen und kümmert sich nicht um die körperlichen und mentalen Bedürfnisse der Kleinsten. Diese Welt entspricht nicht der Natur der Kinder. Sie wird beherrscht von Stress, Schubladendenken, Stundenplänen und Bewertungen.

Die Kindererziehung ist jedoch etwas viel zu Schönes, das nicht durch Schimpfen, Drohen, Strafen und emotionales Unverständnis verdorben werden sollte. Erziehen ist ein langsamer, weitreichender und tiefgreifender Prozess, wie der Regen. Eigentlich ist Erziehung also etwas ganz Natürliches. Sie verlangt jedoch eine Arbeit von uns, die über unsere Natur hinausgeht und unser Wohlergehen beeinflusst. Wir können den Regen nicht zwingen aufzuhören, können ihn nicht verhindern und erwarten auch nicht, dass er sich verändert. Der Regen macht das, was seiner Natur entspricht. Kindern sollten wir genauso begegnen: Wir sollten ihre Wesensart respektieren, ihre Natur, ihren Zustand und ihr Sein verstehen. Wir sollten sie mit einbeziehen und ihre Gefühle, ihren Rhythmus, ihr Leben schätzen. Dafür müssen wir wissen, was sie in verschiedenen Situationen brauchen. Wir müssen uns unsere eigenen Emotionen bewusst machen und lernen, den Kindern zuzuhören, ohne ihnen unsere Vorstellungen oder die Ziele der Erwachsenenwelt überzustülpen.

Angesichts dieses Gedankens sagen manche Menschen: „Na ja, das Leben ist nun mal, wie es ist. Ich kann ja nicht verhindern, dass die Kinder im vorherrschenden sozialen System mitmachen müssen: Schule,

Hausaufgaben, Stundenpläne ...“ Aufgrund der hiesigen Schulpflicht und der damit verbundenen Pflicht der Kinder, Hausaufgaben zu machen, lässt sich daran tatsächlich nichts ändern. Was wir jedoch tun können, ist, sie im Alltag gut zu behandeln und ihre Gefühle und Bedürfnisse zu verstehen. Es sollte nicht immer um Gehorsam, Erwartungen und Autorität gehen, wodurch wir jedes Mal eine unangenehme Distanz aufbauen. Das macht das Leben unserer Kinder und unser eigenes nur ärmer.

1996 bestätigten die Studien der Psychologieprofessoren John Gottman und Lynn Katz[9], dass die emotionale Arbeit der Eltern, also das Training und die Anstrengung, die eigenen Emotionen zu erkennen und zu kontrollieren, sich positiv auf die Gefühle der Kinder auswirkt. Auch sie erkennen ihre eigenen Gefühle dann besser. Aber die Psychologen stellten auch fest, dass die Qualität der Eltern-Kind-Beziehung vom Empathielevel der Eltern gegenüber den Kindern abhängt:

» Je mehr Empathie und Verständnis die Eltern aufbringen, umso besser ist ihre Bindung und Beziehung zu den Kindern.

Auch die Reaktion der Eltern auf die emotionalen Bedürfnisse der Kinder ist entscheidend: Je mehr Aufmerksamkeit und Zuwendung die Eltern ihren Kindern entgegenbringen, umso besser entwickeln sie sich.

Es hat sich gezeigt, dass Zuneigung, Fürsorge und das Verständnis gegenüber den Emotionen der Kinder im Laufe ihrer Entwicklung die Leistungsfähigkeit ihres parasympathischen Nervensystems stärken. Ihr Herz ist gesünder, und sie sind Stress und Schicksalsschlägen gegenüber resistenter.

Man hat versucht, Erwachsenen einzureden, dass Kinder schwierige und schmerzhafte Erfahrungen machen müssten, damit sie für die schlimmen Dinge im Leben vorbereitet sind, und dass Eltern es ihnen schwer machen sollten. Dabei ist es genau andersherum. Je mehr Hilfe und

Liebe wir unseren Sprösslingen geben, umso besser stehen sie schwere Zeiten durch, die wir sowieso nicht verhindern können. Das Leben ist so, wie es ist, und wir können Kinder und Jugendliche nicht vor schlimmen Situationen schützen. Doch wir können ihnen Selbstbewusstsein und Sicherheit vermitteln, ihnen helfen, eigene Entscheidungen zu treffen und sich selbst zu kennen. Wir können ihnen zudem Unterstützung, Nähe, Empathie, Toleranz, Beständigkeit, Zuneigung und Respekt geben. Wenn wir sie mit aller Kraft lieben und ihnen diese Liebe zeigen, sowohl in guten wie auch in schlechten Zeiten, bereiten wir sie wirklich auf das vor, was kommt.

» *Die emotionale Begleitung unserer Kinder bedeutet, dass wir nicht nach Schuldigen suchen.*

Wenn sie verärgert, zornig, verwirrt, enttäuscht, traurig oder Ähnliches sind, sollte ihr Verhalten nicht als unangebracht angeklagt werden, weil sie sich nur so verhalten, wie ihr Körper es verlangt. Unterdrücken wir ihre Emotionen, bleiben diese unerkannt und suchen sich einen anderen Weg. Dann bewältigen die Kinder ihren Frust oder ihre Trauer anders (z. B. durch zu viel oder zu wenig Essen, übermäßigen Konsum von Spielzeug, Medien oder Zucker, Fingernägelkauen, Weinkrämpfe oder Emotionslosigkeit, Verstummen, nervöse Ticks u. Ä.).

Doch wir müssen aufpassen, weil sich unsere innere Stimme immer zwischen uns und die Kinder drängen möchte, wenn wir sie begleiten. Stell dir vor, du bist mit deiner Tochter auf einer Geburtstagsfeier ihrer Schulfreundin in einem dieser Spieleparks. Deine Tochter hat bereits eine Tüte voller Süßigkeiten, ein Käsebrot und ein Stück Kuchen gegessen, will aber noch mehr Süßigkeiten. Sie sagt es ein wenig verärgert. Du erklärst ihr, dass das nicht ginge, weil sie bereits eine ganze Tüte gegessen habe, und zählst die Folgen von so viel Zucker für ihre Gesundheit auf. Sie wird wütend und meint, du würdest sie nur ärgern und seist die schlechteste Mutter auf der Welt. Deine innere Stimme kommt mit dem, was uns beigebracht wurde: „Was denkt sie sich eigentlich, so mit mir zu sprechen? Alle glotzen mich an. Ich werde sie bestrafen müssen und sie von hier wegbringen, so wie sie sich aufführt." In diesem Moment solltest du versuchen, die Worte in folgenden Monolog umzuwandeln: „Meine Tochter ist sauer, und das ist ihr Recht. Es ist menschlich, sich zu ärgern, wenn man etwas nicht bekommt. Ich muss ihr helfen und verständnisvoll sein, auch wenn sie keine Süßigkeiten mehr bekommt. Es ist mir egal, was die anderen denken, das ist deren Problem." Du bist so für deine Tochter in ihrer Wut da und merkst, dass sie sich schneller als sonst beruhigt und fröhlich weiterspielt. Sie fühlt sich von ihrer Mutter geliebt, die ihr alles liebevoll erklärt. Und obwohl sie gern etwas Süßes gegessen hätte, kennt sie die Gründe, warum sie es nicht darf. Du erwartest nichts weiter von ihr und bleibst ruhig: Deine Tochter ist sauer geworden, und du wusstest, wie du dich verhalten sollst. Du bist nicht wütend geworden und hast auch nicht nur an dich gedacht. Zudem hast du ihr Recht auf Aufmerksamkeit, Unterstützung und Liebe erfüllt, obwohl auch du zuerst sauer warst.

> ” *Emotionale Begleitung bedeutet nicht, dass Kinder tun können, was sie wollen, sondern dass sie, ganz gleich, welche Gefühle sie zum Ausdruck bringen, sich dabei sicher fühlen und niemand ihnen aufzwingt, was sie fühlen sollten.*

Wenn Kinder sauer sind, sind sie sauer. Wenn sie traurig sind, sind sie traurig. Wenn sie wütend sind, sind sie wütend. Kein Erwachsener darf diese Gefühle korrigieren und unterdrücken oder sie infrage stellen, indem er behauptet, es sei etwas anderes. Wir dürfen nicht vergessen, dass unsere Kinder nicht wir sind: Jeder Mensch ist einzigartig und hat seine eigenen Emotionen.

Wenn alle Mütter, Väter und pädagogischen Fachkräfte, die in irgendeiner Weise mit Kindern und Jugendlichen zu tun haben, wüssten, wie sie emotional begleiten, könnten sie sich viele Therapiesitzungen und Behandlungen sparen, die nur die Art und Weise verändern wollen, wie ihre Kinder fühlen, mit dem Ziel, dass sie still, ruhig und konzentriert sind. Sie würden zudem keine Probleme sehen, wo es keine gibt (außer in begründeten Fällen, wenn ein Kind tatsächlich unter einem Trauma oder einer Störung leidet). Kinder brauchen nichts weiter, als von ihren Eltern begleitet und gehört zu werden.

15 Grundsätze der emotionalen Begleitung

Die praktische Umsetzung der Begleitung ist wahrscheinlich das Schwierigste von allem. Denn die Momente, in denen wir unsere Kinder begleiten und am ruhigsten sein sollten, sind genau die, in denen sie aufgeregt sind und ihre Gefühle zeigen. Unsere eigenen Emotionen vermischen sich dann meist mit ihren. Zunächst sollten wir unsere eigenen Emotionen erkennen und beherrschen, bevor wir uns darauf vorbereiten, ihre zu begleiten, denn wir sollten dabei keine Gedanken hegen, die sich gegen unsere Kinder richten und uns ausbremsen. Diesen Vorgang müssen wir üben, denn unser Gehirn hat sich etwas anderes angewöhnt.

> » *Wir müssen unser Gehirn in Bezug auf unsere Emotionen und die unserer Kinder quasi neu programmieren.*

Auch sollten wir uns bewusst sein, dass sehr viele Enttäuschungen unserer Kinder daraus entstehen, dass wir sie kontrollieren und lenken wollen. Es ist unerlässlich, dass wir die Kontrolle aufgeben und eine gute und intensive Verbindung zu ihnen aufbauen. Nur so können wir unsere

Kinder bei ihren Gefühlen, die nicht erzwungen wurden, richtig begleiten. Diesen Gefühlen sollten wir die Aufmerksamkeit schenken, die sie brauchen und verdient haben.

Für die emotionale Begleitung habe ich 15 Grundsätze erarbeitet, die ich dir anhand realer Beispiele erkläre. So kannst du sie besser verstehen und in den Alltag mit deinen Kindern integrieren.

1. Bleib bei deinem Kind

Wenn dein Kind einen Gefühlsausbruch hat, ganz gleich, weshalb, solltest du die ganze Zeit bei ihm sein. Sei liebevoll und zeige Verständnis, damit es merkt, dass du da bist und es liebst, ganz gleich, was passiert. Das zeigt deinem Kind, dass du es nie verlassen oder verletzen wirst. So hilfst du ihm, eine vertrauensvolle Beziehung zu sich selbst und auch zu dir aufzubauen. In einer solchen Beziehung werden seine Emotionen weder von uns noch von ihm selbst zensiert. Denn du machst deinem Kind klar, dass alles, was ihm wichtig ist, auch dir wichtig ist.

> ›› *Kinder während ihrer Gefühlsausbrüche zu ignorieren, ist komplett falsch. Es mindert ihr Selbstwertgefühl und verhindert ihre emotionale Entwicklung.*

Die Gefühle der Kinder dürfen nie ignoriert werden, unabhängig davon, wie wütend sie sind oder aus welchen Gründen. Eltern sollten sie nie in die Ecke stellen oder auf den „Stillen Stuhl“ setzen, damit sie „nachdenken“ oder sich beruhigen. Kinder denken in solchen Momenten an gar nichts und werden sich schon gar nicht beruhigen. Sie verstecken und unterdrücken ihre Gefühle höchstens und fühlen sich schuldig, weil sie sie überhaupt empfunden haben. Ein Kind, das fühlt, fühlt lediglich. Es braucht dann einen liebevollen und vernünftigen Erwachsenen, der da ist, um es respektvoll zu erziehen, und ihm hilft, sich selbst zu verstehen.

Eltern sollten Kindern zeigen, dass Gefühle ausgelebt, erfahren und empfunden werden können, und dass sie, die Eltern, an ihrer Seite sind, ohne wegzulaufen oder sie zu verurteilen.

Stell dir beispielsweise vor, ihr macht Urlaub am Strand, und deine Kinder spielen mit einer Freundin, die ihre Sommerferien auch dort verbringt. Es wird Zeit, etwas zu essen, und ihr habt belegte Brote mitgenommen, aber das Mädchen muss mit ihren Großeltern im Apartment essen. Deinem siebenjährigen Sohn gefällt es gar nicht, dass sie geht, weil er mit ihr befreundet ist. Erst wird er wütend, dann traurig, und am Ende bittet er das Mädchen weinend, nicht zu gehen. Aber natürlich muss sie nach Hause. Dein Sohn bleibt enttäuscht zurück und fühlt sich von dem Mädchen verlassen. Du solltest ihn diese Trauer auf keinen Fall allein durchleben lassen. Wende dich ihm zu und bleibe bei ihm. Mache keine barschen Gesten, vermeide negative oder kritische Worte und tue ihn nicht als unwichtig ab. Erwarte von deinem Sohn nicht, dass er sich sofort beruhigt. Du darfst ihn nicht dazu drängen. Beruhige viel mehr deine angespannten Nerven, indem du tief durchatmest und dich an die Liebe erinnerst, die du für dein Kind empfindest. Du bleibst an seiner Seite und bist ganz für ihn da.

2. Halte Blickkontakt

Es heißt, die Augen sind der Spiegel der Seele, und das liegt daran, dass unsere Augen alles über uns verraten. Durch den Blick drücken wir unsere innigsten Gefühle aus. Manchmal sagt ein Blick viel mehr als Worte. Deinem Kind in die Augen zu schauen und sich auf seine Höhe zu begeben, ist immer notwendig. Vor allem bei der emotionalen Begleitung ist es sehr wichtig. Dann bringst du ihm Verständnis und Liebe entgegen und gibst ihm die Aufmerksamkeit, die es braucht. Kinder wollen nämlich nicht die Aufmerksamkeit der Eltern erregen und sie nerven, weil sie manipulative Tyrannen sind.

> **»** *Kinder brauchen Aufmerksamkeit, um sich bei Gefühlsausbrüchen zu beruhigen.*

Es sollte eine verantwortungsvolle Aufmerksamkeit sein, das heißt, du kümmerst dich so lange um dein Kind, wie sein emotionaler Zustand andauert. Dein Kind darf sich ungehindert ausdrücken, auch wenn du anderer Meinung bist. Mit deinem Blick vermittelst du ihm Gelassenheit, Güte und Verständnis gegenüber seiner Lage.

Stell dir beispielsweise vor, du besuchst mit deiner zehnjährigen Tochter deine Mutter zum Abendessen. Sie trägt deiner Tochter gleich beim Hereinkommen auf, den Tisch zu decken, da sie ja schon eine junge Frau sei und nicht faul sein dürfe. Deine Tochter, die mit dem Hund spielt, fühlt sich von ihrer unfreundlichen Großmutter unter Druck gesetzt und verurteilt. Da packt die Großmutter sie am Arm. Deine Tochter fängt an zu weinen, wird wütend und sagt, dass sie so eine Großmutter nicht wolle und doch noch ein Kind sei. Zeige als Erstes deiner Mutter die Grenzen auf. Niemand, weder ein Familienmitglied noch eine Lehrkraft oder eine andere Person, hat das Recht, so mit deiner Tochter zu sprechen und sie so zu behandeln. Halte deine Mutter auf und erspare deiner Tochter (und dir) diesen Streit.

> **»** *Spielen hat für ein Kind immer Priorität gegenüber einer anderen Aufgabe, die der Erwachsenenwelt zugeordnet ist.*

Vielleicht hätte deine Tochter den Tisch selbst gern gedeckt, wenn es ihr niemand vorgeschrieben. Dann gäbe es auch keine schlechte Stimmung. Aber Kinder zu etwas zu zwingen, das sie nicht wollen, hat keinen Sinn: den Tisch zu decken kann man auch als Erwachsener noch lernen. Das Selbstwertgefühl hingegen bildet sich in der Kindheit, und diese Zeit kann man als Erwachsener nicht mehr zurückholen.

Wenn du diese Situation nicht vermeiden konntest, solltest du als Erstes bei deiner Tochter bleiben, ohne ihr Vorwürfe zu machen. Bleib an ihrer Seite, ganz gleich, ob du ihr Verhalten gut findest oder nicht. Versuche, sie zu verstehen, und begib dich auf ihre Augenhöhe. Schau ihr in die Augen. Vermittle ihr mit deinem Blick das, was sie braucht: Verständnis, Liebe und Schutz.

3. Nimm dein Kind in den Arm

Nimm dein Kind in den Arm, wenn es gerade emotional aufgewühlt ist (und natürlich immer, wenn du Gelegenheit dazu hast). Durch diesen Körperkontakt fühlt es sich beschützt und merkt, wie wichtig es dir ist. Eine Umarmung ist die beste Kontaktmöglichkeit, die wir als Menschen haben, gerade mit unseren Kindern. Es kann in einem emotionalen Moment natürlich auch sein, dass dein Kind dich ablehnt. Das ist ganz normal! Wichtig ist, dass es dich in seiner Nähe weiß und du sein Tempo respektierst. Biete ihm immer wieder eine Umarmung an und nähere dich ihm sehr behutsam. Vielleicht streichelst du erst einmal nur seinen Arm oder Kopf, legst eine Hand auf seine Schulter.

> ›› *Je sicherer sich ein Kind fühlt, umso besser ist es vorbereitet, schwierige Situationen zu meistern.*

Je früher es deine Umarmung, deine Wärme und Unterstützung spürt, umso schneller beruhigt es sich.

Stell dir beispielsweise vor, dein 13-jähriger Sohn kommt total schlecht gelaunt aus der Schule, weil ein paar Schüler aus einer anderen Klasse ihm gesagt haben, dass er mies Fußball spiele, und er in der Pause nicht mitspielen durfte. Er knallt seine Tür zu, schließt sich in seinem Zimmer ein und verflucht sich selbst, weil er ein Versager ist. Zunächst solltest du an seiner Seite sein, ihm zeigen, dass du da bist. Auch wenn er sich im Zimmer einschließt, bleib an der Tür und hör zu. Sprich liebevoll zu ihm, schenk ihm Vertrauen und gib ihm zu verstehen, dass er auf dich zählen kann, wenn er dich braucht. Sollte er dich bitten hereinzukommen, sieh ihm ruhig und liebevoll in die Augen und biete ihm eine Umarmung an, nachdem du vorher behutsam Körperkontakt hergestellt hast. Wenn er dich umarmen möchte, lass zu, dass er sich an dich lehnen und sagen kann, was er braucht. So merkt er, dass du da bist, um wirklich zu helfen, und nicht nebenbei aus dem Esszimmer rufst, dass er wegen solcher Lappalie nicht heulen soll. Er sieht, dass du wirklich da bist und ihn unterstützt. Umarmungen trösten und geben Kraft. An solche Umarmungen wird er sich sein ganzes Leben lang erinnern.

4. Hör deinem Kind aufmerksam zu

Bei dir zu Hause sollte stets eine friedliche Atmosphäre voller Respekt, Aufrichtigkeit und Akzeptanz für alle Familienmitglieder herrschen. Wenn du dein Kind bei seinen Gefühlsempfindungen begleitest, höre aufmerksam und liebevoll zu, was es dir zu sagen hat. Halte deine eigene Meinung zurück und greife den Ereignissen nicht vor. Mit Zuneigung und großem Interesse zuzuhören genügt zunächst. Falls ihr anschließend darüber redet, kannst du in dem Gespräch deinen Teil beitragen. Ansonsten reicht es, dass du still zuhörst, dein Kind ansiehst und ihm deine Anwesenheit und deine Umarmung schenkst.

Stell dir beispielsweise vor, deine dreijährige Tochter möchte, dass du ihr noch eine Seite der Gutenachtgeschichte vorliest. Aber du lehnst ab, weil es schon sehr spät ist. Du klappst das Buch zu und gibst ihr einen Gutenachtkuss. Sie wird wütend, schreit, tritt um sich, sagt dir, dass du blöd seist und sie weiterlesen möchte. Mach dir bewusst, dass dies ein vermeidbarer Konflikt ist. In den meisten Fällen treffen Eltern aus ihrem erwachsenen Ego heraus Entscheidungen, obwohl sie so tun, als sei es zum Besten der Kinder. In diesem Fall sagst du deiner Tochter zwar, dass sie schlafen müsse, weil es schon spät sei und sie am nächsten Tag sehr müde sein werde, wenn sie nicht schlafe, und möchtest die Geschichte weglegen. In Wirklichkeit denkst du aber nicht an sie, sondern an dich, und willst ihr deine Sichtweise aufzwingen. Eine kurze Geschichte lässt sich im Gegensatz zu einem dicken Buch sicher immer zu Ende lesen. Dafür solltest du dir Zeit nehmen. In diesem Fall wäre nichts passiert, wenn man die Geschichte zu Ende gelesen und das Kind danach in den Arm genommen hätte, bis es einschläft. Wenn du jedoch sagst, dass du nicht mehr weiterliest, und deine Meinung nicht änderst, wird das Mädchen wütend. Das ist normal. Bleibe dann an ihrer Seite, schaue ihr in die Augen, halte den physischen Kontakt zu ihr und höre dir aufmerksam an, was sie zu sagen hat. Beobachte, wie sie trotz ihres noch jungen Alters ihre Gefühle ausdrückt. Womöglich sagt sie viel, ohne dafür Worte zu benutzen. Bleib freundlich und mach ihr keine Vorwürfe, denn du verstehst ja, dass sie wütend ist. Versuche nicht, ihr etwas zu erklären, was sie ohnehin nicht verstehen wird, denn du hättest ihre Wut vermeiden können. Bleib also ruhig und schenke ihr Nähe, Unterstützung und Liebe. Das Beste wäre, die Geschichte weiterzulesen, nachdem du sie durch ihren Gefühlsausbruch begleitet und akzeptiert hast, dass es nicht schlimm ist, noch eine Seite mehr oder sogar die ganze Geschichte zu lesen, da zehn Minuten mehr oder weniger keinen Einfluss auf den Schlaf deiner Tochter haben.

5. Sei empathisch mit deinem Kind

Heutzutage heißt es oft, dass wir uns in andere Menschen hineinversetzen, sie verstehen und ihre Haltung wertschätzen sollten. Doch das fällt uns immer noch schwer, vor allem, wenn es sich um Kinder handelt. Meist verwechseln wir Mitleid mit Empathie. Mitleid ist mit einem Gefühl der altruistischen Liebe verbunden, aufgrund derer wir uns wünschen, dass alle Menschen respektiert werden, frei und glücklich sind. Wenn wir Mitleid mit jemandem haben, möchten wir das Beste für denjenigen und vollziehen nach, was er erleidet. Bei der Empathie geht es darum, dass eine Person eine Situation erlebt, die wir nicht teilen oder die wir (zum größten Teil) anders sehen.

> *Sind wir empathisch, verstehen wir ihr Leiden oder ihre Gefühle, indem wir ebenso fühlen und ausschließlich die Bedürfnisse dieser Person in den Mittelpunkt stellen.*

Wenn du empathisch bist, verspürst du die gleichen Emotionen wie dein Kind und die gleiche Bedeutsamkeit dieses Moments. Unabhängig davon, ob du die Gründe für seine Gefühle verstehst oder nicht, stellst du eine Verbindung zu ihm her. Alles andere ist unwichtig. Du versetzt dich ganz und gar in die Lage deines Sprösslings.

Stell dir beispielsweise vor, dein fünfjähriges Kind ist wütend, schreit und schlägt seinen Cousin, weil dieser sein Spielzeug genommen hat und es nicht wieder hergeben möchte. Du bist genervt oder auch wütend und schämst dich angesichts dessen, was deine Schwester und ihr Mann sagen könnten. Diese Gefühle behindern die Empathie für dein Kind und es fällt dir schwer, die Situation aus seinem Blickwinkel zu sehen. Genau das sollten wir bei allen Situationen mit unseren Kindern ändern: Wir sollten uns mehr auf die Kinder konzentrieren und sie emotional begleiten. Versuche, Empathie aufzubringen und deine Vorurteile sowie Eindrücke außen vor zu lassen. Konzentriere dich darauf, die Empfindungen deines Kindes zu verstehen, so als wärt ihr in einer Blase, in der die Zeit stehen geblieben ist und es nur euch zwei gibt (oder eben die Kinder, die beteiligt sind). Wenn du deinem Kind gegenüber empathisch bist, hilfst du ihm, sich mit seinen Empfindungen wohlzufühlen. Auch wenn es ihm in diesem Augenblick schlecht geht, lernt es, dass das, was ihm wichtig ist, auch dir wichtig ist, und hat keine Angst, dies auszudrücken. Der amerikanische Psychologe Daniel Batson[10] hat verschiedene Studien zum Thema Empathie und Altruismus durchgeführt.

Er meint, dass man sich zwei Fragen stellen muss, um Empathie aufbringen zu können:

- *Wie kann ich wissen, was der andere empfindet oder denkt?*

» *Welche Faktoren führen dazu, dass ich mich um diese Person sorge und ihr gegenüber liebenswürdig und sensibel bin?*

Dafür sollten wir unsere eigenen Emotionen genau kennen. Das hilft uns in dem Augenblick, wenn wir unseren Kindern gegenüber wirklich empathisch sein wollen.

Du hilfst dann deinem Kind, seine Emotionen kennenzulernen und sich bewusst zu machen, dass du es wirklich verstehst. Erzähl ihm, dass es dir, als du klein warst, genauso ging. Erzähl ihm von deinen Gefühlen damals und wie du sie überwunden hast. Damit zeigst du ihm, dass du genauso fühlst. Dein Sprössling merkt, dass du auch einmal Kind warst und ähnliche Erfahrungen gemacht hast. Du zeigst ihm damit, dass du es vollauf verstehst und ihm seine Gefühle nicht vorwirfst, weil sie ganz normal sind.

Falls dein fünfjähriger Sohn seinen Cousin schlägt, weil der sein Spielzeug weggenommen hat (und sich deshalb ärgert, schreit und zornig ist), bleibst du an seiner Seite. Schau ihm freundlich in die Augen, biete ihm Körperkontakt an, wenn er es möchte, und hör dir aufmerksam an, was er zu sagen hat. Sei empathisch und versetze dich in seine Gefühle hinein. Stelle deine eigene Meinung über das, was passiert ist oder passieren sollte, hintan. Dass Gewalt keine Lösung ist, kannst du deinem Sohn natürlich nur zeigen, wenn du selbst keine Gewalt anwendest. Wenn du deinem Kind aggressiv und laut erklärst, dass Aggressivität keine Lösung ist, wird dein Kind es nie verstehen und weiter schlagen. Konzentriere dich darauf, was mit ihm geschieht und was der Grund für sein Verhalten und sein Unwohlsein ist. Nimm dein Kind in den Arm, sodass es sich verstanden, wertgeschätzt, ruhig, lebendig und frei fühlt. Dich in dein Kind einzufühlen, markiert einen Wendepunkt sowohl in seinem als auch in deinem Leben.

6. Sei geduldig mit deinem Kind

Es gibt keinen Grund für Eile, wenn unsere Kinder ihre Gefühle ausdrücken müssen. Im Allgemeinen rührt Eile von unseren Interessen als Erwachsene her. Wir wollen, dass sie sich beruhigen, und zwar schnell, was jedoch nicht richtig ist. Viele Eltern erzählen mir, dass es ihnen ganz gut gelingt, ihre Kinder zu begleiten, aber sobald es etwas länger dauert, verlieren sie die Geduld und schließlich die Nerven. Dann versuchen sie, ihre Kinder zu kontrollieren, sie schreien, befehlen und erwarten, dass ihr Nachwuchs sich zusammenreißt und „nicht so übertreibt" (ein wörtliches Zitat). Wenn dein Kind Gefühle ausdrückt, sei nicht ungeduldig: Je weniger du dein Kind drängst, umso eher beruhigt es sich. Wenn dein Kind dir erklärt, was passiert ist, macht es sich Luft, vertraut dir, befreit sich und findet seine emotionale Balance wieder. Deshalb darfst du es nicht unterbrechen oder deine Meinung dazu äußern. Warte geduldig ab und begleite es bei seinen Gefühlen. Bleib empathisch. Die Zeit, die du deinem Kind widmest, ist ausschlaggebend in allen Situationen. Sei tolerant und mitfühlend. Wie das Sprichwort so schön sagt:

„Geduld ist der Schlüssel zum Glück."

Stell dir beispielsweise vor, es ist halb sieben am Morgen und du rufst deiner achtjährigen Tochter zu, dass sie aufstehen, frühstücken und sich für die Schule fertig machen soll. Nachdem du sie schon das zehnte Mal gerufen hast und sie nicht aufsteht, gehst du in ihr Zimmer, ziehst die Vorhänge auf, wirst wütend, sprichst laut mit ihr und drängst sie. Schlecht gelaunt und murrend steht sie schließlich auf, geht ins Badezimmer und knallt die Tür hinter sich zu. Sie sagt, dass sie es leid sei, dass du sie immer so weckst. Dir wird dein Fehler bewusst. Du solltest die Art und Weise ändern, wie du sie dazu aufforderst aufzustehen, unabhängig davon, ob es ein Werktag ist oder nicht, wann der Unterricht beginnt, ob sie am Tag zuvor später schlafen gegangen ist, weil sie noch länger quatschen wollte und du die

Konsequenzen erkennst. Nichts davon ist wichtig. Die Frage ist, ob du diese Auseinandersetzung hättest vermeiden können, wenn du empathisch auf ihre Bedürfnisse reagiert hättest; wenn du sie auf freundliche und liebevolle Art geweckt und nicht aus der Küche nach ihr gerufen und dich später darüber aufgeregt hättest, dass du sie so oft rufen musst; wenn du in ihr Zimmer gegangen wärst, ganz gleich, wie oft, sie umarmt, geküsst, ihr Haar gestreichelt und ihr gesagt hättest, dass sie langsam aufstehen müsse. Da du das jedoch nicht getan hast, befindest du dich jetzt in dieser unangenehmen Situation. Du kannst dann nur an der Badezimmertür bleiben und ihrer Wut freundlich und respektvoll begegnen und sie fragen, ob sie herauskommen und dir erzählen möchte, wie sie sich fühlt. Wenn sie herauskommt, höre ihr zu, schau ihr in die Augen, biete ihr eine Umarmung an und bringe Empathie für sie auf, indem du ihr geduldig und liebevoll zeigst, dass du sie verstehst. Setze sie nicht unter Druck, damit der Moment schnell vergeht, sie sich anzieht und frühstückt. Vertraue in ihr Tempo und stelle eine Verbindung zu ihr her. Es ist interessant zu beobachten, dass sich unsere Kinder umso schneller von ihren Gefühlsausbrüchen erholen, je geduldiger wir sind. Sie wird an deinem Blick erkennen, dass du etwas falsch gemacht hast. Zudem wird sie verstehen, was sie wie und warum empfunden hat. Sie wird aus der Situation genauso lernen wie du.

7. Erlaube, dass dein Kind all seine Empfindungen herauslässt

Wir müssen akzeptieren, dass unsere Kinder ihre Gefühle ausdrücken, schreien, heulen, reden, sich befreien und alles herauslassen, was ihr Innerstes bewegt. Wenn du siehst, dass dein Kind beim Herauslassen seiner Gefühle immer mehr weint, schreit oder stampft, sei unbesorgt. Das ist normal. Kinder müssen alles, was sie empfinden, ausleben, sie dürfen nichts hinunterschlucken, erst dann kommen sie wieder ins Gleichgewicht. Solange du dein Kind in solchen Situationen begleitest, arbeitet ihr gemeinsam daran und seid verbunden.

Anders wäre es, wenn du dein Kind ignorierst. Dann könnte es sein, dass es vor Enttäuschung noch heftiger weint, weil es sich in diesem Moment weder beschützt noch respektiert fühlt. Indem wir unsere Kinder bei ihren Gefühlsausbrüchen nicht einschränken, bleiben sie nicht nur ausgeglichen, sondern lernen auch, ihre Emotionen zu schätzen, ganz gleich, wie überwältigend und intensiv sie sind. Sie lernen, dass Gefühlsregungen gut für die Gesundheit sind, dass sie richtig und aufschlussreich sind. Denn sie sind lebensnotwendig für ihre gegenwärtigen und zukünftigen Beziehungen.

Stell dir beispielsweise vor, dass dein 15-jähriger Sohn verstimmt ist, weil sein zwölfjähriger Bruder ein Videospiel bekommen hat, das er damals im selben Alter nicht haben durfte. Und obgleich er sich jetzt nicht mehr dafür interessiert, fühlt er sich schlecht, wird wütend und zornig und schimpft. Anstatt ihm zu sagen, dass er still sein soll, dass er übertreibt, dass du ihn bestrafen wirst, weil er schlecht erzogen und aggressiv ist, dass es keinen Grund gibt, so zu sprechen usw., solltest du darüber nachdenken, ob dein Verhalten angemessen war oder nicht.

» *Eltern sollten mit Kindern immer fair umgehen, und was sie bei dem einen nicht gemacht haben, sollten sie bei dem anderen auch nicht machen.*

Wenn du merkst, dass du damals einen Fehler begangen hast, und erkennst, dass nichts Schlimmes passiert wäre, wenn du dem großen Sohn das Spiel gekauft hättest, solltest du mit ihm sprechen.

Sag ihm:

» *„Hör mal, ich habe nachgedacht. Es war verkehrt, dass ich dir damals das Spiel nicht gekauft habe. Ich möchte den Fehler nicht noch mal begehen und besorge es jetzt deinem Bruder."*

» *„Ich kann deine Wut sehr gut verstehen."*

» *„Ich bin trotzdem immer für dich da."*
» *„Du kannst mir alles erzählen, was dich bedrückt."*

Wenn du das nicht tust, kann es sein, dass dein großer Sohn noch wütender wird. Dann musst du an seiner Seite bleiben, ihm in die Augen schauen, den Körperkontakt so halten, wie er es möchte, aufmerksam seine Bedürfnisse anhören und zulassen, dass er sein Unwohlsein ausdrückt. Urteile nicht, sondern sei geduldig und liebevoll. Wenn du seine Gründe verstehst, kannst du ihn vom Groll gegen seinen Bruder abbringen. Dein jüngerer Sohn hat ja keine Schuld, dass die Dinge falsch gelaufen sind, und ist auch nicht für die Enttäuschung und die Wut verantwortlich, die sein großer Bruder fühlt. Auch wenn es schwer zu glauben ist:

> ❞ *Nur wenn Kinder lernen, ihre Emotionen herauszulassen, können sie ihre Gefühle verstehen und belasten niemand anderen damit.*

Wäre ein Teenager durch seine gesamte Kindheit und Jugendzeit mit Geduld und Toleranz begleitet worden, würde er in Fällen wie diesem wegen einer solchen Alltagssituation und eines gewöhnlichen Fehlers nicht so viel Frust loswerden müssen. Je weniger du dein Kind begleitest, umso mehr hat es das Bedürfnis, seine Gefühle herauszulassen, und umso primitiver tut es das, weil es seine Emotionen so lange zurückhalten musste. Das heißt nicht, dass 15-Jährige ihre Emotionen immer verstehen und sie nicht mehr ausdrücken müssen, sondern einfach, dass diese Ausbrüche nicht mehr so explosiv sind wie in jungen Jahren.

8. Lass dein Kind erzählen, was es empfindet und warum

Kinder sollen ohne Einschränkungen über ihre Gefühle sprechen und über die Gründe, die *ihrer* Meinung nach dahinterstecken. Das hilft ihnen dabei, ihre Emotionen zu erkennen und zu bewerten, ob eine Situation schlimm ist oder nicht. So setzen sie sich mit dem auseinander, was mit ihnen und in ihrem Körper in solchen Momenten geschieht. Sie lernen sich selbst in jeder Lebenslage kennen. Während dein Kind mit dir spricht, kann es dir vorkommen, als sei es ungestüm und schroff. Aber genau das braucht es, um die Situation zu überwinden, ohne später Groll gegenüber dem Geschehenen oder den beteiligten Personen zu empfinden. Es kann sein, dass dein Kind nicht redet (zwinge es nie zu sprechen, wenn es das nicht will!), sondern gestikuliert, schreit oder jammert. In jedem Fall ist das, was es tut, normal und notwendig.

Stell dir beispielsweise vor, dass deine sechsjährige Tochter ruhig in ihrem Zimmer spielt, und du rufst sie zum Essen. Du rufst sie mehrmals mit Nachdruck, doch sie spielt munter weiter, du hörst sie sogar singen. Du bist genervt und holst sie aus ihrem Zimmer. Du bringst sie ins Bad, damit sie sich die Hände wäscht, während du schimpfst, wie anstrengend sie sei, dass du schon x-mal nach ihr gerufen hättest und sie nicht gehört habe. Daraufhin wird sie wütend, schreit dich an und sagt, du seist anstrengend.

Zunächst einmal wäre die Situation anders verlaufen, wenn du von Anfang an empathisch mit deiner Tochter umgegangen wärst. Es bringt nichts, Kinder immer wieder zu rufen, und schon gar nicht so lange, bis wir selbst wütend werden und gleich explodieren.

»Wenn Kinder nicht antworten, tun sie das nicht, weil sie die Erwachsenen ignorieren, auf Durchzug stellen oder die Eltern auf die Palme bringen wollen. Sie hören wirklich nicht.

Sie sind in ihrer Welt versunken, die sich sehr von unserer unterscheidet. Das Spiel ist wichtiger als alles andere und ihr Gehirn arbeitet auf Hochtouren. So blenden sie unsere Welt aus, in der wir sie zu einem Rhythmus zwingen, der nicht ihren kindlichen Bedürfnissen entspricht.

Respektiere daher, wenn dein Kind in „seiner Welt“ ist. Sobald das Essen fertig ist, kannst du ihm das auf unterschiedliche Arten sagen. Gehe ruhig ins Zimmer deiner Tochter und frage sie, ob du ihr beim Spielen zuschauen darfst, beobachte sie geduldig und sage liebevoll, während du sie umarmst, dass das Essen fertig ist. Vielleicht steht sie nicht gleich auf, aber irgendwann geht sie glücklich mit dir an der Hand essen. Es ist alles eine Frage von Geduld, Verständnis und Gelassenheit.

» *Kinder brauchen Aufmerksamkeit und das Gefühl, dass sich jemand für ihre Gefühle und Bedürfnisse interessiert.*

Da du es nicht so gemacht hast und deine Tochter sauer ist, solltest du nun die Grundsätze der emotionalen Begleitung befolgen: Bleib an ihrer Seite, schau ihr liebevoll in die Augen, biete ihr Körperkontakt an, umarme sie, wenn sie es zulässt, hör dir ihre Ansicht an und fühl dich in den Grund ihrer Wut ein. So löst du dich von deinen Interessen und konzentrierst dich auf ihre Bedürfnisse. Sei geduldig, atme tief durch und akzeptiere, dass sie alles herauslässt, was ihr auf der Seele liegt. Greif nur ein, wenn sie sich selbst oder jemand anderen verletzen oder etwas kaputt machen will. Mach es ruhig und bestimmt, während du sie dahin lenkst, ihre Gefühle so auszudrücken, dass niemand verletzt wird (in Kapitel 6 erfährst du, wie du mit dem aggressiven Verhalten deines Kindes umgehen solltest). Lass zu, dass sie über ihre Gefühle spricht, ohne sie zu verurteilen oder zu zensieren. Alles, was sie fühlt und sagt, ist nicht falsch: Es ist das, was sie in diesem Moment empfindet, je nachdem, wie sie die Situation im Inneren erlebt hat. Höre zu und leiste ihr Beistand, trockne ihre Tränen und verursache sie nicht.

9. Vermeide den Satz: „Es ist nichts passiert"

Wenn wir dem, was Kinder fühlen, keine Bedeutung beimessen, mindern wir ihre Selbstachtung, verwirren sie, negieren ihre Gefühle und lassen ihren Frustrationspegel steigen. Meist wollen sie dann ihre Gefühle schützen. Sie verteidigen sich noch heftiger, werden noch wütender, schreien und weinen noch mehr. Sie drücken dann ihre primäre Emotion aus, aber auch die sekundären Gefühle kommen hinzu, weil sie sich nicht so gehört, beachtet und begleitet fühlen, wie sie es verdienen und brauchen. Fortgesetzte Missachtung ihrer Gefühle spüren Kinder während ihrer Entwicklung ganz deutlich, mit der Folge, dass sie niemandem mehr zeigen, wenn sie sich schlecht fühlen. Sie tun dann so, als sei es nicht so schlimm, als sei alles gut, und sagen nur noch: „Alles okay." So brechen sie den Kontakt zu ihren Emotionen ab.

Wir sollten mit unseren Kindern verständnisvoll, transparent, freundlich und ohne Kontrolle kommunizieren. Vermeide daher Sätze wie:

- *„Das war doch nicht schlimm."*
- *„Hör auf zu weinen, es ist nichts passiert."*
- *„Das ist halb so wild."*
- *„Du übertreibst."*
- *„Das kannst du nicht machen."*
- *„Verhalte dich nicht so."*
- *„Stell dich nicht so an."*
- *„Reiß dich zusammen."*

Eltern sagen diese Dinge, weil sie denken, dass es besser für die Kinder ist, dass sie dadurch verstehen, dass nichts Weltbewegendes passiert ist und sie sich nicht aufzuregen brauchen. Doch wir sollten immer daran denken, dass die Gründe der Kinder wichtig sind. Es ist unnötig, ein erwachsenes Urteil darüber zu fällen.

Kinder denken wie Kinder, nicht wie Erwachsene. Sie müssen ihre Gefühle frei ausleben und sich von den Menschen verstanden fühlen, die behaupten, sie am meisten zu lieben: ihren Eltern.

Stell dir beispielsweise vor, dein zweijähriges Kind lutscht fröhlich an einem Lolli, als dieser im Park in den Gully fällt (den Lolli hat Opa gekauft, obwohl du gesagt hast, dass eine Banane besser wäre - auch liebevollen Großeltern sollten wir respektvoll Grenzen setzen). Dein Kind weint, wirft sich auf den Boden, schreit, versucht, in den Gully zu fassen. Du sagst, dass es nicht schlimm sei, dass der Lolli fast aufgelutscht war, dass es leise sein solle, weil es die anderen Kinder erschrecke, und es halb so wild sei, weil Opa ihm morgen einen neuen kaufe. Dein Kind hört nicht auf, sondern wird immer wütender. Du erträgst dieses Geheule nicht mehr und machst dich über sein Verhalten lustig. So schmälerst du das Selbstwertgefühl deines Kindes und die Verbindung zwischen euch. Auch seine Fähigkeit zu verstehen, was mit ihm passiert (es ist enttäuscht, zornig und traurig, weil es den Lolli verloren hat), wird dadurch gestört. Wenn dein Kind etwas Liebgewonnenes verliert, bleibe an seiner Seite, knie dich auf seine Augenhöhe und schau es liebevoll an. Nimm es in den Arm und höre dir an, was es zu erzählen hat. Versetze dich aufrichtig in seine Lage, lasse mit Geduld und Liebe zu, dass es seine Gefühle frei herauslässt. Sage nicht, dass nichts passiert sei. Dann kann dein Kind seine Gefühle verstehen und lässt sich von dir umarmen, weil es sich beschützt, geliebt und verstanden fühlt.

10. Halte keine Vorträge und zeige keine Geringschätzungen

In den Momenten, in denen unsere Kinder einen Gefühlsausbruch haben, ist ihre Fähigkeit zu verstehen beeinträchtigt. Sie sind in ihren eigenen Emotionen gefangen. Halte daher keine großen Vorträge, sondern teile deinem Kind schlicht die Dinge mit, die ihm helfen, seine Emotionen und sich selbst zu verstehen.

> *Eltern sollten Kinder als Menschen und fühlende Wesen respektieren. So helfen sie ihnen, sich in ihrer Emotionalität sicher zu fühlen.*

Kritik ist nicht angebracht und führt nur dazu, dass es den Kindern schlecht geht.

Stell dir beispielsweise vor, deine elfjährige Tochter bittet dich, ihr ein sehr schickes T-Shirt zu kaufen, das alle ihre Freundinnen haben. Aber du findest es zu teuer und sagst, dass ihr es euch nicht leisten könntet. Sie erwidert, dass du sie nicht lieb hast, weil du ihr nie die Sachen kaufst, um die sie dich bittet, und sie immer die Außenseiterin in der Klasse sei. Voller Frust fängt sie an zu weinen. In diesem Fall bringen Predigten über den Wert des Geldes oder die Schnelllebigkeit von Mode gar nichts, weil sie nichts mit dem Prozess zu tun haben, den deine Tochter in diesem Moment durchlebt.

Gehe in solchen Fällen folgendermaßen vor: Bleib in der Nähe deiner Tochter, schau ihr in die Augen, umarme sie, wenn sie das möchte. Wenn nicht, warte, während du ihren Kopf oder den Arm berührst. Hör aufmerksam und interessiert zu, was sie zu sagen hat. Versetz dich in ihre Lage und stell alles zurück, was du als Vater oder Mutter deiner Tochter erwidern möchtest. Konzentrier dich auf sie und ihre Trauer. Sei geduldig. Die Zeit kann dir sehr lang vorkommen, wenn dein Kind mit seinen Gefühlen kämpft und Begleitung braucht. Bleib ruhig und gelassen und bring ihr viel Verständnis für ihre Emotionen und Bedürfnisse entgegen, auch wenn du ihr dieses T-Shirt nicht kaufen kannst.

Du wirst feststellen, dass du ihre Gefühle nicht teilst, weil du genau weißt, dass du das T-Shirt nicht kaufen kannst und es keine Alternative gibt. Doch du kannst ihre Gefühle sehr wohl verstehen. Warte, bis sie alles losgeworden ist, bis sie über ihre Gefühle und alles, was sie bewegt, gesprochen hat. Bleib währenddessen bei ihr, umarme sie, stimme ihr zu, erzähl ihr davon, dass dir als Kind etwas Ähnliches passiert ist und wie traurig du damals warst. Versichere ihr, dass du ihre Enttäuschung verstehst. Verneine ihre Gefühle nicht. Sage nicht, dass es nichts sei oder dass sie wegen solcher Kleinigkeit nicht weinen solle. Liefere keine erwachsenen Erklärungen. Hör einfach nur zu und schätze sie, wie sie ist und was sie gerade empfindet.

11. Und was sage ich meinem Kind dann?

Bei der emotionalen Begleitung unserer Kinder geht es nicht darum, dass wir ihnen etwas sagen, sondern dass wir uns darauf konzentrieren, was sie uns sagen, ganz gleich, ob mit Worten oder Gesten. Sie stehen im Mittelpunkt der Begleitung, weil es hierbei um ihre Gefühle und ihr Leben geht. Wenn wir eine korrekte emotionale Begleitung auf ruhige und aufrichtige Weise umsetzen, uns an die Grundsätze halten und uns von der Gewissheit leiten lassen, dass wir das Beste für unsere Kinder, für ihre Gegenwart und Zukunft tun, helfen wir ihnen, zu emotional stabilen Persönlichkeiten mit einem hohen Selbstwertgefühl zu werden. Die Kinder lernen ihre Emotionen in den unterschiedlichsten Situationen kennen und werden zu starken, resilienten und empathischen Menschen, die reflektieren und auf ihr eigenes Wohlergehen und das anderer Menschen achten. Wir müssen ihnen also nichts vorschreiben, damit sie sich beruhigen, oder sie von etwas anderem überzeugen, um sie vor möglichem Schmerz zu bewahren.

> ›› *Wir sollten vor den Emotionen unserer Kinder nicht weglaufen, sondern lernen, dieselbe Musik zu hören wie sie und gemeinsam zu tanzen.*

Dabei sollten nicht wir ihre Emotionen benennen, sie sollten selbst herausfinden, was mit ihnen los ist, und dadurch lernen, ihre Gefühle zu erkennen und zu benennen. Dabei können wir ihnen helfen.

Stell dir beispielsweise vor, dein vierjähriger Sohn ist auf dem Spielplatz auf dem Weg zur Rutsche hingefallen. Er weint bitterlich, schreit und sagt, dass es ihm sehr wehtue. Du gehst zu ihm, fragst, ob alles okay sei, schaust, ob etwas Schlimmes passiert ist, und stellst fest, dass es nur ein Kratzer ist. Doch auf emotionaler Ebene war es für ihn viel mehr. Sein emotionaler Schmerz wird nur vergehen, wenn du ihn richtig begleitest und er ausdrücken kann, was er möchte, ganz gleich, was die Erwachsenen denken könnten, die auf der Bank sitzen und euch neugierig beobachten. Sobald du überprüft hast, ob es deinem Kind körperlich gut geht, setz dich zu ihm auf die Erde, begib dich auf seine Höhe und schau ihm liebevoll in die Augen. Vermittle ihm mit deinem Blick, dass du seine Gefühle nachempfinden kannst. Nimm ihn in den Arm, berühre liebevoll seinen Kratzer und hör zu, was passiert ist. Du hast keine Eile, in diesem Moment zählt nur dein Sohn. Er darf seinen Emotionen freien Lauf lassen. Sag nicht, dass es nicht so schlimm sei oder er aufstehen und weiterspielen solle. Sag nicht, dass er sich nicht wehgetan habe und endlich aufhören solle zu weinen. Er braucht keinen Vortrag darüber, wie unnötig es sei zu heulen und dass Jungs nicht weinen. Er braucht von dir nur Geduld und Respekt für seine Gefühle und für seine Situation. Sage ihm nicht, welche Emotion er deiner Meinung nach spürt, weil das nur deine Meinung ist. Frag nicht: „Ärgerst du dich, weil du hingefallen bist?“, oder: „Bist du traurig, weil du dir wehgetan hast?“ Du darfst ihm nicht sagen, was er fühlt, sondern musst ihm helfen, das Gefühlte zu entschlüsseln.

Stelle offene Fragen:

» *„Wie fühlst du dich nach deinem Sturz?"*
» *„Wie geht's dir?"*
» *„Wie kann ich dir helfen?"*
» *„Was brauchst du?"*
» *„Was ist denn passiert?"*
» *„Was möchtest du mir erzählen?"*

So hilfst du ihm, das Empfundene zu erkennen, und zwingst ihm nicht deine Meinung auf. Auch wenn du dir sehr sicher bist, was er empfindet, darfst du es nicht aussprechen, sondern musst ihm helfen, es selbst zu sagen. Vielleicht ist er zu klein, um seine Gefühle zu benennen. Wenn er seine Emotionen beschreiben und erzählen kann, was passiert ist, und du eindeutig verstehst, was er meint, kannst du sagen, wie dieses Gefühl heißt, aber nur, wenn er es bereits beschrieben hat. Möglicherweise hat er es mit anderen Worten und auf seine Weise getan. Aber sage auf keinen Fall, was er fühlt, denn du bist nicht er. Genauso wenig brauchst du ihn nach dem Grund zu fragen, weil du ihn bereits kennst. Die Frage nach dem Grund würde ihn nervös machen. Es geht nur um die Begleitung seiner Gefühle in diesem Augenblick. Wähle zärtliche, liebevolle, aufmunternde, empathische Worte, sei auf jeden Fall hilfsbereit, während dein Kind selbst erkennt, was mit ihm los ist. Unterstütze es dabei, aus seiner eigenen Perspektive heraus zu verstehen, was mit ihm passiert.

12. Suche nicht nach Schuldigen

Eines der großen Probleme der Erwachsenen besteht darin, dass sie anderen die Schuld für ihre Erlebnisse geben. Verlieren sie gegenüber ihren Kindern die Nerven, behaupten sie, ihre Sprösslinge brächten sie zur Weißglut. Erwachsene schreien, weil eine andere Person etwas falsch gemacht hat. In der Supermarktschlange werfen sie der älteren Dame wütend vor, rücksichtslos zu sein, weil diese mit der Kassiererin plaudert. Aber die Wahrheit sieht anders aus: Wir sind einzig und allein für unsere Emotionen selbst verantwortlich und dafür, wie gut oder schlecht wir sie kennen und im Griff haben. Niemand ist für unser eigenes Empfinden verantwortlich, wir allein entscheiden, wie wir das Leben in jedem Augenblick aufnehmen. Wenn dein Kind emotional erregt ist (oder auch in jeder anderen Situation), darfst du weder andere dafür kritisieren noch deinem Kind beibringen, dass andere für seine Gefühle verantwortlich sind. Dein Kind muss lernen, die Verantwortung für sein Leben selbst zu übernehmen. Es darf seine Emotionen nicht als etwas sehen, woran andere die Schuld haben, weder Erwachsene noch Freundinnen und Freunde, Geschwister oder andere Familienangehörige. Das Kind erschafft seine Emotionen selbst, je nachdem, was es durchlebt. Dementsprechend solltest du es anleiten.

Stell dir beispielsweise vor, deine neunjährige Tochter spielt mit ihren Freundinnen und Freunden im Park ein Ballspiel und eines der Mädchen wirft so unglücklich, dass der Ball auf dem Dach eines verlassenen Hauses landet, das nicht zugänglich ist. Deine Tochter fühlt sich deshalb total hilflos und wird wütend. Geh zu ihr, begib dich auf Augenhöhe und sieh sie an.

Frage sie:

» *„Was ist denn passiert?"*
» *„Wie geht es dir?"*
» *„Was fühlst du grade?"*
» *„Was denkst du gerade?"*

Umarme sie, wenn sie das möchte. Sei empathisch ihren Gefühlen gegenüber, hör dir alles an, was sie zu sagen hat, und sei geduldig, während ihre Wut nachlässt. Wenn sie von ihren Gefühlen spricht, ihre Freundin für „dumm"[11] hält und ihr die Schuld gibt, dass der Ball weg ist, sag ihr:

„Das war ein blöder Zufall. Ihr habt alle zusammen mit dem Ball gespielt. Niemand ist schuld daran, dass der Ball an einem Ort gelandet ist, den wir nicht betreten dürfen."

Mach dir keine Sorgen um ihre Wortwahl. Achte darauf, dass niemand beschuldigt wird. Leite deine Tochter dahin, sich auf ihre Gefühle zu besinnen und sie zu äußern, um auf Lösungen zu kommen, die sie vorher nicht gesehen hat. So verhinderst du, dass sie ihre Gefühle gegen das andere Mädchen richtet. Nimm sie aber auf jeden Fall ernst: Das, was passiert ist, ist wichtig für sie, und deine Meinung dazu darf deine Begleitung nicht negativ beeinflussen. Die Emotionen, die dein Kind spürt, gehören zu ihm. Es muss mit ihnen leben und sich an Situationen anpassen, ohne andere zu beschuldigen und zu verletzen.

13. Lenk nicht ab

Was mit unseren Kindern geschieht, sollte für uns Priorität haben. Ganz oft lenken Eltern ihre Kinder mit etwas anderem ab, nur damit die unangenehme Situation so schnell wie möglich vergeht. Sie erzählen ihnen sogar Lügen, damit sie das Thema vergessen und es sich damit erledigt. Kinder mit etwas Neuem abzulenken, damit sie ihre Empfindungen vergessen, verhindert, dass sie lernen, ihre Gefühle zu verstehen. Sie behalten diese folglich für sich und tun nicht das, was sie wirklich brauchen. So erleben sie weder Sicherheit noch Unterstützung. Es ist, als klebte man ein Pflaster auf ihre Gefühlslage und vermittelte damit die Botschaft: „Das ist alles nicht so schlimm, vergiss es einfach und denk an etwas anderes.“ Damit Kinder merken, was mit ihnen geschieht, und auch anderen gegenüber empathisch sind, müssen sie sich ohne Einschränkung ausdrücken dürfen.

Stell dir beispielsweise vor, dein fünfzehn Monate altes Kind spielt mit einem Spielzeug, das Musik macht und plötzlich ausgeht, weil die Batterie leer ist. Dein Kind weint bitterlich, wirft das Spielzeug weg und ärgert sich. Es ist enttäuscht und betrübt. Setz dich neben dein Kind, schau ihm in die Augen, sei empathisch, streichle es, sag ihm:

» *„Ich verstehe dich. Die Batterie vom Spielzeug ist leer.“*

Hab Geduld und lass zu, dass dein Kind alles herauslässt, was es gerade spürt. Negiere nicht, was dein Kind durchmacht, halte ihm keine Vorträge, sondern sei empathisch und sprich mit ihm, ohne seine Gefühle zu benennen. Sag ihm liebevoll und mit dem nötigen Respekt, was passiert ist, ohne den Batterien oder dem Spielzeug die Schuld dafür zu geben. Das ist einfach passiert, man muss es verarbeiten und überwinden. Je besser die Begleitung ist, umso schneller wird der Gefühlsausbruch in seiner Intensität und Dauer abnehmen. Lenk dein Kind in dieser Zeit nicht mit einem anderen Spielzeug ab, damit es aufhört zu weinen oder zu leiden. Mag sein, dass es wirklich aufhört und dem anderen Spielzeug Aufmerksamkeit schenkt, aber das ist nicht das, was sein Gehirn in diesem Moment braucht. Auch sollten wir den Kindern keine Gegenstände geben, die als Ersatz für elterlichen Trost dienen. Zurzeit ist es sehr angesagt, Kindern Decken, Plüschtiere oder andere Ding zu geben, die sie trösten sollen. Die Kinder klammern sich jedoch zu sehr an so ein Kuscheltier, als sei es ein Familienmitglied, das sie liebt und beschützt. Auf diese Weise entwickeln sie eine falsche Zuneigung, da solche Objekte keine Menschen sind und nicht mit ihnen interagieren. Zwar beruhigen sich die Kinder allein mit diesen äußeren Hilfsmitteln, aber sie unterdrücken ihr wahres Bedürfnis, begleitet zu werden. Dabei sollten wir Eltern unseren Kindern genau diese Sicherheit geben. Unsere Begleitung, Aufmerksamkeit und Liebe sollte nie durch etwas Äußerliches ersetzt werden. Wir müssen ihren Gefühlsausbrüchen gegenüber Ruhe bewahren: Alles kommt und geht.

14. Denk immer an das Wohlergehen deines Kindes

Haben Kinder einen Gefühlsausbruch, so steht ihr Wohlergehen im Vordergrund und nicht das der Erwachsenen. Konzentrieren wir uns nämlich auf uns, neigen wir dazu, über unsere eigenen Gefühle, Irritationen und Wünsche zu reden. So entfernen wir uns vom eigentlichen Ziel, nämlich bei unseren Kindern zu sein, in ihrer kindlichen oder jugendlichen Welt. Wir dürfen nicht in unserer eigenen Welt verharren und sollten nicht dramatisch und übertrieben die Aufmerksamkeit auf uns und das, was uns geschieht, lenken. Wenn unsere Kinder uns brauchen, ist es nicht der richtige Zeitpunkt, auf uns selbst fixiert zu sein.

> *Die Bedürfnisse der Kinder stehen im Vordergrund, die der Eltern im Hintergrund.*

Stell dir beispielsweise vor, deine 14-jährige Tochter fällt durch fünf Fächer und fängt an zu weinen, als sie dir ihr Zeugnis zeigt. Sie sagt dir, wie schlecht sie sich fühle, weil sie sich so angestrengt habe, es aber nichts gebracht habe. Sie bezeichnet sich selbst als die Schlechteste und sagt, dass sie nie etwas auf die Reihe bekomme. Was sie jetzt am wenigsten braucht, ist, von dir zu hören, wie schlecht du dich fühlst, was für ein Unglück es ist, eine Tochter wie sie zu haben. Mit solchen oder ähnlichen Sätzen würdest du sie nur verletzen. Vergiss deine Erwartungen an sie und ihre Zukunft, konzentriere dich auf diesen Moment, auf diesen Tag. Hilf deiner Tochter, ihr Selbstwertgefühl und ihre Selbstsicherheit zu entwickeln und zu stärken. Sieh ihr in die Augen, nimm sie liebevoll und respektvoll in den Arm, zeig dich empathisch gegenüber ihrem Frust und weiche nicht von ihrer Seite. Nur wenn sie dich darum bittet wegzugehen, nimmst du Abstand, bedeutest ihr aber gleichzeitig mit sanfter Stimme, dass du da bist. Gib ihr den Körperkontakt, den sie braucht, hör zu, was sie dir zu sagen hat, und lass zu, dass sie alles für sie Nötige herauslässt. Halte ihr keinen Vortrag, wie wichtig das Lernen sei, mache auch nicht die Lehrkräfte oder das ganze System verantwortlich. Denk an sie und ihr Wohlbefinden.

Frag sie:

» *„Wie fühlst du dich?"*
» *„Was empfindest du?"*

Sag ihr:

» *„Ich kann dich so gut verstehen."*
» *„Das habe ich auch schon mal erlebt."*

Erzähl ihr kurz, wie du dich in einer ähnlichen Situation gefühlt hast. Verurteile das Geschehene nicht, denn nur mit deiner aufrichtigen Unterstützung und unter deiner geduldigen und liebevollen Anleitung kann deine Tochter ihre Gefühle schließlich bewältigen.

15. Suche nach Lösungen

Damit dein Kind eine Lösung für sein Problem findet (wenn es eine gibt), musst du seine Gefühlsäußerungen begleiten. Solange es also noch nicht all seine Emotionen herausgelassen und befreit hat, kann es nicht nach Lösungen suchen. Sein Gehirn wendet in diesem Moment seine gesamte Energie dazu auf, die Gefühle zu erkennen, auszudrücken und sich wieder zu beruhigen. Oft suchen wir voreilig nach Lösungen für unsere Kinder, damit das Problem verschwindet, während sie ihre Emotionen gerade erst äußern. Dann wollen wir ihnen rasch das Gefühl vermitteln, dass das Ganze nicht so schlimm ist und man es aus einem anderen Blickwinkel sehen sollte. Das ist zwar gut gemeint, aber nicht das, was sie in dem Augenblick brauchen.

> ›› *Eine gute emotionale Begleitung hilft Kindern bei der eigenständigen Lösungsfindung.*

Stell dir beispielsweise vor, dein 17-jähriger Sohn wird total wütend, weil er beim Verlassen der Wohnung mit seiner neuen Badehose, mit der er am Strand besonders cool aussehen wollte, am Türgriff hängen bleibt. In seiner Eile reißt er ein Loch hinein, sodass er sich umziehen muss. Anstatt ihm sofort eine andere Badehose anzubieten und ihn davon zu überzeugen versuchen, dass es keine große Sache ist, bleib einfach bei ihm, schau ihm in die Augen und drück Empathie für ihn aus. Lass ihn erzählen, wie er sich fühlt und was er braucht. Hör liebevoll zu und behalte den Körperkontakt bei, den er zulässt.

Auch in seinem Alter braucht er diese Zuwendung. Er ist dafür nicht zu alt. Haben wir unsere Kinder bei ihren Gefühlsausbrüchen bereits in ihrer Kindheit richtig begleitet, werden sie daran gewöhnt sein, dass wir ihnen Zuneigung und ein offenes Ohr schenken, wenn sie wütend sind oder etwas anderes empfinden. Folglich werden sie wissen, wie sie sich schnell beruhigen können, und sich währenddessen genauso geliebt fühlen wie sonst auch. Wenn sie zuvor jedoch nie richtig begleitet worden sind, müssen sie sich erst daran gewöhnen, dass ihnen in ihrer Wut zugehört, sie verstanden, geliebt und geschätzt werden. Der emotionale Teil ihres Gehirns kennt dann nur den bisherigen Umgang und muss nun neu lernen. Aber mit der Zeit gewöhnen sich die Jugendlichen daran und verinnerlichen, sich selbst zu verstehen und verstanden zu werden.

Habe also Geduld, lass deinen Sohn über seine Gefühle sprechen, gib nichts und niemandem die Schuld und such erst nach einer Lösung, sobald er sich beruhigt hat.

» *Wenn ein Kind seine Gefühle komplett ausgelebt hat, merkt man, wie es loslässt und anfängt, alles mit anderen Augen zu sehen.*

Kinder sind nämlich dazu fähig, ihre Gefühle loszulassen und entspannt weiterzumachen. Dann sind sie bereit, nach Lösungen zu suchen. Du kannst deinen Sohn an die andere Badehose erinnern, die er hat und die ihm super steht. Vielleicht wird ihm auch klar, dass er keine besondere Badehose braucht, um einen schönen Tag mit seinen Freundinnen und Freunden zu verbringen. Alles hängt von der Einstellung ab, die das Kind einnimmt, nachdem es den Frust hinter sich gelassen hat. Es wird immer die beste und stärkste Einstellung sein.

Die emotionale Begleitung von unseren Kindern bedeutet also nicht zu tun, was sie wollen, zu allem Ja zu sagen und alles zu erlauben. Ganz im Gegenteil. Es bedeutet, dass wir Eltern wissen, wie wir uns verständnisvoll, mit bedingungsloser Liebe und mit tiefem Respekt vor den kindlichen Gefühlen um unseren Nachwuchs kümmern sollten. Denn unsere Kinder verdienen diesen Respekt, so wie jeder andere Mensch auch. Es ist ihr Recht. Begleiten wir sie jedoch nicht während ihrer emotionalen Momente, fühlen sie sich nicht nur verlassen und wertlos, sondern auch gekränkt. Außerdem wird durch die fehlende Begleitung die Bindung zwischen uns und unseren Kindern gestört. Es geht nicht darum, dass wir die Dinge genauso sehen wie sie, sondern dass wir ihre Bandbreite an Meinungen und Gefühlsäußerungen respektieren, die mit der Zeit immer beherrschter und stimmiger werden. Je öfter und besser Eltern ihre Kinder begleiten, umso schneller lernen die jungen Menschen sich selbst kennen.

Emotionale Reife erreichen unsere Kinder natürlich nicht sofort, sondern erst nach vielen richtig ausgeführten Begleitungen. Diese Erfahrungen machen sie fit für ihr späteres Leben. Da aber nun mal jeder Mensch anders ist, können wir kein Kind mit dem anderen vergleichen:

» Jedes Kind hat seine eigenen emotionalen Ausdrucksweisen und Bedürfnisse.

Daher sollten wir uns an unsere Kinder anpassen, ihre Besonderheiten kennen und wissen, was sie, je nach Persönlichkeit, brauchen. Womöglich braucht eines deiner Kinder mehr Körperkontakt als das andere oder mehr Gehör oder Zuspruch, das hängt von dem Kind ab. Doch auf keinen Fall darfst du es zwingen, so zu sein, wie es nicht ist.

Diese emotionale Reife, die unsere Kinder entwickeln, sollten auch wir uns erarbeiten. Am Anfang wird es uns schwerer fallen, da wir niemanden haben, der uns emotional begleitet. Aber wir lernen, indem wir unsere Kinder bei ihren Gefühlsäußerungen begleiten. Nur das kann uns

Eltern in unserer Elternschaft jetzt helfen. Es kann sein, dass du mehr als ein Kind hast und allein bist und eines der Kinder begleiten musst. Meistens hat nur eines gerade einen Gefühlsausbruch. Die anderen schauen dann zu, wie du es begleitest. Auch so lernen deine Kinder, dass diese Art von Aufmerksamkeit normal ist, und verinnerlichen, dass sie sie ebenfalls bekommen, falls sie sich einmal so fühlen sollten wie Bruder oder Schwester. Es kann sein, dass mehrere Kinder gleichzeitig emotionale Begleitung brauchen, auch wenn das nicht der Normalfall ist. Da jedes Kind einzigartig ist, werden sie sicher nicht zur selben Zeit dieselben Gefühle empfinden. Aber sollte es einen Konflikt zwischen zweien gegeben haben, kann dies doch passieren. Sind in einem solchen Augenblick beide Elternteile anwesend, könnt ihr die Kinder jeweils individuell begleiten und euch dann abwechseln, damit beide Kinder für ein paar Minuten Aufmerksamkeit von euch beiden bekommen. Bist du allein, solltest du versuchen, beide Kinder gleichzeitig zu begleiten, indem du abwechselnd für sie da bist. In diesem Fall bleibst du in der Nähe, hörst beiden Kindern zu und bringst Empathie für beide auf.

Es kann sein, dass wir sehr aus unserem Gleichgewicht geraten, wenn unsere Kinder emotional aufgewühlt sind. Je weniger wir uns selbst und unsere Emotionen kennen, umso eher verlieren wir angesichts der Gefühlsausbrüche unserer Kinder die Nerven. Mit der Zeit weißt du, wie du in solchen Momenten die Ruhe bewahren kannst. Konzentriere dich darauf, eine Verbindung zu deinem Kind herzustellen, anstatt auf deine wütende und frustrierte innere Stimme zu hören. Falls du merkst, dass es dir in dem Moment nicht gelingt, bitte andere Erwachsene um Hilfe, deinem Kind die angemessene Aufmerksamkeit zu schenken. Emotionale Begleitung ist eine Frage der täglichen Übung, der Motivation und Lust, eine wirkliche Veränderung in der Beziehung zu deinem Kind und dir selbst anzustoßen. Je öfter wir begleiten und je mehr uns klar wird, wie notwendig diese Begleitung ist, umso weniger fallen wir in den emotionalen Momenten unserer Kinder (und unseren eigenen) aus der Rolle.

Tränen verstehen

Von klein auf wurde vielen von uns beigebracht, unsere Tränen zu verstecken. Es ist so tief in uns verankert, dass wir Weinen mit Schwäche und fehlender Stärke verbinden und es als tapfer erachten, nicht zu weinen. Doch je mehr wir Tränen verstecken, umso mehr sollten sie fließen. Weinen ist etwas Natürliches. Wenn jemand das Bedürfnis hat, ein Gefühl auszudrücken, sei es Freude, Trauer oder eine andere Emotion, sendet sein Gehirn manchmal das Signal zum Weinen aus.

Ich selbst gehöre zu den Menschen, die weinen, wenn mich etwas berührt (nicht nur in traurigen Momenten): ein Buch, ein Film oder einfach ein Sonnenuntergang. Allerdings habe ich viele Jahre gebraucht, um zu begreifen, dass das normal ist und ich nicht seltsam bin oder übertreibe. So bin ich, und das ist in Ordnung, solange ich mich oder andere nicht verletze. Tatsächlich habe ich mir eher selbst geschadet, wenn ich versucht habe, etwas zu verstecken, was ich weder verstecken wollte noch konnte.

» *Weinen ist eine ganz normale Art und Weise, Emotionen auszudrücken.*

Wir erziehen unsere Kinder heute zumeist genauso, wie wir aufgewachsen sind. So halten wir die „Anti-Tränen"-Gesellschaft aufrecht und unterdrücken fortwährend unsere Tränen. Und wir glauben, dass das richtig ist. Wir ertragen es nicht, wenn ein Kind weint, denn Weinen ist verpönt. Durch unsere fehlende Begleitung verspüren die Kinder dann umso mehr das Bedürfnis zu weinen. Die Kinder geraten in einen Teufelskreis. Nun weinen sie, weil sie sich mit ihren Emotionen nicht verstanden fühlen. Durch das Weinen bitten sie uns um Hilfe. Sie wollen sich verstanden, geliebt, beachtet sowie wertgeschätzt fühlen, und zwar so, wie sie sind, und nicht für ihre Taten oder ihr Verhalten. Wenn ein Kind weint, teilt es sich uns mit. Es braucht unseren Schutz, nicht unser Urteil.

Stell dir beispielsweise vor, du sitzt mit deiner Familie beisammen (deiner fünfjährigen Tochter, deinem siebenjährigen Sohn und deinem Partner oder deiner Partnerin). Ihr stellt fest, dass ihr zum Supermarkt fahren müsst, weil ein paar Dinge im Kühlschrank fehlen. Als ihr es euren Kindern mitteilt, wird deine Tochter von einem Gefühl der Machtlosigkeit ergriffen. Sie will auf keinen Fall in den Supermarkt und fragt, ob sie auf den Spielplatz darf oder zu Hause mit ihren Bauklötzen spielen kann. Einkaufen möchte sie definitiv nicht. In diesem Fall überlegt ihr, ob ihre Bitte für eure Familie machbar ist. Vielleicht kann nur ein Elternteil den Einkauf erledigen und das andere spielt mit den Kindern. Sollte das aus einem bestimmten Grund nicht möglich sein, bringt für die Machtlosigkeit und den Unmut eurer Tochter Verständnis auf. Sobald sie merkt, dass es keine Alternative gibt, wird sie weinend ihre Gefühle herauslassen, weil das ihre Art ist zu kommunizieren. Dann dürft ihr sie auf keinen Fall ignorieren, sondern müsst sie angemessen emotional begleiten und ihr Weinen ertragen.

» *Bei unzähligen Gelegenheiten sind es die Erwachsenen, die die Tränen der Kinder verursachen, weil sie beispielsweise nicht genug Zeit mit ihnen verbringen oder nicht sehr empathisch und aufmerksam ihnen gegenüber sind.*

Aus diesem Grund setzen Kinder das Weinen ständig ein, denn sie suchen nach dieser Aufmerksamkeit, die sie nicht erhalten. Es kann auch sein, dass wir sie bei ihrem Gefühlsausbruch nicht gut begleiten und die Tränen nun fließen, weil sie ihre Emotionen während der Begleitung unterdrückt haben und sie jetzt loswerden müssen. Oder wir ignorieren ihre Gefühle, kritisieren oder verurteilen sie, sodass sie bitterlich weinen und unter Schreien um die angemessene Begleitung betteln, obwohl es aussieht, als würden sie wegen der Emotion weinen. Sie weinen aus beiden Gründen, wegen ihrer Gefühle und weil sie sich gleichzeitig verlassen, abgewiesen und ungeliebt fühlen.

Wir müssen unsere Kinder auch mit ihren Tränen begleiten, sie aushalten und annehmen, nicht noch weitere Tränen verursachen.

Wut verstehen

Ein Großteil der Mütter und Väter fürchtet sich vor einem Wutanfall ihrer Kinder. Viele Eltern, mit denen ich arbeite, sagten mir anfangs beispielsweise: „Ich traue mich nicht, ihm zu sagen, dass er mit dem Computerspiel aufhören soll, weil ich Angst habe, dass er wütend wird.“ Oder: „Ich sage ihm nicht, dass er genug Kekse hatte, und lasse ihn so viele essen, wie er möchte, da er sonst ausflippt!“ Natürlich fürchten sich diese Eltern nicht vor den Kindern, sondern vor dem emotionalen Kraftaufwand, den das Anhören der kindlichen Emotionen sie kostet.

Diese Haltung müssen wir radikal ändern.

›› Die Wut der Kinder ist ganz natürlich und positiv.

Auch für uns ist sie gut, da wir bei der Begleitung von solchen Emotionen etwas über uns selbst lernen. Daher sollten wir keine Angst vor ihr haben, sondern sie als Lernprozess für unsere Kinder und uns begreifen.

Wut ist die am häufigsten vorkommende Emotion des Menschen: Sie ist sehr stark und tritt häufig in unerwarteten Situationen auf, die wir ändern oder sogar vermeiden wollen. Wenn wir wütend werden, fühlen wir uns angegriffen und glauben, dass jemand uns persönlich gekränkt hat. Dieser Person geben wir die Schuld an unserem Gefühl.

Dabei ist niemand der Auslöser für unsere Emotionen außer wir selbst. Wenn du dich über eine Freundin ärgerst, die eine halbe Stunde zu spät zu eurer Verabredung kommt, sodass ihr den Anfang des Kinofilms verpasst, bist du allein dafür verantwortlich, ob du dich hineinsteigerst und immer wütender wirst oder dich beruhigst und deine Wut auf eine respektvolle Art kommunizierst.

Wut kann zunehmen, wenn wir müde oder gestresst sind, aber genau deshalb haben wir die Pflicht, uns selbst zu kennen und uns bewusst zu machen, dass wir wütend sind und warum. Natürlich sollten wir auch wissen, wie wir uns ruhig und bedächtig Luft machen können, ohne andere zu verletzen. Dazu sollten Erwachsene in der Lage sein, und wenn nicht, sollten sie daran arbeiten.

Unsere Kinder hingegen werden nur aus ihrer Wut lernen, wenn sie ihr Gefühl frei ausdrücken können und durch diesen Prozess begleitet werden. Unser Ziel sollte es nicht sein, dass die Kinder sich nicht aufregen, weil das im Grunde unnatürlich ist. Genauso wenig dürfen wir von ihnen Selbstbeherrschung erwarten.

» *Kinder und Jugendliche sollten ihre Emotionen frei herauslassen, um sie zukünftig erkennen zu können.*

Stell dir beispielsweise vor, dass dein achtjähriger Sohn im Schwimmbad wütend wird, weil seine Freundin gehen muss und weil er möchte, dass sie noch ein bisschen bleibt. Doch das geht nicht, weil sie zu einem Familientreffen muss. In dieser Situation solltest du deinem Sohn nicht sagen, dass sie ja schon eine Weile gespielt hätten, ihm versprechen, ein Eis zu kaufen, wenn ihr nach Hause geht, oder ihm sagen, dass er übertreibe. Er ist sauer, das ist normal. Du solltest es akzeptieren und ihn emotional begleiten: Bleib an seiner Seite, schau ihm in die Augen, sei verständnisvoll und erlaube so, dass er alles zeigt, was er in sich trägt. Erlaube, dass er erzählt und sich äußert, ohne sich zu schämen. Verurteile ihn nicht, weil er wütend ist. Nimm ihn in den Arm, wenn du darfst, und halte seine Wut geduldig aus, bis er sich beruhigt hat.

Ihr werdet gemeinsam aus jedem Wutanfall lernen. Hab keine Angst vor den Reaktionen deines Kindes. Sie werden jedes Mal etwas schwächer ausfallen, und du wirst bei jeder einzelnen Explosion immer ruhiger und ausgeglichener. Du wirst dein Kind nicht mehr als Feind ansehen, dessen Gefühle du unterbinden musst, sondern als Menschen, den du liebst und der dich von allen Menschen auf der Welt am meisten liebt und braucht.

Es gibt keine „Trotzphase"

Ehrlich gesagt, mag ich es nicht, dass Emotionen von Kindern als „Trotzphase" bezeichnet werden. Dadurch entsteht der Eindruck, Kinder würden Erwachsene damit bewusst herausfordern oder wären eigensinnige Heulsusen. Zwischen dem dritten und fünften Lebensjahr haben Kinder normalerweise unzählige Gefühlsausbrüche, sodass wir diese Zeit aus reinen Vorurteilen oft die „Trotzphase" nennen. Eltern werden dann zu Opfern stilisiert, die ihre Kinder in dieser Phase „ertragen" müssen. Den Kindern, mit ihren „schrecklichen Gefühlsanwandlungen", wird die Schuld zugeschoben. Das ist ungerecht und traurig - und zudem schädlich für die emotionale - und entscheidende - Entwicklung der Kinder.

Ich bevorzuge den Begriff „Autonomiephase". Denn könnten wir einerseits die Verhaltensweisen und Bedürfnisse unserer Kinder wirklich verstehen und sie andererseits emotional gut begleiten, würde es solche intensiven Wutanfälle und Gefühlsäußerungen kaum geben. Doch sie gehören zu einem natürlichen Entwicklungsprozess der Kinder, wenn sie anfangen, ihre eigene Meinung zu bilden und Interessen zu entdecken und diese auch umsetzen wollen. Kann ein Wunsch (ganz gleich, was es ist) eines Kindes nicht erfüllt werden, weil er nicht der Sichtweise der Eltern entspricht, wird das Kind wütend und drückt das mit Schreien und Weinen aus. Dann nennen wir das Kind fälschlicherweise „trotzig“. Dabei tut es in solchen Momenten nur das, was es emotional braucht. Eltern sollten es dabei begleiten und Verständnis aufbringen. Je eher und je besser das Kind begleitet wird, umso schneller wird es seine Gefühle verstehen und sie weniger intensiv ausdrücken müssen.

» Ein Wutanfall bedeutet nicht, dass sich ein Kind schlecht benimmt oder trotzig reagiert.

Es spürt viel mehr, dass es eine eigene Meinung und eigene Ziele hat. Vielleicht hatte dein Kind früher nie solche intensiven emotionalen Momente und sie treten nun auf, obwohl es schon älter ist. Dann überlege, ob und wie du dein Kind zuvor emotional begleitet hast. Hat es eine solche Begleitung nicht oder nur unzureichend erfahren, hat es möglicherweise seine Gefühle ständig unterdrückt und muss sie jetzt vehement herauslassen? Es befreit sich so von einer emotionalen Unterdrückung. Falls du dein Kind in jungen Jahren gut begleitet hast und es plötzlich trotzdem wieder intensive Gefühlsausbrüche durchlebt, so ist das normal: Kinder gehen durch unterschiedliche Lebensphasen, ihr Gehirn entwickelt sich weiter und arbeitet unablässig. Wie alle anderen Menschen können unsere Kinder nicht immer in derselben emotionalen Stimmung sein. Dennoch sollten wir ihr Umfeld beobachten und immer wissen, wie es ihnen in ihren unterschiedlichen Lebenswelten (Kita, Schule, Freundeskreis usw.) geht. Wir müssen jede Veränderung in ihrem Leben beachten: Ist ein Geschwisterchen in der Familie geboren worden, hat es in der Familie einen Todesfall gegeben, ist das Kind in die Kita gekommen, hat ein neues Schuljahr begonnen und anderes mehr. Solche grundlegenden Veränderungen erzeugen ein emotionales

Auf und Ab. Gerade bei Kindern sind sie nicht zu unterschätzen, da diese auch auf emotionaler Ebene noch wachsen.

Wir sollten Wutanfälle nicht als „Trotzphase“ verstehen, die für Eltern überaus stressig ist und durch die alle Kinder gehen. Anstatt die Gefühlsäußerungen unserer Kinder zu kategorisieren, sollten wir uns nur auf die emotionale Begleitung konzentrieren. Kinder sind emotionale Wesen wie wir, aber im Gegensatz zu uns wachsen und entwickeln sie sich noch. Sie müssen sich ausdrücken, um sich verstehen und leben zu lernen.

Die positiven Folgen der emotionalen Begleitung

Im Umgang mit ihren Kindern verlieren viele Eltern sehr häufig die Nerven. Vor allem, wenn die Kinder ihre Gefühle zum Ausdruck bringen oder es versuchen. Aus einem Impuls heraus wollen Eltern die Kinder dann beruhigen und im Zaum halten, damit sie sich ja nicht daran gewöhnen, Aufmerksamkeit zu bekommen (wie die Erwachsenen meinen). Unsere Aufgabe besteht im Grunde darin, für unsere Kinder da zu sein und uns angemessen zu verhalten, wenn sie, und folglich auch wir, von Emotionen überrollt werden. Das Leben mit unseren Kindern ist ein ständiges Training, bei dem wir täglich dazulernen und Hindernisse überwinden müssen. Einfühlsames Erziehen wird uns jedoch nur gelingen, wenn wir herzlich und respektvoll zu unseren Kindern sind und auf autoritäre Ansagen verzichten.

> *Kinder, die emotional begleitet werden, sind optimistisch, respektvoll, sensibel, intuitiv, lebendig, tolerant, außergewöhnlich, gutherzig, empathisch, hilfsbereit und erforschen ihr Umfeld, die Natur und das Leben.*

Sie sind weder bösartig noch gewalttätig und verletzen niemanden bewusst. Gleichzeitig wissen sie, wie sie aus ihren Fehlern lernen, wie sie sich entschuldigen und ihr Gegenüber verstehen können. Sie sind kooperativ, bescheiden und spielen auch gern allein, weil sie ihrer Fantasie freien Lauf lassen können. Begleitete Kinder sind weder gehorsam noch fügsam. Sie wissen, was sie wollen, und äußern und fordern dies auch ein, aber ruhig und bedächtig. Und wenn sie nicht bekommen, was sie wollen, vertrauen sie darauf, so emotional begleitet zu werden, wie sie es brauchen. Sie haben ein starkes Selbstwertgefühl und sind selbstsicher, was ihnen bei all ihren zukünftigen Beziehungen helfen wird.

> *Indem wir unsere Kinder emotional begleiten, verhelfen wir ihnen zu einer besseren Gesundheit, sowohl auf mentaler, emotionaler und psychischer Ebene als auch auf körperlicher.*

Unterdrücken wir jedoch ihre Gefühlsäußerungen und verhindern, dass sie Angestautes herauslassen, werden die Kinder zu wütenden, negativen, dickköpfigen, traurigen und aggressiven Menschen (die beißen, schlagen, ärgern usw.). Zudem werden sie unruhig, nervös und ängstlich, haben Konzentrations- und Lernschwierigkeiten, kapseln sich ab und verlieren die Bindung zu ihren Eltern. Hinzu kommt, dass sie sich schwertun, auf angemessene Weise mit anderen Menschen in Beziehung zu treten. Der Stress, den sie bei unbegleiteten Gefühlsausbrüchen empfinden, führt zu einem erhöhten Cortisolspiegel im Blut. Die Folgen sind ein geschwächtes Immunsystem, ein verringertes Selbstwertgefühl und Unsicherheit.

Viele der Probleme, aufgrund derer wir die Kinder zu Therapien schicken und externe Hilfe suchen, könnten ganz natürlich gelöst werden, wenn wir sie emotional begleiten würden.

Eltern wünschen sich Kinder, die als Erwachsene sinnvolle Entscheidungen treffen, ein gutes Selbstwertgefühl haben, gute Menschen sind und niemanden verletzen. Die Kinder sollen tolerant und respektvoll mit anderen Menschen und der Umwelt umgehen. Außerdem sollen sie vollkommen glücklich werden. All das werden wir nie erreichen, wenn wir in ihrer Kindheit und Jugend genau das unterbinden, was wir uns für ihre Zukunft wünschen.

Die emotionale Begleitung ist für ein erfülltes Leben unerlässlich.

Alexandra und der Sport-BH *Die Fehler ihrer Eltern und wie sie sich richtig verhalten hätten:*

Falsch: *Alexandra wusste nichts über ihren Körper und seine Entwicklung, also auch nichts über die Menstruation und deren Bedeutung.*
Eltern dürfen ihre Kinder nicht sich selbst überlassen. Sie begehen einen großen Fehler, wenn sie die Bedürfnisse und natürlichen Entwicklungsprozesse ihrer Kinder unterdrücken.
Richtig: Alexandra hätte von klein auf über die menschliche Entwicklung, die körperlichen Veränderungen und die Bedeutung der Menstruation aufgeklärt werden sollen. Denn dieses Thema wird sie lange begleiten und zu einem Teil ihrer Persönlichkeit werden. Außerdem sollte sie mit Liebe, Respekt und Empathie aufwachsen.

Falsch: *Die sexuelle Aufklärung war ein Tabuthema in der Familie, das zusätzlich geringgeschätzt wurde. Das Vertrauen in ihrem Zuhause war gleich null.*
Es sollte kein Thema zwischen Eltern und Kindern geben, das zensiert wird. Nichts, das zum Menschsein dazugehört, dürfen Eltern herabwürdigen oder auslachen.
Richtig: Sexuelle Aufklärung ist sehr wichtig, und Eltern sollten ihrem Kind schon früh beibringen, seinen Körper zu verstehen, zu schützen und zu lieben. Haben Kinder Vertrauen zur Familie, entwickeln sie ein gutes Selbstwertgefühl und fühlen sich geborgen. Alexandras Eltern hätten von Anfang an eine freundliche, zärtliche, respektvolle und warme Gesprächsebene mit ihren Töchtern aufbauen und aufrechterhalten sollen. So hätten sie sie auf das Leben vorbereitet, anstatt ihnen Steine in den Weg zu legen.

Falsch: *Alexandra wurde zum Objekt von Spott und Beleidigungen, weil sie einen Sport-BH benötigte.*
Richtig: Wenn ein Kind Erwachsenen sagt, dass es etwas braucht, müssen sie ihm Aufmerksamkeit schenken. Wünsche, bei denen es um die Gesundheit des Kindes geht, müssen Eltern erfüllen. Darüber sollten sie mit ihrem Kind sprechen. Manchmal werden Eltern Wünsche nicht erfüllen können, dennoch sollten sie ihr Kind emotional begleiten, wenn es sich ärgert oder enttäuscht ist. Alexandras Wunsch war ein grundlegendes Bedürfnis und hätte angehört und mit Liebe und Verständnis erfüllt werden müssen.

Falsch: *Alexandra wurde von Mitschülern sexuell belästigt und beleidigt, und ihre Eltern halfen ihr nicht.*
Mit das Schlimmste, was Eltern ihrem Kind antun können, ist, es gegenüber Beleidigungen anderer nicht zu verteidigen. Das Kind sollte keine schwierigen Zeiten, Demütigungen oder Kritik durchmachen, ohne seine Eltern an der Seite zu haben.
Richtig: Eltern sollten ihr Kind mit gesundem Menschenverstand, Konsequenz und Respekt gegenüber anderen Menschen oder einer Situation an sich verteidigen. Alexandras Eltern hätten ihr aufmerksam zuhören, sie zur gewaltlosen Selbstverteidigung anleiten sollen. Alexandra hätte einen Erwachsenen (die Sportlehrkraft) um Hilfe bitten können. Natürlich hätten die Eltern sie beim Kauf eines Sport-BHs unterstützen sollen, damit sie sich in jeglicher Hinsicht besser fühlt.

Falsch: *Vor ihren Eltern zeigte Alexandra ihre Gefühle nie, weil sie diese ihr ganzes Leben lang unterdrücken musste. Sie hatte kein Vertrauen in ihre Eltern.*
Die Eltern haben Alexandra und ihre Schwester emotional nie begleitet. Daher entstand eine riesige Kluft zwischen Eltern und Kindern.

Richtig: Alexandra fühlte sich wie eine Fremde in ihrem Zuhause, empfand es nicht einmal als solches. Sie versteckte ihre Gefühle und müsste durch emotionale Begleitung diese ganz neu kennenlernen, damit sie ihren Schutzpanzer ablegen könnte. Dann könnte sie eine Bindung zu ihren Eltern aufbauen.

Falsch: *Die Eltern ignorierten ihre Erklärung, ihren Frust, ihre Wut und ihre emotionalen Bedürfnisse.*
Als Alexandra vor Frust explodierte, erfuhr sie noch mehr Ablehnung.
Richtig: Eltern dürfen nichts ignorieren, was ihrem Kind passiert. Sie sollten es begleiten und wertschätzen. Sie sollten ihm Empathie, Nähe, Aufmerksamkeit und emotionalen Beistand entgegenbringen.

Falsch: *Alexandra wurde bedroht und beleidigt. Sie traf auf Unverständnis und erhielt keinerlei Unterstützung und Empathie.*
Kindesmisshandlung kann so subtil sein, dass wir sie nicht als solche erkennen. Letztlich dürfen wir alles, was wir einem Erwachsenen nicht antun würden, auch keinem Kind antun. Drohungen, Beleidigungen und fehlende Empathie gegenüber Kindern sind emotionale Misshandlungen.
Richtig: Alexandra hätte nicht aus der Fassung geraten müssen, wären die Eltern verständnisvoll gewesen. Als dies jedoch passierte, hätten die Eltern Alexandra emotional begleiten und in den Arm nehmen sollen.

Falsch: *Alexandra suchte in ihrem Kuscheltier das, was sie von ihren Eltern nicht bekam.*
Richtig: Wäre Alexandra emotional begleitet worden, müsste sie nicht bei einem Kuscheltier oder etwas anderem Zuflucht suchen. Die tiefe Trauer zieht sich durch ihr gesamtes Leben. Sie hätte Verständnis und Beistand gebraucht. Eltern haben die Verantwortung, ihre Kinder emotional zu begleiten, damit sie ein gutes Leben führen können. Kinder haben ein Recht darauf.

Zusammenfassung

» Die Bindung zwischen uns Eltern und unseren Kindern ist die stärkste Bindung, die wir als Menschen haben. Keine andere hinterlässt eine vergleichbare Spur in unserem Leben, sie ist einzigartig.

» Wir erkennen unsere eigenen Emotionen, indem wir uns die körperlichen Reaktionen bewusst machen, sie benennen und begreifen, was mit uns passiert und warum. So können wir das Gefühl richtig einordnen und vermeiden, dass es uns beherrscht und unsere Empathie gegenüber unseren Kindern trübt. Nachdem wir unsere Emotionen kennen, können wir unseren Kindern dabei helfen, ihre eigenen kennenzulernen.

» Ein Großteil der familiären Probleme entsteht dadurch, dass wir unsere Kinder an die Erwachsenenwelt anpassen wollen. Die körperlichen und seelischen Bedürfnisse der Kleinen haben hier meist keinen Platz.

» Unsere Kinder bei ihren Gefühlsäußerungen zu begleiten bedeutet, bei ihnen zu sein, wenn sie von ihren Gefühlen überrollt werden. Das ist für ein erfülltes Leben grundlegend.

» Es geht nicht darum, dass unsere Kinder machen, was sie wollen, sondern darum, dass wir ihnen emotionale Sicherheit geben, ganz gleich, wie sie ihre Gefühle zeigen. Niemand darf ihnen aufzwingen, was sie fühlen sollen.

» Kinder erleben unheimlich viel Frust, weil Erwachsene sie kontrollieren und steuern wollen. Wir sollten die Kontrolle aufgeben und unseren Kindern nah sein.

» Wir sollten die Gefühle unserer Kinder nie ignorieren, unabhängig davon, wie wütend sie sind oder warum sie diese Wut ausdrücken. Kinder brauchen unsere Aufmerksamkeit. Nur so beruhigen sie sich.

» Eine Umarmung ist eine der besten Kontaktmöglichkeiten, die wir als Menschen haben. Je eher wir unsere Kinder umarmen, umso schneller beruhigen sie sich.

» Wenn wir empathisch sind, spüren wir das, was unsere Kinder empfinden. Wir nehmen wahr, wie wichtig ein Gefühl für sie ist. Selbst wenn wir eine andere Meinung haben, bauen wir eine Verbindung zu ihnen auf.

» Je geduldiger wir mit unseren Kindern sind, umso schneller erholen sie sich von der durchlebten Emotion.

» Wir sollten akzeptieren, dass sich die Kinder ausdrücken, schreien, auf den Boden stampfen, erzählen und alles aus sich herauslassen.

» Wenn wir den Gefühlen unserer Kinder keine Bedeutung beimessen, schädigen wir ihr Selbstwertgefühl.

» Vorträge oder Erklärungen bringen nichts. Unsere Worte sollten den Umständen und dem Verständnis der Kinder angepasst sein. Sie sollen ihnen dabei helfen, ihre Gefühle zu deuten und sich selbst zu verstehen.

» Unsere Worte an die Kinder sollten voller Zuneigung, Liebe, Mut sowie Empathie sein. Wir dürfen die Gefühle der Kinder jedoch nicht aus unserer Sichtweise heraus benennen, sondern sollten unsere Kinder dabei unterstützen, selbst zu begreifen, was ihrer Ansicht nach passiert ist.

» Solange unsere Kinder nicht alles herausgelassen und ihre Gefühle vollständig gespürt haben, können sie nicht nach einer Lösung suchen.

» Die emotionale Reife, die unsere Kinder entwickeln, wenn wir sie begleiten, sollten auch wir uns erarbeiten. Anfangs wird es uns schwerfallen, weil uns früher vielleicht niemand emotional begleitet hat, aber wir lernen es, indem wir unseren Kindern bei all ihren Gefühlsäußerungen beistehen.

» Durch eine emotionale Begleitung helfen wir unseren Kindern, sich sowohl auf mentaler, emotionaler und psychischer als auch auf körperlicher Ebene gesund zu entwickeln.

Alexandra und die Einsamkeit

Alexandra ist ihren Eltern schon immer zur Last gefallen. Als Baby weinte sie nachts oft, weil sie ab dem ersten Monat ihres Lebens in einem eigenen Zimmer schlafen musste. Die Eltern waren der Ansicht, dass man das Baby so lange weinen lassen sollte, bis es von selbst einschlief. Sie verstanden nicht, dass ein Baby sich in den Armen seiner Eltern, insbesondere der Mutter, sicher fühlen muss, damit es einschlafen kann. Ihnen war nicht klar, dass der Cortisolspiegel im Blut eines Babys in die Höhe schießt, wenn man es weinen lässt (was lebenslange Auswirkungen haben kann), und dass Babys Schutz und Liebe brauchen. Alexandra schlief jeden Abend erst nach zwei Stunden ein. Sie weinte so viel, dass sie in ihrem ersten Lebensjahr immer wieder heiser war. Aber da ihre Eltern nicht auf sie eingingen, lernte sie mit der Zeit, allein einzuschlafen. Dabei war sie jedoch zutiefst traurig, niedergeschlagen und einsam.

Ihre Eltern nannten sie „Nervensäge", sogar vor der ganzen Familie. Selbst ihre Onkel, Tanten und Cousins und Cousinen nannten sie „Nervi". So wuchs Alexandra in der Überzeugung auf, dass sie eine Last sei, die störe.

Mit 15 Jahren spielte sie immer noch in der Basketballmannschaft, die ihr in gewisser Weise Zuflucht bot. Dort fühlte sie sich wie sie selbst - zumindest dachte sie das. Allerdings bemerkte sie, dass sie manchmal unerwünscht war. Eines Tages, als sie sich mit ihren Teamkameradinnen umzog, bekam sie mit, dass ein paar von ihnen zu einer Überraschungsparty eingeladen waren. Alexandra fragte vorsichtig, für wen die Party sei. Die anderen antworteten, dass sie für ein Mädchen sei, das nicht in der Mannschaft war, aus einem Freundeskreis, zu dem Alexandra nicht gehörte. Es sollte eine Party im kleinen Kreis werden. Alexandra kannte das Mädchen nur flüchtig. Sie wusste, dass es keinen Sinn hatte, auf diese Feier zu gehen, aber sie fühlte sich dennoch ausgeschlossen und gab sich selbst die Schuld, nicht eingeladen worden zu sein, weil sie eben immer störte. Sie empfand sich als eine Last, die nirgendwohin passte und nie lustige Dinge mit anderen Jugendlichen ihres Alters machen würde, weil sie nicht gut genug war. Sie erkannte nicht, wie sehr sie von ihren Teamkameradinnen gemocht wurde. Ihre Überzeugung ließ es nicht zu. Die Meinung von Fremden war ihr sehr wichtig, sogar von Menschen, die sie überhaupt nicht kannte.

Nachdem sie sich angezogen hatte, ging sie zu Fuß nach Hause und tat das, was sie immer tat, wenn sie allein unterwegs war: Sie sah sich im Schaufenster an. Sie zog an ihrem T-Shirt, damit es nicht so eng am Körper anlag und man ihre Figur nicht sah. Sie strich sich die Haare in die Stirn, die sie zu hoch fand. Sie biss sich auf die Lippen und rümpfte über sich selbst die Nase. Als sie zu Hause ankam, atmete sie erleichtert auf, weil niemand da war: Sie war tausendmal lieber allein als mit ihren Eltern zusammen. Ihre Schwester hatte seit fünf Jahren einen Freund, weshalb sie sich kaum noch sahen. Die Schwester war ihr fast schon fremd geworden. Alexandra beschloss zu lernen. Sie hatte diese Woche zwei Prüfungen, und obwohl sie fand, dass sie den Stoff in- und auswendig kannte, wollte sie weiterlernen, um beide mit Bestnote zu bestehen. Wenn sie Einsen nach Hause brachte, prahlte ihre Mutter vor den Großeltern und anderen Familienmitgliedern damit und gab ihr einen Kuss. Alexandra kam sich schon fast dumm vor bei dem Gedanken, dass ihre Mutter nur stolz auf sie war, wenn sie gute Noten schrieb. Sie bekam nur Küsse und kleine Zärtlichkeiten, wenn sie das schaffte, was ihre Eltern ihr vorschrieben.

Wenig später kamen ihre Eltern vom Einkaufen zurück. Sie waren stark parfümiert und rauchten, was Alexandra nicht ausstehen konnte: Sie hatte das Gefühl, dass ihre Luft permanent verpestet wurde, und manchmal bekam sie sogar ein wenig Nasenbluten. Sie war sich sicher, dass es an dem Rauch lag, der sich im ganzen Haus verteilte. Ihre Mutter begrüßte sie und war zufrieden, dass sie lernte. Alexandra nutzte die Gelegenheit und erzählte ihr, dass sie nicht zu dieser Überraschungsparty eingeladen war.

„Ach, Alexandra! Was machst du dir über so einen Blödsinn Gedanken? Es ist nichts dabei, die Nervensäge zu sein. Jeder hat seine Rolle in einer Gruppe. Ich war die Hässliche, und sieh mich an, heute ist mir das egal. Außerdem warst du schon immer anstrengend."

Nachdem ihre Mutter die Tür hinter sich geschlossen hatte, überlegte Alexandra einen Moment lang, ob sie Musik über Kopfhörer hören und das Buch anstarren sollte, so als würde sie lernen, oder ob sie wirklich lernen sollte. Schließlich lernte sie weiter, um gute Noten zu bekommen und später das bisschen Zuneigung zu genießen. Auch wenn es Erpressung war.

I \ vier

Das Selbstwertgefühl stärken

Was ist das Selbstwertgefühl und wie entsteht es?

Das Selbstwertgefühl wird häufig mit Egoismus verwechselt. Wir glauben, dass Menschen, die sich selbst lieben, überheblich sind, auf andere herabschauen oder sich anderen überlegen fühlen. Tatsächlich hat das Selbstwertgefühl mit Selbstliebe zu tun, mit der Liebe, die wir für uns selbst aufbringen, also mit den Gefühlen, die wir für unser eigenes Ich empfinden.

Menschen mit einem guten Selbstwertgefühl sind die Urteile anderer nicht sonderlich wichtig, sondern hauptsächlich ihre eigenen Überzeugungen. Sie respektieren sich selbst und zweifellos auch andere. Eine Person, die sich selbst liebt, ist allein schon dadurch glücklich, sie selbst zu sein. Sie ist mit sich zufrieden und braucht keine Bestätigung von außen.

Hast du schon mal darüber nachgedacht, was du siehst, wenn du in den Spiegel blickst? Ich meine nicht nur das Äußerliche, sondern das, was du in deinem Herzen siehst. Liebst du dich? Kannst du diese Selbstliebe zeigen, ohne jemandem zu schaden, auch nicht dir selbst? Oder glaubst du, dass du noch einen weiten Weg vor dir hast?

Das Selbstwertgefühl entsteht, laut den Studien von Stanley Coopersmith[12], in der Kindheit.

> *Kinder betrachten sich selbst abhängig von der Meinung, die ihre Eltern von ihnen haben.*

Ausgehend vom elterlichen Blick erschaffen sie eine Projektion von sich selbst. Hört ein Kind immerzu, wie schade es ist, dass es so klein ist, dann wird es irgendwann selbst darüber traurig sein. Hört ein Kind immerzu, dass es ein Faulpelz ist, wird es das irgendwann glauben und es in seinem Verhalten spiegeln. Hört ein Kind immerzu, dass aus ihm nichts wird, weil es sich beim Lernen nicht genug anstrengt, wird es irgendwann glauben, dass aus ihm nie etwas wird.

Alles, was Eltern über ihre Kinder denken, was sie ihnen direkt sagen oder anderen über sie erzählen, setzt sich in den Kindern fest und prägt die Liebe, die sie für sich selbst empfinden oder nicht. Hinzu kommt die Art und Weise, wie Eltern mit ihnen umgehen. Dazu gehört die gesamte verbale und nonverbale Kommunikation.

Kinder können jedoch kein Selbstbewusstsein aufbauen, wenn:

- sie sich als Mensch wertlos fühlen,
- sie ihre Gefühle nicht äußern können,
- sie ignoriert werden,
- sie keinerlei emotionale Begleitung erhalten,
- ihre Stimme nicht gehört wird,
- sie beleidigt oder ausgelacht werden, bloß weil sie sich wie Kinder verhalten und sie selbst sind,
- sie in jeglicher Hinsicht kontrolliert werden.

Sie bekommen dann keine Luft mehr und sind niedergeschlagen. Sie werden angeschrien, bestraft, bedroht, manipuliert, mit Forderungen konfrontiert und eingeengt. Am Ende bleiben ihnen zwei Möglichkeiten: Die erste Option besteht darin, dass sie unterwürfige Menschen werden und ihre wahren emotionalen Bedürfnisse immer hinter einer Maske verbergen. Sie haben kein Selbstbewusstsein und richten ihr Verhalten völlig darauf aus, was die Eltern für richtig halten. Diese Kinder opfern ihr Leben für die Anerkennung der Erwachsenen und generell aller anderen Menschen. Die zweite Option besteht darin, dass sie eine Art falscher Anführer werden, Personen ohne Selbstwertgefühl, die über andere herrschen müssen, um sich selbst gut zu fühlen.

Die Art, wie wir unsere Kinder behandeln, wirkt sich auf ihr Selbstbild und ihre Beziehung zur Außenwelt aus: auf die Freundinnen und Freunde, die sie sich aussuchen, auf die Schulfächer, die sie wählen, die Musik, die sie hören, oder auf die Art und Weise, wie sie ihre eigenen Fähigkeiten und Ansichten über die Welt einschätzen, usw. Der Adultismus und das Kontrollverhalten gegenüber unseren Kindern verschleiern das Ziel, das wir einst, noch bevor wir sie zum ersten Mal sahen, so vollmundig formuliert hatten: „Ich will bloß, dass mein Kind glücklich ist."

» *Menschen können nicht glücklich sein, ohne sie selbst zu sein.*

Anstatt die Kinder dazu zu erziehen, dass sie sie selbst sind, erziehen viele Eltern sie so, dass sie in die Gesellschaft passen. Was andere sagen, interessiert sie mehr als das, was sie selbst über sich denken. So entsteht ein Kreislauf aus mangelhaften Eltern-Kind-Beziehungen, in denen sich die Kinder darauf beschränken sollen, so zu sein, wie ihre Eltern sie haben wollen. Eltern setzen Ziele für das Leben ihrer Kinder und verfolgen diese, als ginge es um ihr eigenes Leben. Sie wollen darüber entscheiden, wie gut ihre Sprösslinge Englisch sprechen können, welchen Sport sie treiben, welche Kleidung sie tragen, welche Fächer sie wählen, welche Freundinnen und Freunde ihnen am besten erscheinen, welche Musik sie hören dürfen. Darüber vergessen sie vollkommen die wahren Bedürfnisse der Kinder, und das rächt sich nicht nur langfristig, sondern auch unmittelbar. Denn die Kinder haben Angst, aus der Reihe zu tanzen, nicht das zu sein, zu was sie bestimmt sind und was ihre Eltern von ihnen erwarten. Und das schädigt ihr Selbstwertgefühl nachhaltig.

> *Kinder haben das Recht, sich in jedem Moment und bei jeder Entscheidung respektiert, wertgeschätzt und geliebt zu fühlen, nicht nur wenn ihre Eltern meinen, sie hätten etwas gut gemacht.*

Das bedeutet nicht, dass sie alles bekommen, was sie wollen. Wenn sich eines ihrer Vorhaben aus triftigem Grund nicht umsetzen lässt (weil es ihr Wohlergehen, ihre Sicherheit oder ihre Gesundheit gefährdet), dann sollten ihnen jedoch ihre Eltern zur Seite stehen, ihre Gefühlsäußerungen begleiten und die Art respektieren, wie sie mit der Situation umgehen. Respektieren Eltern ihre Kinder, so fühlen diese sich nicht verurteilt, kritisiert oder kontrolliert. Sie empfinden dann keine Angst oder Schuld, sondern entwickeln stattdessen ein starkes und ausgeprägtes Selbstbewusstsein, mit dem sie in jeder Lebenssituation zurechtkommen.

Zum Glück ist das Selbstwertgefühl eines Menschen wandelbar. Es erfordert zwar viel Arbeit, sobald es erstmal eine konkrete Form angenommen hat, ist aber möglich. Je früher wir unseren Kindern das geben, was sie benötigen, sie emotional begleiten und sie mit Herz und Respekt führen (ohne sie zu kontrollieren), umso früher können sie ihr Selbstwertgefühl optimal entfalten. Dennoch sollten wir immer bedenken, dass sie trotz unserer einfühlsamen, respektvollen und ruhigen Erziehung auch Momente der Schwäche erleben können, je nachdem, wie sich ihre übrigen sozialen Beziehungen gestalten und auf welche Proben sie das Leben stellt. Diese Momente der Schwäche können wir nutzen, um ihnen, wenn möglich, noch mehr zu helfen und all das hervorzuholen, was sie selbst nicht in sich sehen.

Neben der Erziehungsweise ihrer Eltern machen Kinder beim Aufwachsen unterschiedlichste Erfahrungen, die ihnen helfen, ihr Selbstwertgefühl zu entwickeln. Diese verbinden sich mit der grundlegenden Behandlung der Eltern und formen die Kinder. Möglicherweise fühlt sich ein Kind traurig und unglücklich, weil seine Eltern ihm mit ihrer unterschwelligen Geringschätzung, ihrem Mangel an Zuneigung, ihrer Kontrolle, ihrer fehlenden Empathie und Aufmerksamkeit das Leben schwer machen, doch durch eine Lehrkraft, die ihm aufmerksam zuhört, sich sorgt, seine Interessen im Blick hat, es ermutigt und unterstützt, wird sich sein Selbstwertgefühl dennoch entwickeln.

Der Mangel an Selbstwertgefühl führt dazu, dass viele Menschen andere verletzen, weil es für sie der einzige Weg ist, ihre fehlende Selbstliebe auszugleichen. Indem sie sich anderen überlegen fühlen und Fehler bei anderen suchen, kaschieren sie ihre eigenen Unzulänglichkeiten, um sich nicht mit diesen auseinandersetzen zu müssen.

Meistens sind es die eigenen Kinder, die die Last dieser Unsicherheiten, Ängste und fehlenden Selbstliebe tragen müssen. So sehr solche Eltern auch versuchen, ihnen mit lobenden Worten ihre Liebe und Wertschätzung zu zeigen, bleibt doch alles sinnlos, wenn sie die Kinder nicht ihren Bedürfnissen entsprechend erziehen. So verlieren die Eltern auch weiterhin die Nerven, geben den Kindern die Schuld an ihrem Leid und setzen ihnen Ziele, die sie ihrer Meinung nach erreichen sollen.

» *Wir sollten unseren Kindern nicht nur mit Worten, sondern auch mit Taten vermitteln, dass sie wichtig und wertvoll sind, allein weil es sie gibt.*

Mehr brauchen sie nicht. Sie müssen nichts Bestimmtes erreichen, um bewundernswert und selbstwirksam zu sein, außer zu leben.

Ob ein erwachsener Mensch ein erfülltes, unabhängiges und glückliches Leben führt, hängt in hohem Maße - wenn nicht sogar gänzlich - davon ab, wie er zu sich selbst steht. Als Eltern haben wir es in der Hand, unsere Kinder mit einem guten Fundament auszustatten, das sie trägt.

16 Grundsätze für ein gesundes Selbstwertgefühl bei unseren Kindern

Der erste Schritt für ein gutes Selbstwertgefühl bei unseren Kindern ist, uns selbst zu lieben. Eltern, die nicht gut mit sich selbst umgehen, die sich selbst nicht lieben, die hässliche Dinge über sich selbst sagen, die sich mit anderen vergleichen oder jemand sein wollen, der sie nicht sind, können das Selbstwertgefühl ihrer Kinder unmöglich stärken. Wir müssen mit gutem Beispiel vorangehen und ihnen zeigen, dass wir, auch wenn wir manchmal mit uns selbst hadern, Konflikte und Probleme überwinden und unser Selbstwertgefühl aufrechterhalten können, ohne anderen oder uns selbst zu schaden.

Wenn wir uns selbst so lieben, wie wir sind, helfen wir unseren Kindern automatisch, ein gesundes Selbstbewusstsein zu entwickeln. Beides sollte miteinander einhergehen: Wir arbeiten beständig an unserem eigenen Selbstwertgefühl und begleiten und stärken gleichzeitig die Kinder auf dem Weg zu ihrem. Keines dieser Ziele dürfen wir wegen des anderen vernachlässigen. Und während unsere Kinder an Selbstwertgefühl gewinnen, wird dadurch auch das unsere gestärkt: Denn wir sehen, welch große Wirkung eine respektvolle, liebevolle und konsequente Behandlung auf ihr Leben hat. Wir fühlen uns wohl mit unserer Lebensweise, mit den Zielen, die wir uns gesetzt haben, und kommen dem Menschen, der wir schon immer sein wollten, mit jedem Tag ein Stückchen näher.

» *Kinder spiegeln sich in ihren Eltern. Diese sind ihr Vorbild, wenn es darum geht, sich selbst zu lieben und zu respektieren.*

Um deinen Kindern so ein starkes Selbstwertgefühl zu geben, solltest du sie emotional begleiten und ihnen bei ihren Gefühlsäußerungen beistehen. Folgende Grundsätze helfen dir dabei:

1. Akzeptiere dein Kind so, wie es ist

Sobald wir Kinder bekommen (und sogar schon vorher), machen wir den Fehler, eine Erwartungshaltung aufzubauen. Das ist normal. Wenn wir beispielsweise die Arbeitsstelle wechseln oder eine neue Beziehung eingehen, stellen wir uns vor, wie es sein wird, setzen uns Ziele und bauen Erwartungen auf. Meist schrauben wir diese dann wieder etwas zurück, um im Hier und Jetzt gut zu leben und es zu genießen.

So sollten wir es auch bei unseren Kindern tun. Um mit ihnen zusammen mit Freude und Spaß, selbstbewusst und authentisch leben zu können, sollten wir uns von unseren Vorstellungen verabschieden und sie so sein lassen, wie sie sind. Wir sollten aufhören, Ziele für ihr Leben festzulegen. Das ist nicht einfach: In uns treffen vielfältige Gefühle mit gesellschaftlichem Druck sowie mangelndem Selbstvertrauen zusammen. Doch zum Wohl unserer Kinder und auch unseres eigenen sollten wir uns davon freimachen.

Vergiss Sätze wie: „Ich möchte, dass mein Sohn besser Fußball spielen kann als der vom Nachbarn“ (was du vielleicht nicht offen aussprichst, aber denkst und vermittelst).

Sage lieber:

- *„Mein Schatz, wenn du dich für irgendeinen Sport interessierst, dann kannst du mir das jederzeit sagen.“*
- *„Wenn du dir nicht sicher bist, welcher Sport dir gefällt, kannst du so lange ausprobieren, bis du etwas gefunden hast, was dir wirklich Spaß macht.“*
- *„Du kannst jeden Sport betreiben, auf den du Lust hast.“*

Kinder brauchen die absolute Gewissheit, dass sie so geliebt werden, wie sie sind, und nicht dafür, dass sie die von ihren Eltern gesteckten Ziele erreichen. Wenn sie das ohne jeden Zweifel wissen, können sie über sich hinauswachsen, neue Dinge lernen und wahre Leidenschaften entwickeln.

Natürlich sollten die Erwartungen auch vollständig aus unseren Köpfen verschwinden. Es bringt also nichts, wenn wir unsere Kinder ihr eigenes Leben leben lassen, ihnen aber ständig sagen: „Ich hätte so gern gehabt, dass du studierst." Oder: „Wie schön wäre es doch, wenn du Geige spielen würdest wie die Tochter meiner Freundin Berta." Deine Welt ist deine Welt, und die deiner Kinder ist ihre.

2. Vergleiche und kategorisiere nicht

Menschen dürfen niemals in Kategorien eingeteilt werden, und Kinder schon gar nicht. Jedes menschliche Wesen ist einzigartig und besonders, hat seine eigenen Charakterzüge und Bedürfnisse. Wenn wir kategorisieren und vergleichen, verinnerlichen unsere Kinder dies als Mangel (wenn wir unserem Sohn zum Beispiel sagen, dass sein Freund Johannes schlauer ist) oder als Regel, die sie befolgen müssen. Wenn wir ihnen einbläuen, dass sie in etwas gut sind (und sie das verinnerlichen), dann erlauben sie sich keinen Fehler, der ihnen die Wertschätzung ihrer Eltern wieder entziehen könnte: Die Bestätigung dieser Aussage wird zu ihrer Doktrin. Wenn wir ihnen sagen, dass sie schlecht sind, werden sie das glauben und alles tun, was dem Bild ihrer Eltern von ihnen entspricht. Deshalb dürfen wir unsere Kinder nicht mit anderen vergleichen oder in Schubladen stecken, die wir für richtig halten.

Ein Etikett ist niemals positiv, auch wenn es uns so erscheinen mag. Kinder sind weder gut noch schlecht, sie sind Kinder, und wir dürfen ihnen keinen Stempel aufdrücken, der dem entspricht, was wir glauben und was in unserem Interesse ist. So zerstören wir sowohl ihr Selbstwertgefühl als auch ihr Selbstvertrauen, denn sie sind nicht mehr so, wie sie sein wollen, sondern passen ihr Leben an die Meinung ihrer Eltern an.

3. Sei ehrlich

Eine gute Erziehung braucht ein ehrliches und aufrichtiges Umfeld. Wenn Kinder andauernd mitbekommen, dass ihre Eltern sie oder andere anlügen, dass ihre Taten nicht mit ihren Worten übereinstimmen, werden auch sie gegenüber anderen lügen und unaufrichtig sein. In so einem Fall können wir uns auch nicht beschweren, wenn unsere Kinder unehrlich sind, da sie so erzogen wurden, als wäre dieses Verhalten normal. Eltern müssen Vorbilder für ihre Kinder sein.

4. Setze anderen Grenzen

Wenn Eltern zu sehr darauf bedacht sind, sich mit anderen Menschen gut zu stellen, begehen sie oft den großen Fehler, ihre Kinder nicht in Schutz zu nehmen. Sie kümmern sich mehr darum, was eine andere erwachsene Person über sie oder ihre Kinder denken könnte, als um das Wohlergehen ihres Nachwuchses. Natürlich machen sie das nicht bewusst (zumindest nicht immer), sondern gewöhnen es sich als Teil der gesellschaftlichen Umgangsformen an.

Stell dir vor, dein Sohn kommt mit einer Mitteilung seines Lehrers nach Hause, in der steht, der Junge habe Pausenverbot, weil er seine Hausaufgaben nicht abgeliefert hat, und wenn er weiterhin ein Faulpelz bleibe, werde er sitzenbleiben. Du unterschreibst die Mitteilung und setzt den Kommentar „das kommt nicht wieder vor" drunter, und später schimpfst du mit deinem Sohn, weil er seine Hausaufgaben nicht gemacht hat. Stattdessen solltest du ihn verteidigen, ein Treffen mit dem Lehrer vereinbaren und mit gebotenem Respekt darum bitten, dass ein Pausenverbot nie wieder als Strafe eingesetzt wird, welches Motiv auch dahinterstehen möge. Kinder haben das Recht auf eine Erholungspause zwischen den Unterrichtsstunden, und zwar per Gesetz. Wird dieses Recht verletzt, sollte das angezeigt werden. Zudem solltest du verlangen, dass man deinen Sohn nicht als Faulpelz bezeichnet oder ihm irgendeinen anderen Stempel aufdrückt. Du solltest Respekt für die Tatsache einfordern, dass Kinder am besten lernen, indem sie spielen, experimentieren und erforschen. Auch wenn es den Schulregeln entspricht, hat kein Erwachsener das Recht, ein Kind schlecht zu behandeln oder seinem Selbstwertgefühl zu schaden, nur weil ihm danach ist oder er sich womöglich der negativen Auswirkungen seiner Handlungen nicht bewusst ist.

5. Zwinge dein Kind zu nichts, was es nicht will

Viele Eltern sind so daran gewöhnt, ihre Kinder zu kontrollieren, dass sie völlig vergessen, wie sehr es dem Selbstwertgefühl schadet, wenn ein Kind sich machtlos fühlt und gezwungen wird, anderen zu gehorchen. Wenn ich das erzähle, erwidern Eltern häufig, dass manche Dinge eben getan werden müssen und man Kinder im Notfall dazu zwingen sollte. Doch so ist es keinesfalls, denn Kinder lernen die wirklich wichtigen Dinge fürs Überleben durch die Nachahmung des elterlichen Verhaltens.

Wir müssen also die für das Leben unserer Kinder wirklich wesentlichen Dinge erkennen und begreifen: Der respektvolle Umgang mit ihnen bedeutet, dass wir ihnen genug Zeit lassen, etwas zu lernen, zu verstehen und machen zu wollen. Wir unterstützen sie dabei und berücksichtigen ihre Entwicklung, ohne sie zu zwingen oder vorzugeben, Erwachsene würden immer die absolute Wahrheit kennen. Auf diese Weise eignen sich Kinder alles Lebensnotwendige an. Sie lernen das zu verwerfen, was ihnen nicht weiterhilft, und beizubehalten, was ihnen einen Mehrwert bringt.

6. Stelle die Rechte deines Kindes über die Forderungen anderer Erwachsener

In Anknüpfung an den vorangegangenen Punkt gilt es auch zu betonen, dass wir Kinder nicht zwingen dürfen, etwas mit anderen Erwachsenen zu tun, was sie nicht wollen, nur weil es ihre Großeltern, Onkel oder Tanten sind. Wenn die Oma unseren Sohn um ein Küsschen bittet und ihm nicht danach ist, ist er nicht schlecht erzogen oder Ähnliches, sondern ihm ist einfach nicht danach. Er hat jedes Recht der Welt, das nicht tun zu wollen. Wir dürfen die Bedürfnisse der Oma nicht über die des Kindes stellen. Wir wünschen uns doch, dass sie als Erwachsene Nein sagen und anderen Personen, die sie zu etwas zwingen wollen, Grenzen setzen können. Sie sollen sich von niemandem beeinflussen lassen. Trotzdem zwingen viele Eltern ihre Kinder ständig, anderen Erwachsenen, sogar Fremden, Küsschen zu schenken oder sie zu umarmen. Damit sie später „Nein heißt Nein“ sagen können, müssen sie es bereits in ihrer Kindheit und Jugend sagen dürfen.

7. Arbeite zusammen mit deinem Kind an einem guten Selbstbild

Wir müssen Kindern dabei helfen, zu einer positiven Selbsteinschätzung zu gelangen. Doch das erreichen wir nicht, indem wir ihnen sagen, wie hübsch sie sind oder wie toll sie alles machen, sondern indem wir sie wie wertvolle Menschen - die wir alle sind - behandeln und sie wissen lassen, dass sie eine solche Behandlung verdienen. Kontrollieren wir unsere Kinder, drohen, schimpfen und fordern, machen wir unsere Zuneigung ihnen gegenüber davon abhängig, ob sie das tun, was wir wollen. So erreichen wir nur, dass sie ständig an sich zweifeln und sich schuldig fühlen, wenn es ihnen nicht gelingt, ihre Eltern „glücklich“ zu machen.

Unsere Kinder haben ein Recht auf ihr eigenes Leben und müssen nicht so leben, wie wir es wollen. Wenn wir mitbekommen, dass sie etwas Schlechtes über sich selbst sagen oder ihre Unzufriedenheit mit sich selbst zum Ausdruck bringen, müssen wir zuallererst prüfen, ob wir etwas falsch machen und ihnen damit schaden.

Wir müssen darüber nachdenken:

» wie wir mit ihnen sprechen,
» wie wir sie ansehen,
» ob wir Meinungen über sie äußern,
» ob wir über sie in der dritten Person sprechen, obwohl wir sie so als einzigartige Individuen missachten,
» ob wir sie auslachen,

- ob wir sie beleidigen,
- ob wir ihnen sagen, sie seien „bloß Kinder" und „nur das, was die Erwachsenen sagen, zähle",
- ob wir ihnen das Gefühl geben, sie wären minderwertig, weil sie Kinder sind,
- oder sie in irgendeiner Weise kränken.

In solchen Fällen brauchen wir uns nicht zu wundern, wenn es unseren Kindern an Selbstakzeptanz fehlt. Wir sollten diese Verhaltensweisen ändern und ihnen zur Selbstliebe verhelfen. Wir sollten eine so tiefe und respektvolle Verbindung zu ihnen aufbauen, dass sie bei uns Zuflucht finden und lernen, sich selbst zu lieben.

8. Zeige Hingabe

Unsere Kinder brauchen uns. Wir sollten ihnen Zeit schenken, ihnen zuhören, uns in ihre Welt begeben und mit ihnen spielen, ohne uns von irgendetwas dabei stören zu lassen. Wir sollten unser Leben mit Verständnis für ihres gestalten. Kinder sehnen sich nach unserer Zuneigung und Zärtlichkeit, möchten viel Zeit mit uns verbringen, mit uns reden, den Alltag leben, faulenzen oder lesen. Ausreden wie „ich arbeite aber so viel", „ich bin müde" oder „ich habe noch zwei andere Kinder" gelten nicht. Alles ist machbar. So wenig freie Zeit uns auch zur Verfügung steht, wir sollten sie unserem Nachwuchs widmen und das zur Priorität machen. Jede achtsame Minute, die du mit deinem Kind verbringst, trägt zur Entwicklung seines Selbstwertgefühls bei.

9. Stärke dein Kind in seinen Entscheidungen und lass es seine Meinung äußern

Kinder sollten ihren eigenen Willen haben und frei äußern dürfen. Sie sollten selbst über ihr Leben entscheiden dürfen (welche Kleidung sie tragen, wie viel sie essen, was sie teilen, was und mit wem sie spielen möchten), solange es nicht um überlebenswichtige Dinge geht. Natürlich sollten wir sie nicht in der Entscheidung bestärken, aus dem Fenster zu springen. Wenn wir sie aber beispielsweise selbst entscheiden lassen, mit wem sie spielen möchten, und weder darüber urteilen noch sie zu beeinflussen versuchen, werden sie sich gut und selbstbewusst fühlen. Sie werden an sich glauben und lernen, Entscheidungen zu treffen, ohne andere oder sich selbst zu verletzen. Zudem ist es wichtig, dass sie lernen, Beziehungen unabhängig davon aufzubauen, ob ihre Eltern diese gut finden, denn so lernen sie sich selbst wirklich kennen und können ihre Meinung frei von Zwängen äußern. Kinder müssen frei sein zu denken, was sie möchten, und danach zu handeln. Von uns lernen sie, dass alle Meinungen zu respektieren sind, solange sie niemandem schaden. Jeder hat ein Recht auf seine eigene Meinung, aber nicht darauf, diese anderen aufzudrängen.

10. Sei ein Vorbild für respektvollen Umgang

Wir dürfen unsere Kinder nicht zur Kritik erziehen. Sie sollten uns nicht dabei beobachten, dass wir die ganze Welt kritisieren, dass wir über andere herziehen, dass wir ein falsches Spiel spielen, Freundlichkeit heucheln, aber hinterrücks gemein sind, oder dass wir andere für ihre Entscheidungen verurteilen (niemand hat das Recht, sich in das Leben eines anderen einzumischen). Wenn wir uns so verhalten, glauben unsere Kinder, dass das in Beziehungen normal und richtig ist, obwohl es einzig und allein mangelnder Respekt gegenüber unseren Mitmenschen ist.

Wir sollten unseren Kindern beibringen, weder zu urteilen noch zu kritisieren. Alle Arten von Ansichten und Glaubensvorstellungen, alle Menschen und Lebewesen verdienen Respekt, auch wenn wir deren Meinung nicht teilen. Wir sollten unseren Kindern beibringen, dass das Leben kein Wettlauf ist, sondern ein Weg, auf dem wir alle unsere eigene Richtung wählen dürfen.

11. Hilf deinem Kind, wenn es dich darum bittet

Was die Autonomie von Kindern betrifft, herrscht in unserer Gesellschaft vollkommene Verwirrung. Auf der einen Seite zwingen wir sie zur Autonomie: Wir wollen, dass sie sich beeilen, allein schlafen oder keine Windeln mehr brauchen. Wir pochen wie besessen darauf, dass sie lernen aufzuräumen. Wenn sie jedoch etwas machen, mischen wir uns ein, wollen ihnen helfen, obwohl sie uns nicht darum gebeten haben. Doch damit schwächen wir nur ihr Selbstwertgefühl. Autonomie stellt sich von selbst ein und lässt sich nicht erzwingen. Wir müssen Vertrauen in das Tempo und die Entwicklung der Kinder haben. Wir sollten sie nicht drängen, dass sie mit irgendwelchen gesellschaftlichen Vorgaben oder Statistiken Schritt halten, die nichts mit den eigentlichen Bedürfnissen von Kindern zu tun haben. Es ist schockierend und zutiefst beschämend, wenn man sich die Informationsschreiben ansieht, die Eltern erhalten, bevor ihre dreijährigen Söhne und Töchter in die Kita kommen, und in denen steht, was diese alles „können müssen" (groß und klein auf der Toilette machen, allein einschlafen können, Anweisungen verstehen und befolgen, fügsam sein usw.). Kinder sind keine Erwachsenen und müssen auch keine sein. Zudem verlangen wir Dinge von ihnen, an die wir uns selbst nicht halten, beispielsweise anderen blind zu gehorchen.

Wenn Kinder uns nicht um Hilfe bitten und keine echte Gefahr besteht, müssen wir ihnen genügend Raum geben, damit sie Dinge ausprobieren können. Selbst wenn wir absehen können, dass sie das, was sie sich vorgenommen haben, nicht schaffen, ist es unnötig, sie darauf hinzuweisen oder ihnen zu sagen, wie es richtig geht.

Wir dürfen nicht vorwegnehmen, was passieren wird, sondern sollten in ihre Fähigkeiten und Entscheidungen vertrauen. So lernen sie, an sich selbst zu glauben. Wenn es dann nicht so klappt, wie sie wollen, lernen sie daraus, dass Fehlermachen dazugehört, dass das Leben nicht immer einfach ist, dass man manchmal scheitert. Als Eltern stehen wir ihnen dabei zur Seite und begleiten ihre Emotionen, sowohl im Falle des

Erfolgs als auch des Scheiterns. Bitten sie uns um Hilfe, sollten wir ihnen diese selbstverständlich liebevoll und frei von Kritik geben, ohne ihre Fähigkeiten oder Ziele anzuzweifeln. Wir sollten ihnen mit einer neutralen und respektvollen Haltung begegnen, auch wenn sie mit etwas falschliegen. Helfen wir ihnen nicht, obwohl sie darum bitten, oder helfen wir ungefragt, schüren wir Selbstzweifel in ihnen, sodass sie sich immer wieder selbst sagen „ich kann das nicht", „ich schaff das nicht", „das gelingt mir nicht gut". Zu solchen Aussagen tragen wir mit unserem Verhalten bei. Wenn wir so etwas hören, sollten wir nachfragen, weshalb sie das glauben, und versuchen, ihr Selbstvertrauen wieder aufzubauen. Dafür sollten wir ihnen die Freiheit geben, alles zu tun und zu entdecken, was sie wollen, forschend und spielend zu lernen. Denn so lernen Kinder am besten.

12. Zeig deinem Kind, wie man das Leben genießt

Wir alle haben das Recht, unser Leben als das zu führen, was es ist: unser eigenes. Dabei sollten wir uns mehr auf das besinnen, was wir haben, und darauf, wer wir sind und wie wir sein wollen. In unserem Zuhause sollten wir eine Atmosphäre schaffen, in der unsere Kinder gern und glücklich leben. Sie sollte die Kinder dazu ermutigen, ihr Leben zu genießen, für ihre Träume zu kämpfen, echte Motivationen und Interessen zu entwickeln und diese in ihrem Alltag zu verfolgen, ohne dass wir sie dabei behindern. Wie oft haben wir als Kinder gesagt: „Wenn ich groß bin, will ich Astronautin werden", und ein Erwachsener hat entgegnet: „Das ist aber sehr schwierig, dafür muss man viel lernen", oder: „Ach, du willst zu hoch hinaus mit deinen Träumen!" Menschen sind es gewohnt, die Interessen anderer kritisch zu kommentieren. Die Beziehung zu unseren Kindern sollte vollkommen anders sein. Sie sollte auf Vertrauen, Respekt und Lebensfreude basieren. Im Falle eines Scheiterns sollten wir die Tränen unserer Kinder trocknen und ihnen beistehen, uns das „Hab ich's dir nicht gesagt" sparen und lieber sagen:

- *„Ich bin hier."*
- *„Ich höre dir zu."*
- *„Ich hab dich lieb."*
- *„Ich helfe dir."*
- *„Komm, erzähl doch mal …"*

13. Arbeitet gemeinsam an der Einstellung, dass man keine Bestätigung von anderen braucht

Damit uns dies gelingt, sollten wir uns zunächst selbst davon freimachen, Bestätigung bei anderen zu suchen. Weder unsere Kinder noch alle anderen Menschen brauchen die Zustimmung anderer, um zu tun, was sie wollen, um zu sein, wer sie sind, um zu sagen und zu denken, was sie wollen. Für ein gesundes Selbstbewusstsein sollten wir unsere Kinder so erziehen, dass ihnen die Meinung anderer gleichgültig ist. Natürlich ist es wichtig, sich die Meinung der anderen anzuhören, doch sie sollte uns nicht beeinflussen. Wenn jemand eine unserer Entscheidungen missbilligt und wir deshalb frustriert oder traurig sind, müssen wir an unseren Gefühlen arbeiten. Wir müssen uns in die andere Person und ihre Meinung hineinversetzen und verstehen, dass niemand die Schuld für unsere Gefühle oder unsere Stimmung trägt. Wenn wir unserem Herzen folgen, brauchen wir uns nicht schlecht zu fühlen, auch wenn wir unser Ziel nicht erreichen. Daher sollten wir uns die Meinung der anderen zwar anhören, aber nicht zulassen, dass sie unser Selbstvertrauen schwächt. Unsere Kinder dürfen ihr Selbstwertgefühl nicht daraus ziehen, dass sie anderen ihre Erfolge zeigen, denn die einzige Meinung, die ihnen etwas bedeutet, sollte ihre eigene sein.

14. Belohne und bestrafe nicht

Aus Belohnungen und Strafen lernen Kinder überhaupt nichts, zumindest nichts Gutes. Sie sind nur eine weitere Methode, um Kinder zu kontrollieren und zu manipulieren. Sie bewirken unter anderem, dass Kinder kein gesundes Selbstwertgefühl entwickeln können. Kinder handeln dann nicht mehr eigenständig, sondern sind nur darauf bedacht, entweder die Belohnung zu bekommen oder der Strafe zu entgehen. Beim Gedanken daran leben sie in ständiger Angst, bekommen Beklemmungen und werden nervös. Selbstvertrauen, Selbstrespekt und Selbstliebe sollten nicht von Belohnung oder Strafe abhängen, sondern von der Gewissheit, dass man wertvoll ist, ganz gleich, was man tut oder lässt. Wenn wir Strafen oder Belohnungen in der Erziehung einsetzen, passen sich unsere Kinder dieser Lebensart an und glauben, dass es in allen Beziehungen so läuft: Entweder du gewinnst oder du verlierst, du wirst gelobt oder getadelt, du lobst oder du tadelst andere. So lernen sie weder Mitgefühl, noch bestimmen Aufrichtigkeit oder wahre persönliche Interessen ihr Leben. Unsere Erziehung sollte Hoffnung, Verständnis, Selbstliebe, Vertrauen in die Werte eines jeden Einzelnen sowie Akzeptanz und Respekt für ihren individuellen Rhythmus und ihre Entwicklung in unseren Kindern hervorbringen.

15. Erziehe zur Zusammenarbeit, nicht zum Wettbewerb

Unsere Welt ist von Wettbewerb statt von Zusammenarbeit geprägt. Dazu erziehen Eltern auch ihre Kinder, wenn sie ihnen Egoismus, Neid, Vergleiche und die Suche nach Bestätigung vorleben. Stattdessen sollten wir ihnen ein Leben zeigen, in dem sie mit anderen auf Augenhöhe zusammenarbeiten und gemeinsam etwas erreichen. Wettbewerb ruft Hass, Wut und Aggressivität hervor. Kinder sollten respektvoll mit anderen Menschen zusammenleben und an eine Welt glauben, in der alle Platz haben, so wie sie sind.

16. Sei vorsichtig mit Lob

So, wie Lob in der Kindererziehung häufig eingesetzt wird, ist es nicht gut durchdacht und umgesetzt. Denn es ist eine Manipulation. Wenn du deine Kinder lobst, weil sie sich so verhalten, wie du es möchtest, passt du ihr Selbstwertgefühl an deine eigenen Interessen an. Sagst du ihnen, wie gut sie ihre Hausaufgaben gemacht haben, weil sie sie so gemacht haben, wie du es wolltest, formst du ihre Interessen und persönlichen Vorstellungen neu. So ein Lob funktioniert wie eine Art Belohnung: Deine Kinder werden sich in einer bestimmten Weise verhalten und handeln, bloß um deine Anerkennung und dein Wohlwollen zu bekommen. Sie werden ihr Selbstwertgefühl darauf ausrichten, ob sie etwas richtig (so wie die anderen es sagen) oder falsch machen (so wie sie es eigentlich möchten). Wenn Kinder das tun, was sie wollen, und sich so viel Mühe geben, wie sie möchten, brauchen sie von niemandem ein Lob zu hören. Was sie brauchen, ist, dass man Interesse zeigt und sie fragt:

» *„Wie hast du das geschafft?"*
» *„Zeigst du mir das mal?"*
» *„Danke, dass du mir das zeigst!"*
» *„Wie findest du das?"*
» *„Was denkst du über dich?"*

Wenn deine Tochter dir zum Beispiel sagt, dass sie mit dir den Tisch decken möchte, dann antworte ihr nicht: „Sehr gut!“, weil dir ihre Hilfe gelegen kommt. Ihr Selbstwertgefühl soll ja nicht davon abhängen, ob es dir gut gefällt, dass sie den Tisch mit dir decken will. So etwas soll von Herzen kommen, weil sie Lust dazu hat und sich nicht dazu verpflichtet fühlt. „Wenn du das machen möchtest, warte ich auf dich“, könnte deine liebevolle und zugewandte Antwort sein.

Wir sollten unsere Kinder von dem Bedürfnis nach Anerkennung, auch unserer eigenen, befreien. Wir sollten uns daran gewöhnen, sie ohne jene „netten“ Worte zu leiten, die bloß unsere eigenen Interessen und Bedürfnisse spiegeln. Wenn du deine Kinder loben willst, frage dich zuerst, ob es von Herzen kommt oder ob sich dahinter ein Eigeninteresse verbirgt, wie dein eigenes Ego, deine Bequemlichkeit, deine Eile. Ersetz die Schmeicheleien lieber durch Fragen, die dem Selbstwertgefühl deiner Kinder nicht schaden, sondern die Verbundenheit, die Unterstützung und das Vertrauen in eurer Beziehung fördern. Es reicht nicht nur, unsere Kinder bedingungslos zu lieben, wir sollten es ihnen tagtäglich mit allen unseren Taten, Gesten und Worten zeigen.

Unsere Kinder: Menschen mit einem guten Selbstwertgefühl

Sich selbst zu lieben, ist das Beste, was ein Mensch für sein eigenes Leben tun kann. Menschen, die sich selbst lieben, so wie sie sind, und für das kämpfen, was ihnen wichtig ist, werden sich nach einem Misserfolg wieder aufrappeln. Vielleicht werden sie weinen, aber niemandem die Schuld geben, sondern beharrlich weitermachen und neuen Mut schöpfen.

Wenn wir unsere Kinder mit emotionaler Begleitung und Verständnis erziehen, werden sie sowohl in der Gegenwart als auch in der Zukunft über ein hohes Maß an Selbstwertgefühl verfügen. Sie werden nicht auf die Meinung von anderen angewiesen sein, um sich gut zu fühlen, sondern ein gutes Selbstbild haben. Sie werden weder Hass säen noch anderen Vorwürfe machen, sondern voller Liebe, Mitgefühl und Respekt sein. Sie werden allein durch die Tatsache, dass sie existieren, glücklich sein und auf sich selbst und ihre Fähigkeiten vertrauen. Sie werden ihre Entscheidungen danach treffen, was sie selbst wirklich wollen, ohne die Bestätigung von anderen Menschen zu benötigen. Denn sie haben ihren Platz in ihrem eigenen Leben bereits gefunden.

Alexandra und die Einsamkeit *Die Fehler der Eltern und wie sie sich richtig verhalten hätten:*

Falsch: *Als Alexandra ein Baby war, ignorierten ihre Eltern sie, wenn sie weinte, und sie „lernte", allein einzuschlafen.*
Kinder zu ignorieren, wenn sie weinen, und sie allein einschlafen zu lassen, führt dazu, dass ihr Cortisolspiegel im Blut steigt und sie dadurch unter Stress stehen. Solch frühkindlicher Stress wirkt sich auch auf ihre Zukunft aus. Diese Kinder leiden später unter Ängsten und Phobien, innerer Unruhe und Schlaflosigkeit. Fehlen den Kindern Respekt, Liebe und Unterstützung, wirkt sich das negativ auf ihre Entwicklung aus.
Richtig: Alexandras Eltern hätten bei ihr schlafen oder ihr zumindest bei jedem Weinen geduldig Zuneigung und Liebe schenken müssen.

Falsch: *Die Eltern drückten Alexandra einen Stempel auf.*
Immer wieder stempeln Eltern ihre Kinder für etwas ab, das auf ihren eigenen emotionalen Unzulänglichkeiten und Fehlern basiert. Alexandra wurde von klein auf „Nervensäge" genannt, weil sie weinte, ihre Bedürfnisse äußerte und um Hilfe sowie Zuneigung bat. In unserer Gesellschaft passiert das oft. Ein Kind wird als „Wirbelwind" oder „Zappelphilipp" bezeichnet, obwohl es normal ist, dass Kinder sich bewegen, anstatt stillzusitzen.
Richtig: Die Eltern hätten sich lieber ihrer wahren emotionalen Bedürfnisse annehmen sollen. Die Bewertung der Eltern war respektlos und hat in Alexandra die Überzeugung genährt, eine Last und ein Ärgernis zu sein. Sie lernte sich selbst weder kennen noch lieben. Die ständige Wiederholung des schmerzhaften Spitznamens demütigte Alexandra dauerhaft und weckte in ihr das Bedürfnis nach fremder Anerkennung.

Die Eltern hätten ihre Gefühle offen akzeptieren müssen und liebevolle Kosenamen für die Tochter verwenden sollen.

Falsch: *Alexandra bekam von ihren Eltern nur dann ein wenig Zuneigung, wenn sie gute Noten nach Hause brachte.*
Eigentlich war es keine Zuneigung, sondern eine Belohnung. Liebe ist aber kein Preis. Wir sollten sie unseren Kindern nicht bloß dann geben, wenn sie unsere Erwartungen erfüllen oder unseren Wünschen folgen.

Kinder können ihre Persönlichkeit nicht entfalten, wenn ihre Meinungen, Interessen und emotionalen Bedürfnisse nicht beachtet werden.
Richtig: Kinder sollten sich bedingungslos geliebt fühlen. Alexandras Eltern hätten merken müssen, was für eine wunderbare Tochter sie haben, einfach weil sie ihre Tochter ist. Diesen Menschen haben sie selbst in die Welt gesetzt, weil sie eine Familie wollten.

Alexandra hätte Gehör, Zärtlichkeit, Aufmerksamkeit, Zeit, emotionale Begleitung, Respekt, Mitgefühl, Verbundenheit, Vertrauen und familiäre Geborgenheit erleben müssen, und zwar bedingungslos. Die Eltern hätten ihre Erwartungen ablegen und sich nur auf ihre Tochter konzentrieren sollen.

Zusammenfassung

» Selbstwertgefühl bedeutet Selbstliebe.

» Menschen, die sich selbst lieben, sind allein durch die Tatsache zu sein, wer sie sind, glücklich. Sie sind mit sich selbst zufrieden und brauchen keine Anerkennung von anderen.

» Das Selbstwertgefühl entwickelt sich vor allem in der Kindheit. Mädchen und Jungen betrachten sich selbst so, wie ihre Eltern sie sehen.

» Alles, was wir Eltern über unsere Kinder denken, sowohl das, was wir ihnen direkt sagen, als auch das, was wir anderen über unseren Nachwuchs erzählen, wird von den Kindern aufgenommen. Es prägt die Liebe zu ihnen selbst oder erzeugt einen Mangel daran.

» Der erste Schritt, den wir machen können, um unseren Kindern zu einem optimalen Selbstwertgefühl zu verhelfen, besteht darin, uns selbst zu lieben.

» Damit Kinder ein gesundes Selbstwertgefühl entwickeln (einer der Schlüsselfaktoren für ihr persönliches Glück), sollten wir sie so akzeptieren, wie sie sind. Wir sollten Vergleiche und Kategorisierungen unterlassen, ein Vorbild für Ehrlichkeit sein, anderen Personen Grenzen setzen, die Kinder zu nichts zwingen, was sie nicht wollen, und ihre Rechte über die Ansprüche anderer Erwachsener stellen. Gemeinsam sollten wir an einem guten Selbstbild arbeiten, ihnen unsere Zeit schenken, sie in ihren Entscheidungen bestärken und ihre eigene Meinung äußern lassen. Wir sollten Kindern ein Vorbild für respektvollen Umgang mit anderen sein, ihnen helfen, wenn sie darum bitten, und sie dazu animieren, das Leben zu genießen. Gemeinsam mit den Kindern sollten wir an der Haltung arbeiten, dass sie im Leben weder auf die Bestätigung durch andere Menschen noch auf Belohnungen oder Strafen angewiesen sind. Wir sollten sie zur Zusammenarbeit und nicht zum Wettbewerb erziehen und mit Lob vorsichtig umgehen.

Alexandra und die Angst im Dunkeln

Obwohl Alexandra schon 18 Jahre alt war und als „erwachsen“ galt, hatte sie immer noch Angst vor der Dunkelheit.

Es hatte begonnen, als sie im Alter von etwa zehn Jahren einmal ins Bett ging, das Licht ausschaltete und plötzlich von einer heftigen Angst gepackt wurde. Sie blickte in den dunklen Flur, und als sie das Flackern des Fernsehers an der Wand sah, zog sie schnell die Bettdecke über den Kopf und drückte ihr Kuscheltier an sich. Sie verstand nicht, was mit ihr los war. Sie rief ihre Mutter, einmal, zweimal, dreimal, bis sie schließlich völlig verängstigt aufstand.

Sie kam mit zerzaustem Haar und kreidebleichem Gesicht ins Wohnzimmer, hielt ihr Kuscheltier umklammert.

„Was machst du denn hier?“, fragte ihr Vater.

„Ich habe Angst.“

„Angst, wovor denn? Du bist echt eine Nervensäge. Wir schauen einen Film und möchten nicht, dass du uns störst. Und außerdem ist es schon spät, du musst schlafen, sonst kommst du morgen früh nicht aus dem Bett.“

„Kann ich bitte das Licht im Flur anmachen?“

„Aber nur fünf Minuten, sonst muss ich so viel Strom zahlen.“

„Bringst du mich in mein Zimmer?“

„Jetzt reicht's, Alexandra. Ins Bett mit dir!“

Seit dieser Nacht wiederholten sich solche Vorfälle immer wieder. Alexandras Angst wuchs, denn jedes Mal, wenn sie in den Flur schaute, stellte sie sich Monster, Schlangen und Riesenspinnen vor. Als sie ihre Eltern zum dritten Mal um Hilfe bat, stellten diese ihr bereits ein Ultimatum: „Nerv uns nie wieder damit, Alexandra. Wenn du Angst hast, mach einfach die Augen zu und schlaf. Du bist schon zehn. Du darfst keine Angst mehr haben wie ein kleines Baby. Du musst tapfer sein und aufhören, dir Dinge einzubilden.“

Eines Tages, als Alexandra 14 war, bestellte ihre Lehrerin die Eltern in die Schule, da ihr etwas Sorgen bereitete. Nachdem sie zuerst von Alexandras sehr guten schulischen Leistungen und ihrem korrekten Verhalten gegenüber den Mitschülerinnen und Mitschülern berichtet hatte, erzählte die Lehrerin, dass sie das Mädchen oft sehr müde erlebe, mit Augenringen, als käme sie nicht richtig zur Ruhe oder würde zu wenig schlafen.

„Entschuldigen Sie, aber da müssen Sie sich täuschen, meine Tochter schläft wunderbar“, entgegnete der Vater.

„Ich möchte Ihnen nur ans Herz legen, sie zu beobachten. Vielleicht schläft sie ja nicht gut, weil ihr irgendetwas zu schaffen macht“, fügte die Lehrerin hinzu.

Als die Eltern nach Hause kamen, waren sie sehr aufgebracht. Sie machten sich über die Lehrerin lustig und versicherten einander, dass es ihrer Tochter gut gehe. „Als ob sie besser über unsere Tochter Bescheid weiß als wir. Was fällt dieser Frau bloß ein!“, meinten sie. Als Alexandra vom Training nach Hause kam, beobachteten die Eltern ihre Tochter dennoch. Alexandra sah tatsächlich sehr müde aus und hatte Augenringe.

Als Eltern waren sie wenig bis gar nicht aufmerksam, sie beide hatten selbst eigene Probleme. Anna, die Mutter, hatte ihren Vater bei einem Arbeitsunfall verloren, als sie noch sehr klein gewesen war. Ihre Mutter, Alexandras Oma, war jahrelang am Boden zerstört gewesen, weshalb sie ihre fünf Kinder emotional vernachlässigt hatte. Paco, Alexandras Vater, war mit zwei Schwestern aufgewachsen und hatte sich von seiner Mutter immer abgelehnt gefühlt, weil er meinte, dass sie die zwei Mädchen lieber hatte. Beide Elternteile hatten eine sehr belastete Vergangenheit. Bis sie ihren jetzigen Lebensstandard erreicht hatten (sie waren fest angestellt, hatten eine abbezahlte Wohnung in einem der teuersten Viertel der Stadt), mussten sie viel durchstehen und viele schwierige Erfahrungen mit Kollegen und Kolleginnen, Vorgesetzten oder ihren eigenen Geschwistern machen. Das alles trug dazu bei, dass die Beziehung zu ihren Töchtern von Misstrauen, Schimpftiraden, Vergleichen und Unverständnis geprägt war.

Beiden wurde klar, dass die Lehrerin recht hatte. Nachdem sie ihre Tochter beobachtet hatten, schauten sie einander an und wussten, dass sie ihr helfen sollten, konnten es aber nicht. Als Alexandra ihren Rucksack in ihr Zimmer brachte, rief die Mutter: „Alexandra, komm einen Moment her."

„Ist gut, Mama, ich fang ja schon an zu lernen", erwiderte sie.

„Wir möchten mit dir reden", sagte ihr Vater.

Alexandra kam ins Wohnzimmer und fand die beiden mit ernsten Mienen auf dem Sofa. Sie wollte wissen, ob etwas geschehen sei, und die Eltern erzählten ihr, was ihre Lehrerin berichtet hatte, und fragten sie, wie sie das sehe.

„Nein, ich schlafe nicht gut", erklärte Alexandra. „Aber nicht erst seit Kurzem. Seit ich zehn war, habe ich Angst im Dunkeln, und das wisst ihr genau. Ich bitte euch jede Nacht, das Licht anzulassen. Ich bitte euch um Hilfe, und das Einzige, was ich von euch höre, ist, dass ich nerve. Dann kann ich nur schwer einschlafen. Außerdem wache ich nachts oft auf und der Albtraum geht wieder von vorn los."

„Hahaha! Ach herrje! Das ist alles? Das blöde Licht im Flur, um das du immer bittest?", rief die Mutter sichtlich erleichtert.

„Verdammt noch mal, Alexandra, dann fehlt dir ja gar nichts! Wir haben echt einen Schreck bekommen, dabei ist es nur die alte Leier mit dir. Gott sei Dank!", sagte ihr Vater und fügte hinzu: „Du bist ein Angsthase, weiter nichts. Je weniger Licht nachts brennt, umso schneller hast du das überwunden, du wirst schon sehen."

Die Eltern atmeten erleichtert auf, während Alexandra sich wieder einmal unverstanden fühlte und lernen ging.

Auch mit 18 Jahren hörten ihre Schlafprobleme nicht auf. Sie hatte sich angewöhnt, Musik anzumachen, wenn sie Angst bekam. Doch selbst wenn sie die Augen fest schloss und sich auf die Songtexte konzentrierte, verfolgte die Angst sie, und Alexandra konnte bis tief in die Nacht nicht einschlafen. Sie wusste nicht, wie sie sich ihrer Angst stellen sollte, sie wusste nur, dass es im Dunkeln schlimmer wurde.

I \ fünf

Kinder und ihre Ängste

Angstbasierte Erziehung und ihre Folgen

Im Leben geht es ständig darum, „zu ernten, was wir säen“, und als Erwachsene haben wir das anscheinend gut verinnerlicht. Alles, was wir im Leben tun, hat Konsequenzen, gute oder schlechte, je nachdem, wie wir uns verhalten. Und das gilt auch für die Menschen um uns herum. Dementsprechend hat die Art, wie wir mit unseren Kindern umgehen, Folgen für sie oder für unsere Beziehung zu ihnen.

Erziehen Eltern auf der Grundlage von Angst, also durch Kontrolle, Drohung, Strafen, Schimpfen, Disziplinierung, Belohnung, Erpressung, Erwartung, körperliche Gewalt oder durch fehlende Zuwendung, Zeit, Anwesenheit oder emotionale Unterstützung, hat das Auswirkungen auf ihre Kinder. Kinder, die mittels Angst erzogen werden, haben Angst:

- Angst davor, bestraft zu werden oder die Belohnung nicht zu erhalten
- Angst davor, nicht so zu sein, wie die Eltern sie haben wollen, und sie somit zu enttäuschen
- Angst davor, angeschrien und bedroht zu werden

- Angst davor, im Leben allein zu sein, von niemandem geliebt oder geschätzt zu werden
- Angst davor, keinen Freundeskreis, keinen Partner beziehungsweise keine Partnerin oder keine gute Arbeit zu finden
- Angst davor, anders zu sein, nicht gut genug zu sein, zu sagen, was sie fühlen
- Angst davor, sie selbst zu sein

Je mehr Angst in der Erziehung eine Rolle spielt und je weniger Freiheit Kinder genießen, sich sowohl in guten wie in emotional aufwühlenden Momenten ausdrücken zu können, umso mehr Ängste entwickeln sie. Wachsen sie zudem in einer Umgebung auf, in der sie sich nicht beschützt und sicher fühlen und in der sie ihre Ängste nicht äußern können, dann werden sie diese nur mit großen Schwierigkeiten ablegen können. Sie können psychische Störungen entwickeln, die sie möglicherweise ein Leben lang mit sich herumtragen, solange sie nicht an ihnen arbeiten.

Wenn die Erziehung der Kinder hingegen von Respekt, Mitgefühl, emotionaler Begleitung, gesundem Menschenverstand und bedingungsloser Liebe geprägt ist, werden sie zwar die üblichen Ängste entwickeln, wie wir alle sie ab und zu erleben, doch sie werden die richtigen Strategien kennen, um sie zu erkennen und zu überwinden.

Mit den Ängsten umgehen

Der erste Schritt besteht auch hier darin, sich unserer kontrollgestützten und adultistischen Erziehung bewusst zu werden und sie durch eine intensive Arbeit an unseren Gefühlen Stück für Stück zu verändern, damit wir unseren Kindern näherkommen und uns um ihre wahren emotionalen Bedürfnisse kümmern können.

> *Wir können unsere Kinder natürlich nicht davor bewahren, hin und wieder Angst zu haben.*

Wie alle Menschen durchlaufen sie Entwicklungen und Situationen, in denen sie dieses Grundgefühl in sich spüren. Als Eltern können wir das nicht verhindern. Doch wir können viel dafür tun, dass sie im Moment der Angst verstehen, was mit ihnen vorgeht, sich beruhigen, sich von dem Gefühl befreien und es überwinden.

Auf diesem Weg der Veränderung werden wir unterschiedlichen Ängsten mit ihren jeweiligen Besonderheiten begegnen:

1. Typische Ängste in bestimmten Entwicklungsstufen

Das sind beispielsweise Ängste vor einer Trennung von der Mutter, vor Fremden, vor lauten Geräuschen, vor Tieren, vor der Dunkelheit, vor Stürmen, vor dem eigenen Tod oder dem eines geliebten Menschen, vor einem Feuer usw.

Allerdings haben nicht alle Kinder dieselben Ängste. Jedes Kind ist einzigartig und macht seine eigenen Erfahrungen. Es hängt auch von der emotionalen Begleitung ab, die ihnen zuteilwird. Die Kinder erleben solche Ängste weder im selben Alter noch auf dieselbe Weise oder unter denselben Umständen.

2. Posttraumatische Ängste

Ängste hängen zwar generell von den jeweiligen Erfahrungen der Kinder ab, von ihrer Umgebung, ihrer Erziehung und ihrem Umgang mit den jeweiligen Situationen. Doch es gibt Ängste, die Kinder aufgrund einer traumatischen Erfahrung entwickeln, über die sie nicht hinwegkommen und die sie daher immer wieder heimsuchen. Eine solche Traumatisierung kann bereits kurz nach der Geburt stattfinden (Trennung von der Mutter, Aufenthalt in einem Inkubator, Reanimation usw.) oder bei einem Verkehrsunfall, selbst wenn es keine körperlichen Verletzungen gibt. Sie kann durch den Verlust eines Elternteils oder eine Trennung der Eltern bei fehlender emotionaler Begleitung ausgelöst werden. Auch Filme (mit zwölf habe ich *Es*[13] gesehen und mir danach jahrelang den Clown in allen möglichen Ecken eingebildet; die Nächte waren der reinste Horror), Bilder oder erschreckende Situationen können traumatisieren.

3. Ängste, die von Müttern und Vätern ausgelöst werden

Mütter und Väter, die mittels Angst erziehen, bedienen sich häufig bestimmter Figuren als Hilfe, um ihren Standpunkt zu untermauern. Diese Figuren sind zum Beispiel Knecht Ruprecht, der Schwarze Mann, Monster oder Hexen, Ärztinnen und Ärzte oder die Polizei. Es ist schon merkwürdig - obwohl Eltern ihren Kindern beibringen sollten, dass die Polizei helfen und schützen soll, jagen sie den Kindern ständig Angst ein mit Sätzen wie: „Wenn du nicht aufisst, kommt die Polizei und nimmt dich mit." Das beweist einmal mehr, wie wenig Logik und Vernunft manche Eltern bei der Erziehung walten lassen: Sie schüren Angst, um ihr Ziel zu erreichen, obwohl die Kinder der Polizei eigentlich vertrauen sollten. Kinder, deren Erziehung auf Angst basiert, können Phobien entwickeln, die scheinbar nichts mit ihrem eigentlichen Ursprung zu tun haben. Machen Eltern ihnen zum Beispiel ständig Angst, indem sie ihnen sagen, der Weihnachtsmann würde keine Geschenke bringen, solange sie nicht in allen Klassenarbeiten eine Zwei schreiben - und wächst diese Angst langsam in ihnen heran wie eine Blume im Garten –, dann kann es vorkommen, dass die Kinder nach sechs Monaten voller Angst plötzlich eine heftige Panik vor Spinnen empfinden. Die Eltern begreifen dann nicht, woher diese Angst kommt. Möglicherweise haben die Kinder, während sie in der Weihnachtszeit all diese Botschaften und diesen Druck verinnerlicht haben, in einem ihrer Schulbücher eine Spinne gesehen. Dieses Bild hat sich ihnen eingebrannt und sie haben es unterbewusst mit der Angst, die durch ihre Eltern erzeugt worden ist, verbunden.

Auf der anderen Seite gibt es die Ängste der Eltern, die sie ungewollt auf ihre Kinder übertragen. Das können Phobien sein, wie Flugangst, die Angst vor dem Meer oder davor, das Haus zu verlassen, oder die grundsätzliche Angst, ihren Kindern könnte etwas passieren. Alle Eltern haben diese Angst, doch manche Menschen lassen sich davon völlig überwältigen. Diese Unsicherheit erlaubt weder ihnen noch ihren Kindern ein normales Leben, denn sie befinden sich in ständiger Alarmbereitschaft: „Vorsicht, weg da!“, „Steig dort nicht rauf! Du fällst noch runter!“ Kinder fühlen sich dann eingeengt und lassen sich von der Ängstlichkeit ihrer Eltern anstecken.

» *Werden Ängste weder respektiert noch begleitet und wird weiter Angst als Erziehungsmethode eingesetzt, leiden Kinder an einem mangelnden Selbstwertgefühl.*

Sie glauben nicht an sich selbst und denken oftmals, dass sie selbst schuld an ihren Ängsten sind. Das führt wiederum zu innerer Unruhe, Nervosität und Stress. Darüber hinaus wachsen ihre Ängste immer weiter, und in manchen Situationen, in denen sie immer stärkere und heftigere Angst verspüren, fühlen sie sich gefangen, was ihre Emotionalität erheblich beeinträchtigt.

Es liegt in unserer Hand, ob unsere Kinder diese negativen Gefühle überwinden können oder sie als Ballast mit sich herumtragen.

Wenn unsere Kinder Angst vor etwas haben, sollten wir zusätzlich zu den (unerlässlichen) Strategien der emotionalen Begleitung und des Respekts nicht ungeduldig darauf drängen, dass sie ihre Angst ablegen oder nicht mehr zeigen. Wenn wir ungeduldig darauf warten, dass sie keine Angst mehr haben, und sie es merken, führt das bloß dazu, dass sie das Gefühl unterdrücken und entgegen ihren Bedürfnissen handeln. Den Ängsten von Kindern sollten wir immer mit Ruhe und Zuwendung begegnen.

Wir dürfen sie auf keinen Fall auffordern, sich zu beruhigen oder ihre Angst nicht mehr zu spüren oder zu zeigen, sondern sollten ihnen vermitteln, dass wir für sie da sind, sie verstehen und sie dabei unterstützen, ihrer Angst Ausdruck zu verleihen. Tun wir das nicht, multiplizieren sich ihre Ängste.

Stell dir beispielsweise vor, du gehst mit deinem dreijährigen Sohn zur Apotheke und er erschreckt sich vor dem Apotheker und teilt dir seine Furcht mit. Dann darfst du ihm nicht antworten: „Das ist ein netter Mann, du brauchst doch keine Angst vor ihm zu haben." Auf diese Weise versuchst du nur, seine Angst zu bremsen. So gut es auch gemeint sein mag, ist es nicht das, was dein Sohn braucht. Er muss es herauslassen, dir erzählen, was in ihm vorgeht, sich die Hände vors Gesicht halten, zittern oder wonach auch immer ihm ist.

Du kannst ihn fragen:

» *„Geht es dir gut?"*
» *„Fühlst du dich wohl?"*
» *„Sollen wir gehen?"*
» *„Sollen wir ein anderes Mal wiederkommen?"*

Wenn Letzteres nicht möglich ist, solltest du ihn in den Arm nehmen und ihn trösten. Du kannst ihm von einer Person erzählen, vor der du dich in deiner Kindheit gefürchtet hast, damit er merkt, dass du ihn verstehst. Du kannst ihm einen Kuss geben, zärtlich, liebevoll und in seiner Nähe sein. So wird er verstehen, dass es ganz normal ist, manchmal Angst zu haben. Er begreift dann auch, dass seine Eltern auf ihn aufpassen und ihn verstehen. Nach und nach wird er sich sicherer fühlen und ohne Angst in die Apotheke gehen.

Es ist wichtig, dass wir als Erwachsene angesichts der Ängste unserer Kinder nicht die Nerven verlieren, übertreiben, sie anschreien oder uns aufregen, indem wir unsere eigenen Gefühle in den Vordergrund stellen. Genauso wenig dürfen wir das Angstverhalten unserer Kinder als übertrieben abtun. Sie müssen alles herauslassen und nichts herunterschlucken. Nur so überwinden und verarbeiten sie ihre Ängste, so begreifen sie, dass ihnen wirklich nichts Schlimmes passiert und weder ihr Leben noch ihr Wohlergehen bedroht sind. Wir Erwachsenen sind diejenigen, die ihren Gefühlen nicht immer freien Lauf lassen dürfen, denn wir sollten uns ihrer zuerst bewusst werden, sie erkennen und Prioritäten setzen:

» *Vorrang hat stets die korrekte emotionale Begleitung der Kinder.*

Wir sollten ihnen unbedingt dabei helfen, über ihre Ängste, Sorgen und Unsicherheiten zu sprechen. Wir sollten unbedingt ein Vertrauensverhältnis aufbauen, innerhalb dessen sie uns erzählen können, was sie fühlen, wie sie es fühlen und was der Grund für ihre Gefühle sein könnte, ohne befürchten zu müssen, dass sie von uns verurteilt werden. So können wir mit ihnen gemeinsam mehr darüber erfahren, was ihnen Angst macht, und mit diesem Wissen ihre Haltung dazu stetig neu bewerten.

» *Das Zuhören, die Suche nach Lösungen und die Verbundenheit sowie die Begleitung, die das Kind in seiner Angst erhält, bereiten es darauf vor, sich wieder zu erholen und die Angst zu überwinden.*

Ängste sind natürlich und normal: Sie gehören zum Menschsein dazu und tragen zu unserem Schutz und Überleben bei. Das Gehirn nimmt etwas als eine Art von Bedrohung wahr und bringt das als Warnung zum Ausdruck. Sobald sich zeigt, dass keine echte Gefahr besteht, begreift es das und beruhigt sich. Meist erkennt es etwas Bekanntes, vor dem es keine Angst zu haben braucht, und sortiert es richtig ein. Um diesen Prozess durchlaufen zu können, sollten Kinder und Jugendliche ihre Ängste jederzeit ohne Scham äußern dürfen und bei ihren Eltern die größtmögliche Sicherheit finden. Eltern dürfen sie nicht allein lassen, verurteilen, verspotten oder ignorieren. Eltern sollten nicht wütend werden, weil die Kinder Angst haben, oder sie zwingen, diese Gefühle zu verdrängen oder sich ihnen zu stellen. Auf diese Weise sehen Kinder ihre Ängste nicht als Problem an. Stattdessen suchen sie die Lösung in der Begleitung, Unterstützung und bedingungslosen Liebe der Eltern, derer sie sich jederzeit gewiss sein können.

Tipp:
Falls dein Kind an Ängsten leidet, die durch ein traumatisches Erlebnis verursacht wurden, sollte es natürlich professionelle therapeutische Hilfe bekommen. Trotzdem solltest du mit derselben emotionalen Begleitung für dein Kind da sein.

Stellen wir uns beispielsweise vor, ein zwölfjähriges Mädchen hat Angst vor dem Meer. Früher war es nicht so, doch im vergangenen Sommer wurde sie von einer Qualle gestochen. Obwohl diese klein und ihre Verletzung schnell verheilt war, will das Mädchen seitdem keinen Fuß mehr ins Meer setzen, geschweige denn den Namen des Tieres hören. Damals half ihr ein Rettungsschwimmer, der sie in die Krankenstation brachte, wo sie allein war. Weder Mutter noch Vater waren dabei. Der Rettungsschwimmer sagte den Eltern, sie sollten besser nicht mit hineinkommen, und sie waren einverstanden. Kinder und Jugendliche haben jedoch das unbedingte Recht auf eine Begleitung, wenn es um ihre Gesundheit geht. Wir sollten sie bei allen möglichen medizinischen Vorgängen, Untersuchungen und Tests (Analysen, Röntgenaufnahmen, CTs, Präventionsmaßnahmen usw.) begleiten, auch wenn es manchmal vorkommt, dass uns in der Praxis gesagt wird, das entspreche nicht den Vorschriften (Kinderrechte haben Vorrang vor jeder Vorschrift). Das soll nur verhindern, dass nervöse Eltern die Arbeit des medizinischen Personals behindern. Wir sollten also ruhig bleiben und dadurch auch unseren Kindern Ruhe vermitteln, ihnen Schutz und bedingungslose Liebe geben. Selbst, wenn uns das nicht gelingt, sollten wir immer darauf bestehen, bei ihnen zu sein, vor allem bei medizinischen Untersuchungen. Denn Kinder leiden sehr darunter, wenn sie in einer solchen Situation nicht bei ihren Eltern sind, weshalb es umso wichtiger ist, sie angemessen emotional zu begleiten. In diesem Fall hätten die Eltern die Tochter in die Krankenstation begleiten müssen, als sie dort behandelt wurde. Die Eltern hätten ihr die Möglichkeit geben sollen, sich bei ihnen auszuweinen und ihre Angst zu äußern. Sie hätten die Tochter nach ihrem Erlebnis fragen und ihr zuhören sollen, ohne Urteile, ohne Drama, ohne sie zu zwingen, sich zu beruhigen. Da dies nicht geschehen war, hätte man sie unmittelbar danach emotional begleiten sollen oder wenigstens in den folgenden Tagen. Wenn die Eltern all das unterlassen und ihr stattdessen immer nur gesagt haben, sie müsse darüber hinwegkommen, so schlimm sei es doch nicht gewesen, sie müsse tapfer sein, sie werde sich im nächsten Sommer langweilen, keine ihrer Cousinen habe Angst vor dem Meer usw., haben sie dadurch ihre Angst weiter genährt, anstatt ihr dabei zu helfen, diese zu besiegen.

» *Doch es ist nie zu spät, und der beste Moment für einen Neuanfang ist jetzt.*

Falls dir so etwas Ähnliches passiert ist, sprich mit deiner Tochter über ihre Angst, lass sie alles nach außen tragen, was sie bedrückt, versprich ihr, dass du sie nicht verurteilen wirst (und tu das auch nicht). Behalte deine Meinung für dich, sag ihr nicht, was sie tun soll, sondern hör dir einfach nur an, was sie dir erzählt, schau ihr in die Augen, damit sie merkt, dass du sie verstehst, bitte sie um Verzeihung dafür, dass du nicht für sie da warst, sag ihr, dass du ihr alle Zeit der Welt gibst, bis sie sich bereit fühlt, wieder ins Meer zu gehen, dass ihr gemeinsam nach alternativen Aktivitäten für sie suchen werdet, dass alles wieder in Ordnung kommt. Informiert euch gemeinsam über Quallen, ihre Eigenschaften und darüber, warum sie stechen; recherchiert, ob es etwas gibt, womit man seine Haut vor Quallenstichen schützen kann (es gibt mittlerweile Cremes). So hilfst du ihr allmählich, ihre Angst abzubauen, und nimmst ihr, ohne sie zu drängen, die Panik vor dem Meer. Lässt du sie immer dann, wenn sie es möchte, über ihre Gefühle sprechen und zeigst du ihr, dass du stets bedingungslos für sie da bist, wird sie die Strandtage früher oder später wieder genießen können.

Nur wenn wir die Ängste unserer Kinder begleiten, können sie den nötigen emotionalen Ausgleich erreichen, um sie zu überwinden.

Alexandra und die Angst im Dunkeln
Die Fehler der Eltern und wie sie sich richtig verhalten hätten:

Falsch: *Mit zehn Jahren verspürte Alexandra zum ersten Mal Angst und ging ins Wohnzimmer, um bei ihren Eltern Schutz zu suchen, doch sie erhielt keinerlei Hilfe.*
Zwar haben die Eltern zugestimmt, das Licht fünf Minuten anzulassen, doch nie waren sie ihrer Tochter gegenüber zugewandt oder fürsorglich. Dieses Verhalten war für die spätere Entwicklung von Alexandras Angst entscheidend.
Richtig: Die Mutter hätte sich bereits um Alexandra kümmern müssen, als sie nach ihr rief. Sie hätte die Tochter in den Arm nehmen, ihr zuhören und das Licht einschalten müssen. Sie hätte Alexandra fragen müssen, was los sei, ohne zu urteilen, ohne ihre Angst abzuwerten und ohne sie zu zwingen, sich zusammenzureißen. Die Mutter hätte Alexandras Gefühle respektieren und für sie da sein sollen. Sie hätte jeden Abend bei ihr bleiben, ihr vermitteln sollen, dass sie sich die Gefahr nur einbildet und sie ihr Kind immer beschützen würde. Am nächsten Tag hätten sie über das Thema sprechen und zum Beispiel gemeinsam in der Bibliothek nach Informationen suchen können, warum es nachts dunkel wird. So hätte Alexandra die Nacht lieben gelernt, anstatt sie zu fürchten.

Falsch: *Die Angst vor der Dunkelheit wurde ein wiederkehrendes Gefühl. Doch Alexandras Eltern sagten bloß, sie solle tapfer sein und sie nicht mehr mit diesem Thema nerven.*

Wenn Angst nicht gut begleitet wird, kann sie zum Problem werden. Die Eltern haben jedes Mal dieselben Fehler wiederholt und es nur noch schlimmer gemacht. Sie hätten ihrer Tochter nicht sagen dürfen, sie müsse tapfer sein. So etwas sollte man Kindern und Jugendlichen niemals sagen. Sätze wie: „nur Feiglinge heulen“, „du musst tapfer sein“ oder „man braucht vor gar nichts Angst zu haben“, sind absolut falsch und verunsichern Kinder nur noch mehr. Dadurch geben sie sich die Schuld für ihre Angst.
Richtig: Alexandras Eltern hätten viele Gelegenheiten gehabt, ihr Aufmerksamkeit und bedingungslose Liebe zu schenken. Eltern sollten ihren Kindern zeigen, dass Ängste etwas Natürliches sind. Sie sollten ihnen den menschlichen Angstmechanismus und seine Funktion erklären und ihnen in solchen Momenten beistehen.

Falsch: *Alexandras Eltern nahmen ihre Ängste nicht einmal ernst, als sie von einer Außenstehenden darauf hingewiesen wurden, dass diese die Lebensqualität und Gesundheit ihrer Tochter beeinträchtigten.*
Im Gespräch mit der Lehrerin sahen die Eltern vor allem ihr Ego verletzt. Obwohl beide aus ihrer Kindheit und Jugend emotionalen Ballast mit sich herumtragen (was eine respektvolle, kontrollfreie, geduldige, mitfühlende und bedingungslos liebende Erziehung erschwert), ist es nie zu spät, etwas zu ändern. Doch die Eltern wollten nichts sehen und von nichts wissen, um nicht zu leiden.
Richtig: Nach dem Gespräch mit der Lehrerin wäre eine weitere Gelegenheit gewesen, eine gute Beziehung zu ihrer Tochter aufzubauen, sich um sie zu kümmern, ihr zu helfen und sie zu verstehen. Das Richtige wäre gewesen, ihre Tochter endlich emotional zu begleiten.

Falsch: *Mit 18 Jahren hatte sich Alexandras Angst weiterentwickelt und zu einer ausgeprägten Schlafstörung, Phobie und weiteren Ängsten geführt.*
Alexandras jahrelange Angst war zu einem Trauma geworden. Jede Nacht griff sie auf Musik, Kuscheltiere, Atemübungen oder andere Hilfsmittel

zurück, die nur eine Krücke waren und nichts an ihrer Situation änderten. Eine Lösung hätte anders ausgesehen.

Richtig: Obwohl Alexandra schon volljährig war, wird man erst unabhängig, wenn man aus dem Elternhaus auszieht. Bei den Eltern zu wohnen, hat einen großen Einfluss auch auf erwachsene Kinder. Selbst eine späte emotionale Begleitung eines Kindes ist immer eine Hilfe. Hätten Alexandras Eltern sich ihrer Angst endlich angenommen, obwohl sie schon erwachsen war, hätte sie das als eine große Wohltat empfunden. Alexandra hätte von da an nicht nur eine andere Beziehung zu ihnen, sondern auch zu ihrer Angst und zu sich selbst aufbauen können. Hätten die Eltern das Mädchen jeden Abend emotional begleitet und sie zugedeckt, als wäre sie ein dreijähriges Kind, hätte Alexandra schon bald besser geschlafen und ihre Ängste mit der Zeit verloren.

Zusammenfassung

» Ist die Erziehung unserer Kinder von Respekt, Mitgefühl, emotionaler Begleitung, Vernunft und bedingungsloser Liebe geprägt, werden sie wie alle Menschen hin und wieder Angst haben. Doch sie werden über die richtigen Strategien verfügen, um diese als solche zu erkennen und zu überwinden.

» Wenn Ängste weder begleitet noch respektiert werden, und auch nicht auf angstbasierte Erziehungsmethoden verzichtet wird, leiden Kinder an einem mangelnden Selbstwertgefühl. Sie glauben nicht an sich selbst und denken oftmals, dass sie selbst schuld an ihren Ängsten sind.

» Wenn wir ängstliche Kinder drängen, keine Angst mehr zu haben, und sie das merken, führt das dazu, dass sie das Gefühl unterdrücken und entgegen ihren Bedürfnissen handeln. Den Ängsten von Kindern sollten wir immer mit Ruhe und Zuwendung begegnen.

» Wir sollten unseren Kindern helfen, über ihre Ängste, Sorgen und Unsicherheiten zu sprechen. Wir sollten ein Vertrauensverhältnis aufbauen, innerhalb dessen sie uns erzählen können, was und wie sie es fühlen und warum.

» Wenn wir die Ängste unserer Kinder emotional begleiten, werden sie den nötigen emotionalen Ausgleich erreichen, um sie zu überwinden.

Alexandra und ihre Schwester Carolina

Carolina, Alexandras drei Jahre ältere Schwester, hatte schon immer eine viel engere Beziehung zu ihren Eltern (zumindest glaubte sie das). Sie spielte gern mit Puppen und mochte Seilspringen. Sie weinte nie. Von klein auf hatten ihre Eltern ihr gesagt, dass man nicht weinen dürfe, und Carolina hatte gelernt, ihre Tränen zu unterdrücken.

Als Alexandra geboren wurde, fühlte Carolina sich sehr traurig und einsam. Ihr war, als würde sich alles nur noch um das Baby drehen, und obwohl sie gern geweint hätte, wusste sie, dass es nicht gut war. Denn das hatten ihr die Eltern immer wieder gesagt. Und nun sagten sie es auch ihrer neuen kleinen Schwester: Sie solle aufhören zu weinen, sie solle ruhig sein, es gebe doch gar keinen Grund zu weinen. Das war der Beweis. Also biss Carolina die Zähne zusammen.

Mit drei Monaten war sie in die Kita gekommen, wo sie die meiste Zeit bei den Erzieherinnen verbracht hatte. Obwohl man Weinen auch dort nicht guthieß, weinte sie viel allein in ihrem Bettchen. Mit der Zeit schloss Carolina gute Freundschaften, ging in die Vorschule und war zufrieden, auch wenn die Lehrerinnen ihrer Mutter oft erzählten, dass sie andere Kinder immer wieder biss und schlug. Ihre Mutter wurde sehr wütend und verstand nicht, wie ein Mädchen, das zu Hause immer folgsam war und niemals Ärger machte, in der Vorschule so aggressiv sein konnte. Um ihr das Beißen abzugewöhnen, kaufte sie in der Apotheke ein Mittel, das Menschen vom Nägelkauen abhalten soll. Die Eltern schmierten es ihr jedes Mal auf den Mund, wenn sie auf dem Spielplatz ein anderes Kind beißen wollte. Aber Carolina versuchte nie, Alexandra zu beißen. Sie glaubte ihre Schwester zu hassen, auch wenn sie tief in ihrem Inneren wusste, dass sie sie am meisten liebte. Deshalb hielt sie sich bei ihr zurück.

Mit der Zeit wurde Carolinas Verhalten schlimmer. Sie biss und schlug auch auf der Grundschule ihre Mitschülerinnen und Mitschüler. Ihre Eltern beteuerten beharrlich, dass sie zu Hause „ein braves Mädchen" sei, das nie wütend werde, nie weine, das immer gehorche und glücklich sei. Carolinas Lehrkräfte gaben den Eltern unterschiedlichste Tipps. Die Eltern brachten sie sogar zu einem Psychologen, um dieses Problem behandeln zu lassen. Alle sagten, das Mädchen sei aggressiv und schlecht erzogen. Sie müsse für jede Beißattacke bestraft werden, beispielsweise durch Isolation oder den Ausschluss von Schulausflügen. Ihr sollten die Dinge verboten werden, die sie am meisten liebte. Sie müsse festgebunden werden, wenn sie beißen wolle usw.

Niemandem fiel eine andere Lösung für ihr „Problem" ein. Carolina wurde sowohl in der Schule als auch zu Hause abgestempelt. Alle wussten, dass sie biss und ihr öfter „die Hand ausrutschte", wie ihre Mutter gern verharmlosend scherzte. Nach und nach legte Carolina dieses Verhalten ab, beleidigte stattdessen aber Mitschülerinnen und Mitschüler, denen sie sich überlegen fühlte, und lachte sie aus. Hemmungslos verspottete sie diese Kinder, selbst in Anwesenheit von Lehrkräften.

Als Carolina 17 Jahre alt war, rief eines Tages die Polizei zu Hause an. Alexandra ging ans Telefon und gab den Hörer kreidebleich vor Angst ihrer Mutter. „Die Polizei? Was wollen die? Mich verhaften?", dachte sie panisch. An diesem Tag hatte sie die Tränen nicht zurückhalten können, als sie ihrer Mutter gestand, dass sie in Biologie nur eine Drei geschrieben hatte. „Bestimmt ist es deswegen", dachte sie.

Tatsächlich war jedoch ihre Schwester auf der Polizeiwache, weil sie eine Gleichaltrige bedroht und mit der Faust geschlagen hatte. Das Mädchen war weggelaufen, doch die Polizei hatte Carolina mitgenommen, um ihr zu erklären, welche Konsequenzen es hätte, wenn es noch mal vorkäme. Man wollte mit ihren Eltern sprechen und herausfinden, was hinter ihrem Verhalten steckte.

Nachdem die Formalitäten erledigt waren, durften die Eltern Carolina wieder mit nach Hause nehmen. Doch anstatt wütend zu sein, waren sie fast schon stolz, dass ihre Tochter so „stark" und „mutig" war und von anderen gefürchtet wurde. Ihr Vater fragte sie, warum sie das getan habe, und sie erklärte, dass diesem Mädchen derselbe Junge gefalle wie ihr. Daraufhin sagte er ihr, dass sie das Richtige getan habe und ihr Revier immer verteidigen müsse. Beim nächsten Mal solle sie jedoch diskreter vorgehen.

Alexandra umarmte sie stürmisch und flüsterte ihr ins Ohr, sie solle sich bitte nicht mehr in solche Scherereien verwickeln lassen. Carolina strich ihr zärtlich übers Haar und die beiden schauten einander in die Augen. Alexandra konnte ihre Tränen nicht mehr zurückhalten und lief in ihr Zimmer, um heimlich zu weinen. Sie hatte sich sehr erschrocken und wollte ihre Schwester um nichts auf der Welt verlieren.

Auch dieses Mal tröstete sie niemand.

I \ sechs

Der Umgang mit aggressiven Kindern

Zu viel Liebe gibt es nicht

Bei allen Schwierigkeiten, denen unsere Kinder im Leben begegnen, ist das Wichtigste, was wir ihnen geben können, bedingungslose Liebe. Eine Liebe, die sich sowohl in ruhigen, fröhlichen und glücklichen Zeiten als auch in chaotischen, schrecklichen und konfliktreichen Zeiten zeigt.

» *Je mehr Liebe wir geben, umso mehr emotionale Bedürfnisse decken wir bei unseren Kindern ab und umso weniger entbehren sie.*

Je weniger Liebe wir hingegen zeigen, umso mehr Abhängigkeiten, Ängste, Phobien und natürlich auch Aggressivität und Hilflosigkeit entwickeln sie. Die Kinder erleben toxische Beziehungen, während ihre emotionale Freiheit und Gesundheit darunter leiden.

Diese Grundlagen müssen wir bedenken, wenn wir uns mit Kindern beschäftigen, die schlagen, beleidigen, beißen, fluchen, treten, mit Gegenständen werfen oder auf alles und jeden losgehen. Kinder schauen sich Selbstbeherrschung, Vertrauen, Verständnis, Liebe und Toleranz bei ihren Eltern ab (und wenn sie bei diesen all das nicht erleben, übernehmen sie es auch nicht in ihr Wertesystem). Das einzige Mittel gegen Gewalt besteht in Liebe, Harmonie und Unterstützung.

Gefühlsausdruck statt Aggressivität

Heutzutage wird alles, oder fast alles, was Kinder tun, bewertet, herausgestellt und unter die Lupe genommen. Wenn es dem entspricht, was die Erwachsenen für richtig halten, wird es nicht weiter kommentiert, und wenn doch, dann als Lob dafür, wie brav die Kinder sind.

Mit der „Aggressivität“ verhält es sich ähnlich. Es kursieren viele Fehlinformationen, es herrschen Unwissenheit und Ungerechtigkeit. Letztere vor allem, weil ein „aggressives“ Kind von den Erwachsenen in seiner Umgebung nicht immer das bekommt, was es benötigt, nämlich: Respekt vor seinen Gefühlen, Verständnis, Unterstützung und Anleitung, wie es seine Emotionen so ausdrücken kann, dass es anderen oder sich selbst nicht schadet. Auf keinen Fall braucht es Personen, die ihm mit erhobenem Zeigefinger sagen, wie schlecht es sich benimmt, wie böse es ist und welch großes Problem es hat, und es als „anders“ abstempeln.

» *Eltern wissen oft so wenig über die wahren Bedürfnisse von Kindern und Jugendlichen, dass sie etwas für Aggressivität halten, was keine ist, sondern ein Gefühlsausdruck.*

So kommt es vor, dass, wenn ein Kind oder Teenager Verhaltensweisen zeigt, die in den Augen der Erwachsenen nicht normal sind - in Wahrheit sind sie es sehr wohl -, Eltern glauben, sie müssten schnellstmöglich handeln, um Gewalt zu verhindern. Damit jedoch stempeln sie erstens das Kind ab und schreiben ihm ein Problem zu, von dem sie glauben, es müsse beseitigt werden, und suchen zweitens nach adultistischen und verhaltensorientierten Lösungen. Diese sind weit von dem entfernt, was das Kind eigentlich braucht, und bestehen darin, es zu bestrafen, anzuschreien, auf den „Stillen Stuhl“ zu setzen, es zu schlagen oder zu

Fachleuten zu bringen, die ihm beibringen sollen, sich nicht mehr so zu verhalten. So wird etwas zum Problem, was keines ist, weil Erwachsene dieses Verhalten unbedingt stoppen wollen, ohne zu wissen, was sich dahinter verbirgt. Sinnvoller wäre es zu erarbeiten, was hinter diesem Benehmen steckt, anstatt sich auf das Benehmen selbst zu fokussieren.

Kinder sollen ihre Gefühle ausdrücken dürfen, denn:

» *Je mehr sie ein Gefühl unterdrücken, umso größer wird ihr Drang, es zu äußern, und umso plötzlicher und heftiger tritt es zutage - wenn ein letzter Tropfen das Fass schließlich zum Überlaufen bringt.*

Das, was wir Aggressivität nennen, ist eigentlich Enttäuschung, und diese sollte wie jeder emotionale Prozess ihren Ausdruck finden. Enttäuschung ist vollkommen menschlich, natürlich und außerdem notwendig. Sie ist ein Teil von uns und wir fühlen sie, wenn etwas nicht so läuft, wie wir es wollen, wir nicht das erreichen, was wir uns vornehmen usw. Schon Kleinkinder verspüren sie, wenn sie beispielsweise laufen lernen und hinfallen, kurz bevor sie das ersehnte Spielzeug erreichen. Dann fangen sie an zu weinen, aber nicht weil sie sich wehgetan hätten, sondern weil sie nicht das bekommen haben, was sie sich wünschen. Kinder verspüren Enttäuschung, wenn sie viele Stunden von Mutter oder Vater getrennt sind, und bringen das zum Ausdruck. Oder aber sie bekommen ein Geschwisterchen und haben Angst, nicht mehr geliebt zu werden. Da sie nicht wissen, wie sie diese Empfindung ausdrücken sollen, nässen sie nachts vielleicht ein oder hauen die Person, von der sie glauben, sie sei verantwortlich für diese neuen Gefühle.

Erwachsene sollten mit Enttäuschung und Frustration bewusst umgehen können und an sich arbeiten. Kinder können das nicht allein. Sie brauchen dafür unsere liebevolle, geduldige und verständnisvolle Anleitung. Das Problem liegt darin, dass viele Eltern ihnen diese nicht bieten können, da sie selbst ihre eigene Frustration nicht verstehen und nicht zu zügeln wissen. Sie sollten lernen, ihre Enttäuschung zu akzeptieren und sie gesittet und ohne Schuldzuweisungen herauszulassen, sodass sie ihren Kindern ein Vorbild sein können.

Im Folgenden zeige ich dir an einigen Alltagsbeispielen, wie sehr die Wahrnehmung der Erwachsenen von der Realität ihrer Kinder abweichen kann. Würden wir Erwachsenen uns in die Lage der Kinder versetzen und uns bemühen, eine Lösung für die Ursache ihrer Gefühle zu suchen, könnten sie sich anders ausdrücken und würden nicht als „aggressiv" gelten.

Was Erwachsene glauben, was passiert ist:
Ein zweijähriges Kind hat im Kindergarten ein anderes Mädchen gebissen.
Wie Erwachsene mit der Situation umgehen:
Es wird sofort als Problem angesehen, die Alarmglocken schrillen und die Eltern werden benachrichtigt. Diese sind sehr beunruhigt, dass ihr Kind etwas tut, das gesellschaftlich inakzeptabel ist und wofür sie ausgegrenzt werden. Sie befürchten, ihr Kind könnte gewalttätig werden und nur schwer Freundschaften schließen.
Was wirklich passiert ist:
Das Kind ist noch ein Baby und tut nichts anderes, als zu kommunizieren. Vielleicht möchte es Enttäuschung, Angst, Traurigkeit oder sogar in bestimmten Situationen Freude und Jubel ausdrücken. Es versteht nicht, dass es etwas Schmerzhaftes getan hat, sondern nur, dass es so etwas ausdrücken konnte, was es in sich verspürt hat und nicht anders herauszulassen wusste.

Was Erwachsene glauben, was passiert ist:
Ein fünfjähriges Mädchen hat auf dem Spielplatz eine Freundin geschlagen.
Wie Erwachsene mit der Situation umgehen:
Ihre Eltern werden wütend und verstehen nicht, warum sie ihre Freundin schlägt, obwohl sie sie doch gern hat. Sie entschuldigen sich bei der Familie des Mädchens und verlassen den Spielplatz, weil sie denken, sie müssten dieses Verhalten unterbinden. Sie geben ihrer Tochter einen Klaps auf den Po und sagen ihr, sie sei böse gewesen und ihre Freundin werde sie nicht mehr lieb haben. Sie wiederholen ein paar Mal, dass sie auf diese Weise bloß Freunde verlieren und niemand sie lieben werde.
Was wirklich passiert ist:
Die Tochter war frustriert und wütend, weil die Freundin ihr ein Spielzeug weggenommen hat, und drückte es auf diese Weise aus. Sie versteht noch nicht, dass niemand Schuld daran hat, wie sie sich fühlt, sondern sie selbst für ihre Emotionen verantwortlich ist und die Wahl hat, wie sie damit umgeht. Das sollten die Eltern ihr beibringen. Doch wird ihnen das kaum gelingen, wenn sie die Tochter schlagen, ihr Schuldgefühle einreden und ihr mit Liebesentzug drohen. Damit erreichen sie bloß, dass so etwas immer wieder passiert, da das Mädchen den Ausdruck seiner Gefühle gegen andere richtet, und zwar immer heftiger.

Was Erwachsene glauben, was passiert ist:
Ein Siebenjähriger hat seine Mutter im Auto beschimpft.
Wie Erwachsene mit der Situation umgehen:
Die beiden waren spät dran, und die Mutter gab wie immer dem Sohn die Schuld, weil er so lange zum Anziehen brauchte. Die ganze Fahrt über machte sie ihm lautstark Vorwürfe. Beim Aussteigen hielt der Junge es nicht mehr aus, nannte seine Mutter „blöde Kuh“ und schlug die Tür zu. Die Mutter rief ihm durchs Fenster nach, dass sie ihm das Volleyballspiel am Samstag verbiete.

Was wirklich passiert ist:

Der Junge brachte zum Ausdruck, was er die ganze Fahrt über (sowie an jedem anderen Schultag) ertragen musste. Seine Mutter verlor morgens im Stress immer die Nerven und sagte Dinge, die ihn tief verletzten. Der Junge musste seinen angestauten Frust herauslassen. Genau das Gleiche tat seine Mutter schließlich auch. Würde sie eine liebevolle und geduldige Beziehung zu ihrem Kind aufbauen, wären solche Szenen vermeidbar.

Was Erwachsene glauben, was passiert ist:

Eine Zehnjährige hat aus Wut eine Vase ihrer Großmutter zerbrochen.

Wie Erwachsene mit der Situation umgehen:

Die Großeltern finden, ihre Enkelin schreibe ungenügende Noten und sei schlecht erzogen, weil sie nicht „Guten Tag" sage, wenn sie zu Besuch komme. Sie verglichen ihre Noten mit denen ihrer Cousinen und Cousins und sagten ihr, sie würde niemals Lehrerin werden (ihr Wunschberuf). Wegen ihrer schlechten Noten verboten sie ihr den selbst gebackenen Kuchen. Das Mädchen, das diesen Kuchen liebte, konnte ihre Enttäuschung nicht mehr zurückhalten, nahm die Vase vom Tisch und schmiss sie auf den Boden.

Was wirklich passiert ist:

Das Mädchen ist weder gewalttätig noch aggressiv. Sie musste nur das loswerden, das sie schon sehr lange mit sich herumtrug. Die Vase war das Erstbeste, was sie in ihrer Hilflosigkeit in die Finger bekam. Sie wollte sich von diesem Gefühl befreien, indem sie sie auf den Boden warf. So hat sie zwar ihrer Wut Luft gemacht, fühlt sich dadurch aber nicht besser. Damit sie sich selbst kennenlernen und ihre Träume verfolgen kann, sollten ihre Eltern den Großeltern Grenzen setzen. Diese sollten weder so über ihre Enkelin sprechen noch Voraussagen über ihre Zukunft machen. Das Mädchen braucht Vertrauen und Respekt.

Was Erwachsene glauben, was passiert ist:
Ein zwölfjähriger Junge hat seine Schwester getreten.
Wie Erwachsene mit der Situation umgehen:
Die Eltern sind das aggressive Verhalten ihres Sohns leid. Seit er eine kleine Schwester bekommen hat, wirkt er wie ausgewechselt und will sie ständig schlagen. Das Mädchen hatte einen Stift ihres Bruders genommen, worauf er sie trat. Sein Vater verpasste ihm augenblicklich eine Ohrfeige und der Junge trat nicht nur zu, sondern schlug auch gegen die Wand.
Was wirklich passiert ist:
Der Junge wurde bei der Geburt seiner Schwester nicht richtig begleitet. Er fühlt sich traurig, hat Verlustängste, ist frustriert und lässt es an der Person aus, der er die Schuld dafür gibt: an seiner Schwester. Er will ihr nicht wehtun und hasst sie auch nicht, er muss nur seinen Frust abbauen. Jedes Mal, wenn er das macht, fühlt er sich ein wenig besser, obwohl er es danach bereut. Der Junge braucht eine Begleitung, als wäre er noch ganz klein und seine Schwester gerade erst geboren. So ließen sich die damaligen Fehler beheben. Selbstverständlich sollte er keine Gewalt erfahren, denn diese erzeugt Gegengewalt.

Jeder Gewaltakt birgt eine emotionale Hintergrundgeschichte, die angehört, ernst genommen und, wenn möglich, verändert werden sollte. Wenn ein Kind beispielsweise seinen Vater bei einem Autounfall verloren hat, können wir diese Geschichte nicht ändern, doch wir können es umfassend emotional begleiten, damit es seine Trauer bestmöglich verarbeiten und sich ohne große emotionale Defizite entwickeln kann. Wenn ein Kind wiederum ständig von seiner Lehrkraft angeschrien und bestraft wird, können wir sein Leid beenden, indem wir es zum Beispiel auf eine andere Schule schicken und zugleich seine Emotionen begleiten. In beiden Beispielen haben die Kinder kein Problem, sondern leiden an ihren unterdrückten Gefühlen, die sie herauslassen müssen. Dafür brauchen sie die Anleitung durch einen liebevollen, freundlichen und mitfühlenden Erwachsenen, der ihnen hilft, ihr Inneres gewaltlos zum Ausdruck zu bringen.

„Bis zum Alter von etwa zwölf Jahren sind sich Kinder nicht bewusst, welchen Schaden ihre Äußerungen und Taten bei anderen hervorrufen können.

Sie sind lediglich mit ihren eigenen Gefühlen beschäftigt, die ihr Gehirn zu 90 Prozent beanspruchen. Danach verstehen sie allmählich, dass sie den Menschen in ihrer Umgebung oder insbesondere der Person, an der sie ihre Aggressionen auslassen, schaden können. Allerdings tun sie es weiterhin, um Gefühle wie Wut oder Ohnmacht loszuwerden, weil sie ihre Ziele nicht erreicht haben, ihre Erwartungen nicht erfüllt wurden oder sie emotionale Defizite in sich tragen. Sie tun es nicht aus Lust daran, anderen wehzutun, sondern weil sie mit ihren Gefühlen nicht anders umgehen können. Sie denken, es müsse einen Schuldigen geben, der für das, was ihnen widerfährt, büßen soll. Deshalb brauchen sie unsere liebevolle Unterstützung und Aufmerksamkeit und keine Verurteilung und Einschüchterung.

Kinder, die sich mittels Aggressivität ausdrücken, wissen, was sie wollen. Sie verfolgen ihre Ziele und lassen sich nicht so leicht unterkriegen. Sie geben nicht klein bei und stellen sich anderen entgegen, um für ihre Belange zu kämpfen. Wir alle wünschen uns solche Kinder, die sich nicht von der Gesellschaft beeinflussen lassen und die für ihre Träume leben und kämpfen. Also sollten wir den Kampfgeist in ihnen bewahren, damit sie sich nicht entmutigen lassen und ihre Ziele klar im Blick behalten, dabei aber niemals jemanden verletzen, weder körperlich noch emotional. Um das zu lernen, sollten Eltern ihnen zeigen, dass man seine Kämpfe niemals auf dem Rücken anderer austragen darf. Das gelingt allerdings nicht mit einer Erziehung, die auf Kontrolle, Erniedrigung, Angst, Aggressivität, Forderungen, Autorität und Adultismus beruht. Denn damit lernen unsere Kinder nur, dass man andere Menschen wie Untergebene und nicht wie Gleichgestellte behandelt.

Was tun, wenn sich dein Kind aggressiv verhält?

Das Wichtigste ist zunächst, sich nicht zu sehr beunruhigen zu lassen. Mir schreiben viele besorgte Eltern, deren Sohn oder Tochter sie bei einem Wutanfall schlägt oder andere Kinder auf dem Spielplatz beleidigt und schubst. Ich frage die Eltern dann: „Was macht euch wirklich Sorgen? Ist es wirklich der Gedanke, euer Kind könnte ein ernsthaftes Problem haben? Oder ist es nicht vielmehr die Sorge, welche sozialen Folgen sich daraus ergeben könnten? Befürchtet ihr, euer Kind könnte einen schlechten Ruf in der Klasse bekommen, zum Gesprächsstoff für Lehrkräfte, Mitschülerinnen und Mitschüler oder Familienmitglieder werden? Habt ihr wirklich Angst, es könnte zu einem gewalttätigen Menschen ohne Mitgefühl werden?“

Es ist wichtig, sich diese Fragen zu stellen, in sich zu gehen und zu reflektieren, wovor wir wirklich Angst haben, wenn wir mit solchem Verhalten konfrontiert werden. Wir sollten weiter darüber nachdenken, ob wir wirklich die emotionalen Bedürfnisse unserer Kinder in den Vordergrund stellen oder wir diese Seite an ihnen verstecken wollen, weil sie uns unangebracht erscheint, wir uns für sie schämen und sie sich von dem gesellschaftlichen Bild unterscheidet, das wir uns für unsere Kinder wünschen. Wenn wir begreifen, dass wir uns von der Meinung anderer und unseren eigenen Erwartungen leiten lassen, sollten wir uns davon befreien. Des Weiteren sollten wir uns einer radikal anderen Sichtweise auf die Welt von Kindern und Jugendlichen öffnen, in der wir sie nicht als schuldig, aufsässig, trotzig, unartig oder böse betrachten, sondern als Menschen, die sich noch in der Entwicklung befinden und unsere Anleitung benötigen, um sich selbst zu verstehen und eine angemessene Ausdrucksweise zu finden.

Wenn ein Kind schlägt oder wir es für aggressiv halten, löst das eine Reihe von Reaktionen aus, die dieses Verhalten weiter fördern. Nehmen wir das Beispiel einiger Mütter und Väter, die im Park beobachten, wie dein Kind ein anderes im Streit um einen Ball haut. Unter ihnen beginnt das Gerede, dein Kind würde „immer schlagen". Du wirst wütend und nennst dein Kind „Grobian" und sagst ihm, es sei sehr böse. Beim Elternsprechtag erzählst du seiner Lehrkraft von diesem Vorfall und sie sagt dir, dass dein Kind so etwas auch in der Pause tut, wenn es wütend wird. So setzt sich nach und nach das Etikett zusammen.

Unversehens wird dein Kind zum „Schlägertypen" und in eine Schublade gesteckt. Eine Last, die ihr als Familie und dein Kind als Individuum tragen müsst. Jedes Mal, wenn dieses Verhalten sich wiederholt, wird dein Kind kritisiert, bestraft und niedergemacht, was alles nur noch verschlimmert. Etiketten sind wie Tattoos: Sie brennen sich in die Haut einer Person ein, bis diese glaubt, etwas zu sein, was sie nicht ist. Ohne fremde Hilfe wird sie sie womöglich ihr Leben lang nicht mehr los.

Wenn dein Kind zum ersten Mal mit Schlägen kommuniziert, begleite es mit viel Geduld und Liebe. Versuche, seine Hand aufzuhalten, wenn du rechtzeitig zur Stelle bist, und frag es:

» *„Was ist passiert?"*
» *„Wie geht es dir?"*
» *„Was fühlst du gerade?"*
» *„Sollen wir zusammen eine Lösung suchen?"*

So erkennt dein Kind schließlich, dass es selbst für seine Gefühle verantwortlich ist. Drohe ihm nie und sage auch nicht: „Das ist sehr böse, man schlägt andere nicht“, oder: „Dein Freund wird sehr wütend sein, du hast dich unmöglich verhalten.“ Bleib verständnisvoll und versetze dich in die Lage deines Kindes. So schlägst du eine Brücke zwischen seinen Gefühlen und der richtigen Ausdrucksweise. Auch hier gilt wieder, dass es sich nicht schlecht oder schuldig fühlen soll. Hilf ihm zu verinnerlichen, dass es ein emotionaler Mensch ist und lernen sollte, seine Gefühle herauszulassen, ohne andere oder sich selbst zu verletzen.

Wir sollten uns also auf eine einwandfreie emotionale Begleitung konzentrieren, wie ich sie vorn beschrieben habe, und zusätzlich sollten wir der aggressiven Handlung Einhalt gebieten. Wenn wir sehen, dass das Kind schlagen will, halten wir seine Hand auf, jedoch sanft, ruhig, milde und liebevoll, nicht aus unserer erwachsenen Frustration und Wut heraus. Durch diese einfache und zugleich bedeutsame Geste lernt das Kind allmählich, dass Schlagen weder positiv noch die richtige Form ist, seine Gefühle auszudrücken.

Manche Kinder haben möglicherweise ein echtes Aggressionsproblem, aber dabei handelt es sich zumeist um Jugendliche. Beispielsweise jene Teenager, die in den Medien vorgeführt werden, weil sie ihre Eltern schlagen, beschimpfen und sich gewalttätig gegen sie auflehnen. Das Publikum ist entsetzt und fordert ein hartes Durchgreifen. Dabei wäre genau das Gegenteil richtig. Zu hartes Durchgreifen (was nicht nur körperlich sein muss, sondern auch in einer gewaltbasierten Erziehung[14] bestehen kann) führt dazu, dass Menschen gewalttätig und aggressiv werden. Sie müssen anderen wehtun, um sich selbst besser zu fühlen. Diese Menschen brauchen keine weiteren Zurechtweisungen, noch mehr Gefangenschaft, Beleidigungen, Vorwürfe und Distanz, sondern jemanden, der sich in sie hineinversetzt, der ihnen hilft, das hervorzuholen, was in ihnen steckt, und der die Ursachen für ihr Unbehagen herausfindet.

> ❞ *Jede Aggressivität, die in der Vergangenheit schlecht begleitet wurde, sollte heute so begleitet werden, als wäre das Mädchen oder der Junge noch ein kleines Kind, das Beistand und Verständnis benötigt.*

Natürlich will ich damit das Verhalten dieser Jugendlichen nicht gutheißen, sondern betonen, dass sie Opfer und nicht Schuldige sind. Opfer eines Systems, in dem die emotionalen Bedürfnisse von Kindern nicht gesehen werden und kein Interesse daran besteht herauszufinden, was im Leben von Menschen wirklich wichtig ist. Dieses System bringt immer wieder emotional kranke Menschen mit Defiziten, Ängsten, Phobien, fehlendem Selbstbewusstsein, Arroganz, Aggressivität und einem Mangel an Zielen hervor. Das Leben dieser Menschen ist mit Dingen gefüllt, die ihnen selbst richtig und anderen beneidenswert erscheinen, sie aber in Wahrheit unglücklich und orientierungslos machen, sodass sie sich hinter Fassaden und Lügen verstecken. Diese unglücklichen Menschen hätten in ihrer Kindheit und Jugend eigentlich nichts weiter als Verständnis, Liebe, Unterstützung und Halt, Anleitung und Vorbilder benötigt.

Wann immer wir ein Aggressivitätsproblem bei unseren Kindern vermuten, sollten wir uns zunächst fragen, wie wir sie erziehen, wie wir ihre Emotionen begleiten. Falls wir meinen, wir hätten das optimal getan, sollten wir beobachten und herauszufinden versuchen (wenn es nicht ohnehin offensichtlich ist), ob es irgendeine Veränderung in ihrem Leben gegeben hat, die noch mehr liebevolle Begleitung und verständnisvolle Hilfestellung erfordert: Trennung der Eltern, Schmerz, traumatische persönliche oder familiäre Erfahrung, Geburt eines Geschwisterkindes, Schulwechsel oder neues Schuljahr, Weggang einer Lehrerin oder eines wichtigen Freundes, ein neuer Haarschnitt, der ihnen nicht gefällt, ein Umzug, Nachwirkungen eines Films, den sie gesehen haben, wiederkehrende Tage oder Zeiten ohne Mutter oder Vater, Probleme mit Freunden oder Lehrkräften, Übermüdung.

Wenn wir all diese Erlebnisse nicht begleiten, können sie zu einem tiefsitzenden Problem werden, das später unkontrolliert und gewalttätig hervorbricht. Durch unsere Begleitung stärken wir das Selbstwertgefühl und Selbstvertrauen der Kinder. Sie werden zu starken Menschen, die mögliche Unsicherheiten nicht an anderen auslassen.

Wenn du also beobachtest, dass dein Kind schlägt, beleidigt, beißt, tritt oder etwas anderes tut, was ihm oder anderen schaden könnte, solltest du:

» verstehen, dass dies kein Problem ist, sondern ein Gefühlsausdruck
» das Alter deines Sohnes oder deiner Tochter berücksichtigen und die Gefühle dem Alter und dem Verständnis entsprechend begleiten
» weder Urteile noch Meinungen äußern
» ruhig und gelassen bleiben und nicht die Nerven verlieren
» bei Aggressionen eingreifen, sie stoppen und verhindern. Gehe mit gutem Beispiel voran und tu dies ohne Gewalt oder Geschrei, sondern konsequent und ohne Schaden anzurichten.
» dein Kind nicht auslachen oder respektlos behandeln
» an deinen eigenen Frustrationsgefühlen arbeiten, damit du sie nicht herauslässt, während dein Kind dich bei der Verarbeitung seiner eigenen Gefühle braucht
» freundlich, einfühlsam und verbindlich kommunizieren
» im Blick haben, dass du umso hilfreicher bist, je gelassener du bleibst
» die Meinung anderer ignorieren und dich voll und ganz auf dein Kind und dessen emotionale Bedürfnisse konzentrieren
» ihm weder selbst einen Stempel aufdrücken, noch zulassen, dass andere es tun
» dich auf dein eigenes Kind konzentrieren. Die anderen Kinder benötigen die Begleitung ihrer eigenen Eltern.

» nicht in eine Opferrolle verfallen („du hast mir wehgetan", „ich bin verletzt", „du hast dich sehr schlecht benommen") und diese schon gar nicht im Alltag gegen dein Kind verwenden. Du solltest es emotional begleiten, und zwar in jeder emotional anspruchsvollen Situation, in die es gerät. Nimm es nicht persönlich, wenn dich dein Kind haut oder beleidigt. Sonst fühlst du dich verletzt. Dies wiegt für Eltern umso schwerer, weil sie es als Sakrileg betrachten, dass ein Kind seine eigenen Eltern schlägt. Es nagt an ihrem Selbstwertgefühl, weil sie glauben, in ihrer Elternrolle zu versagen. Dabei ist es genauso ein Sakrileg, wenn Mutter oder Vater ihr Kind schlagen oder schlecht behandeln. Wobei dies doch etwas anderes ist. Denn Kinder schlagen ja nicht, um die Eltern zu verletzen, sondern drücken sich auf diese Weise aus und bitten um emotionalen Beistand. Kinder brauchen uns, um zu verstehen, was mit ihnen passiert, ihre Gefühle zu erkennen, über sie nachzudenken, sich zu beruhigen und sie richtig einzuordnen.

» bedenken, dass Kinder von Gefühlen, nicht vom Verstand gesteuert werden. Eltern sollten hingegen beides im Griff haben. Bevor wir ihnen Schaden zufügen – körperlich oder emotional –, müssen wir uns stoppen und die Situation umlenken, selbst wenn wir wütend sind und in unserer Elternrolle mit manchen Emotionen nicht umzugehen wissen, die in unserer eigenen Kindheit und Jugend nicht gut begleitet wurden.

» keine Kissen oder andere Hilfsmittel einsetzen, an denen dein Kind seine Aggressionen „abreagieren" soll. Dies verlagert die Gewalt nur. Anstatt ein anderes Kind, sich selbst oder dich zu schlagen, nimmt es ein Kissen, hat aber weiterhin das Bedürfnis, sich an etwas abzureagieren.

» die Gefühle deines Kindes begleiten, seinen aggressiven Handlungen ohne Wut Einhalt gebieten und ihm zeigen, dass es nicht nötig ist, sich an jemandem oder etwas abzureagieren, um inneren Frieden zu finden. Die Lösung liegt in ihm selbst.

» wenn möglich (etwa ab vier Jahren), mit deinem Kind darüber reden, sobald es sich beruhigt hat. Stell mit ihm die Szene mit Spielzeug (Plüschtieren, Spielfiguren o. Ä.) nach oder lass es sie malen. Lass dein Kind erklären, wie es sich gefühlt hat, was es getan hat und aus welchem Grund es dachte, das tun zu müssen. Redet darüber, wie es ausgegangen ist und wie es anders hätte ausgehen können. So gibst du ihm Werkzeuge für zukünftige Situationen an die Hand. In diesem Prozess solltest du keine erwachsene Meinung äußern oder versuchen, dein Kind zu manipulieren. Hör einfach zu, sei aufmerksam, verständnisvoll und biete eine tröstende und liebevolle Umarmung an.

» keine Strafen oder „Konsequenzen"[15] anwenden. Dein Kind lernt durch Begleitung und nicht durch Unterdrückung und Angst.

Alles basiert auf der emotionalen Begleitung sowie darauf, Kindern mit gutem Beispiel, Geduld und Verständnis zu zeigen, dass es absolut natürlich ist, Gefühle auszudrücken. Doch sollte dies ohne Aggression geschehen.

Vertrau deinem Kind, und es wird auch dir vertrauen.

Alexandra und ihre Schwester Carolina
Die Fehler der Eltern und wie sie sich richtig verhalten hätten:

Falsch: *Carolina weinte niemals. Ihr wurde von klein auf beigebracht, ihre Gefühle zu unterdrücken.*
Wenn sich Gefühle im Inneren anstauen, äußern sie sich später auf andere Weise, zum Beispiel durch Bauchschmerzen, Ängste oder, wie in Carolinas Fall, durch aggressives Verhalten. Was als Beißattacken begann, durch die sie ihre Gefühle ausdrückte, ist schließlich zu einem echten Problem geworden.
Richtig: Gefühle müssen raus. Ihre Eltern hätten ihre Gefühle begleiten und respektieren und ihr zeigen sollen, wie sie sie ausdrückt, ohne jemanden zu verletzen.

Falsch: *Carolina wurde sehr früh von ihrer Mutter getrennt, um in den Kindergarten zu gehen. Bald darauf fing das Beißen an und wurde als Problem angesehen.*
Eine frühe Trennung hat starke Auswirkungen auf Babys. Hier zeigt sich eine Gesellschaft, die Kinder und ihre Bedürfnisse nicht im Blick hat. So sind Eltern, die aus finanziellen Gründen nicht zu Hause bleiben können, gezwungen, früh wieder arbeiten zu gehen und sich von ihrem Baby zu trennen.
Richtig: Babys kommunizieren durch Beißen. Werden die Bedürfnisse des Kindes erkannt und richtig begleitet, vergeht diese Phase ganz schnell. Arbeitende Eltern hingegen müssen die verlorene Zeit aufholen, das Kind so lange wie möglich auf dem Arm tragen (was Carolinas Eltern

nicht taten) und ihm die Behaglichkeit geben, die es während der Stunden in Hort oder Kita vermisst hat.

Des Weiteren hätten die Lehrkräfte in der Schule, als Carolina dort mit dem Beißen anfing, Leitlinien gebraucht, um sie zu begleiten, ohne sie abzustempeln. Auch zu Hause hätten die Eltern sie weiter gemeinsam begleiten müssen.

Falsch: *Carolinas Übergang zum Schwestersein wurde nicht begleitet, niemand hat sich um ihre Gefühle gekümmert.*
Fehlt eine solche Begleitung, entwickeln Kinder eine innere Unruhe, die sie selbst nicht zu kanalisieren wissen.
Richtig: Wann immer Geschwister hinzukommen, müssen Kinder emotional begleitet werden. Von der ersten Minute an. Kinder benötigen viel Liebe und Geduld, um sich an das neue Leben zu gewöhnen, denn die Geburt eines Geschwisterkindes ist für alle ein Neuanfang. Ganz gleich, wie viele Geschwister es schon gibt, eine Begleitung ist jedes Mal nötig. Durch sie ersparen wir uns viele Probleme, u.a. auch aggressives Verhalten, das auf eine emotionale innere Unruhe zurückzuführen ist.

Falsch: *Die Eltern kauften ein Mittel, das sie Carolina, wenn sie jemanden biss, auf den Mund schmierten.*
Diese Maßnahme gegen ihre Beißattacken hatte keine andere Wirkung, als Carolinas Emotionen weiter zu unterdrücken, wurde ihren Gefühlen doch schon von Geburt an ein Riegel vorgeschoben. Der Einsatz des Mittels verletzte Carolinas körperliche Unversehrtheit.
Richtig: Das Letzte, was Kinder brauchen, um mit dem Beißen oder anderen aggressiven Verhaltensweisen aufzuhören, ist Gewalt durch Erwachsene, die ihrerseits aggressive Maßnahmen einsetzen. Den schnellen Weg zu wählen, um etwas zu verändern, bringt langfristig immer negative Folgen mit sich.

Falsch: *Carolina wurde mit dem Etikett eingeschult, eine „Beißerin" zu sein.* Etiketten haben eine große Macht, denn Kinder verinnerlichen sie als natürlichen Teil von sich. Carolina erschuf für sich bei ihrer Einschulung eine neue Rolle und folgte damit dem Etikett.
Richtig: Ihre Eltern hätten dieser Etikettierung von Anfang an Einhalt gebieten, die Tochter begleiten und ihren Lehrkräften die Bedeutung dieser Begleitung klarmachen sollen. Hier brachte ein Stein nach dem anderen eine Lawine ins Rollen, anstatt sie frühzeitig aufzuhalten.

Falsch: *Carolina wuchs zu einer „falschen Anführerin" heran, geriet immer wieder in Konflikte, weil sie ihre Freundinnen und Freunde schikanierte und angriff, und wurde schließlich sogar festgenommen.*
Ihre Eltern hatten bei Carolina von Anfang an sehr viel falsch gemacht. Trotzdem glaubten sie, sie hätten es gut gemacht und ihre Tochter sei, auch wenn sie ab und zu „über die Stränge schlug", ein großes Vorbild für Gleichaltrige. Sie wussten sehr wenig über sie und ihre wahren Bedürfnisse.
Richtig: Carolina war eine falsche Anführerin, weil sie ein höchst unsicherer Mensch mit sehr niedrigem Selbstwertgefühl war und große Angst hatte, nicht in die Gesellschaft zu passen. Sie gab sich nach außen stark und zielstrebig, aber eigentlich fühlte sie sich wie ein hilfloses und verletzliches Kind, das nachts oft weinte. Sie glaubte, dass sie durch das Verletzen von anderen ihre gesellschaftliche Stellung verbesserte. Doch eigentlich gefiel ihr weder, wie sie war, noch, was sie tat. Alles war nur Fassade, doch Carolina dachte, es sei wichtig, gefürchtet zu werden. Daher versteckte sie sich hinter dieser falschen Rolle des „starken Mädchens", während sie eigentlich ganz schwach war.

Die Eltern hätten sie in dieser Rolle nicht noch bestärken dürfen.

Zusammenfassung

» Wenn ein Kind „aggressiv“ ist, benötigt es von den Erwachsenen Respekt vor seinen Gefühlen und Verständnis. Wir sollten es umsorgen, unterstützen und ihm zeigen, wie es die Gefühle ausleben kann, ohne anderen oder sich selbst zu schaden.

» Wir sollten die Ursache des kindlichen Verhaltens herausfinden, anstatt uns auf das Verhalten selbst zu versteifen. Es ist nicht das wahre Problem des Kindes.

» Wir sollten unsere eigene Frustration akzeptieren und sie gesittet herauslassen, ohne jemandem die Schuld dafür zu geben. So gehen wir unseren Kindern mit gutem Beispiel voran.

» Wir dürfen unseren Kindern weder ein schlechtes Gewissen noch Schuldgefühle einreden, sie einschüchtern, kritisieren, verurteilen oder sie als schlecht, seltsam, anders, brutal usw. bezeichnen. Wir sollten ihnen helfen zu verinnerlichen, dass sie emotionale Menschen sind.

» Wir sollten uns auf eine emotionale Begleitung konzentrieren (siehe 3. Kapitel) und zusätzlich der aggressiven Handlung Einhalt gebieten. Wenn wir sehen, dass das Kind schlagen will, halten wir seine Hand auf, jedoch sanft, ruhig, milde und liebevoll, nicht aus unserer erwachsenen Frustration und Wut heraus. Durch diese einfache und zugleich bedeutsame Geste lernt das Kind allmählich, dass Schlagen weder positiv noch die richtige Form ist, seine Gefühle auszudrücken.

Alexandra und der Stress

Vor etwa fünf Jahren entschlossen sich Alexandras und Carolinas Eltern, mit ihren Ersparnissen eine Pizzeria zu eröffnen. Carolina war sofort einverstanden, dort für ein mageres Gehalt zu arbeiten. Alexandra wollte das nicht, denn sie träumte davon, Lehrerin zu werden. Ihre Eltern zwangen sie jedoch mitzuarbeiten. Das Geschäft lief, und ihr Vater beharrte: „Hier müssen wir alle mit anpacken", ohne sich um Alexandras Meinung zu scheren.

Schon im Alter von etwa acht Jahren hatte Alexandra sich mit der Schule, den Hausaufgaben, dem zusätzlichen Englischkurs, der Mathenachhilfe, der Hausarbeit, den Terminen und der ständigen Eile überfordert gefühlt. Immer lastete ein Druck auf ihr, der sie sehr traurig machte und zum Weinen brachte. Doch sie konnte ihn nicht einordnen. Als sie später mit 23 ständig müde nach Hause kam, sich traurig und verloren fühlte, verstand sie besser, was mit ihr los war: Sie litt unter extremem Stress. Darüber las sie viel. All die Informationen, die sie zu dem Thema fand, schienen sie und ihr Unwohlsein genau zu beschreiben. Doch sie sah keine Möglichkeit, dem Hamsterrad, in dem sie sich befand, zu entkommen. Sie las, dass sie ihren Lebensrhythmus ändern müsse. Das war für sie undenkbar, da sie doch 14 (oder mehr) Stunden in der Pizzeria verbrachte. Sie solle sich nicht mit toxischen (manipulativen, erpresserischen, respektlosen) Menschen umgeben: eine utopische Vorstellung, da ihre eigenen Eltern die toxischsten Personen in ihrem Leben waren. „Wie soll ich mich von ihnen trennen? Das würde sie umbringen!", dachte sie. Sie las auch, dass sie sich ein Lebensziel suchen und das machen solle, was sie wirklich wolle. Doch Lehrerin zu werden schien ihr so weit weg und kam nur noch selten in ihren Träumen vor.

Sie sah keinen Ausweg und hatte nachts oft das Gefühl zu ersticken. Anstatt sich Hilfe zu holen, hatte sie von Rosa, einer älteren Frau, die sonntags immer in der Pizzeria zu Abend aß, eine Beruhigungstechnik gelernt.

Rosa riet ihr, sie solle in eine Plastiktüte atmen, wenn sie ein starkes Erstickungsgefühl verspürte. Das würde ihr helfen, sich zu beruhigen und sich zu sammeln. Die Technik funktionierte, zumindest glaubte Alexandra das. Statt ihr Leben zu ändern, klammerte sie sich an die Plastiktüte, als könnte diese sie aus ihrem Gefängnis befreien.

Eines Sonntags kam Rosa nicht zum Abendessen. Da bat Marcelo, der neue Geschäftspartner, der schon seit einigen Monaten in der Pizzeria arbeitete, Alexandra um eine Verabredung. Eigentlich mochte sie ihn nicht. Er war 20 Jahre älter als sie, und auch wenn ihr das Alter nichts ausmachte, so gefiel ihr seine Art nicht. Er war ein ausgesprochener Macho, spuckte vor der Arbeit immer auf den Boden, als wäre es ein Ritual, mochte Fußball und hasste Basketball, und sein einziger Lebenstraum war es, ein Spiel live im Stadion zu erleben.

So einen Mann wollte Alexandra nicht an ihrer Seite. Trotzdem sagte sie zu, ohne so recht zu wissen, warum. Insgeheim dachte sie, Marcelo wäre ein Ausweg für sie. Er wohnte bloß eine halbe Stunde von ihrem Zuhause entfernt, was für sie bedeutete, weiter als jemals zuvor von ihren Eltern weg sein zu können. Sie könnte unabhängig sein (wovon sie schon immer geträumt hatte), denn er hatte ein Auto, das sie nutzen würde. Sie könnte weiterhin arbeiten, womöglich sogar studieren (wonach sie sich am meisten sehnte) und es gut haben.

Ein neues Leben wartete auf sie. Doch es unterschied sich sehr von dem, was sie sich eigentlich wünschte.

I \ sieben

Stress bei Kindern abbauen

Die Welt ist nicht für Kinder gemacht

Stressreaktionen sind Teil unseres emotionalen Systems und werden im Gehirn ausgelöst. Sie sind angeboren, und wir können uns nie vollständig von ihnen befreien. Diese Reaktionen, der Stress, von dem wir umgangssprachlich reden, erfüllen durchaus eine Funktion. Gar keinen Stress mehr zu haben, würde unsere Lebensqualität beeinträchtigen.

Stress hilft uns zu überleben. Wir spüren ihn, wenn wir glauben, nicht über genügend Ressourcen zu verfügen, um mit vermeintlichen Bedrohungen fertigzuwerden. Stress kann auf vier verschiedene Arten ausgelöst werden, nämlich durch:

» unvorhergesehene Umstände (etwas trifft uns unvorbereitet).
» Neues (die Unsicherheit, die wir angesichts von neuen Dingen verspüren).
» das Gefühl, keine Kontrolle über unser Leben zu haben (alles, was uns das Gefühl gibt, eine Situation würde uns entgleiten).
» Bedrohung der eigenen Person (damit sind zum einen die konkrete Lebensgefahr, zum anderen Bedrohungen unserer Lebensweise oder Weltanschauung gemeint).

Das Gehirn jedes Menschen erkennt solche Gefahren und Herausforderungen. Wann immer es sich bedroht fühlt, produziert der Körper Stresshormone (Cortisol), um die nötige Energie für die Verteidigung bereitzustellen.

Heutzutage geraten wir jedoch konstant in Stress, weil wir uns so schlecht mit unseren Emotionen auskennen. Wir lassen uns zu schnell von Dingen stressen, die eigentlich überhaupt keine Bedrohung für unser Leben darstellen. Das wahre Problem ist also nicht der Stress, sondern unser Unvermögen, richtig mit ihm umzugehen. Und das bekommen unsere Kinder mit: Sie erleben Mütter und Väter, die ihre eigenen Gefühle nicht kennen, die bei Dingen, die keine Bedrohung für ihr Leben darstellen, die Nerven verlieren, die in Stress und Angst leben. Die Kinder schauen sich das ab und führen schließlich ebenfalls ein Leben, in dem sie sich nicht mit ihren Emotionen auskennen und sich von Situationen stressen lassen, die sie ruhig und reflektiert lösen könnten.

» Übermäßiger Stress verschlechtert die Lebensqualität und löst Krankheiten aus.

Diese Art Stress hat keinerlei Nutzen. Er sorgt nur dafür, dass unser Cortisolspiegel steigt und konstant erhöht ist. Wir sind dauerhaft in Alarmstellung (wir atmen schneller, weil wir bei einer Flucht mehr Sauerstoff brauchen; der Puls beschleunigt sich, da das Herz mehr Blut pumpt; die Leber produziert mehr Glukose, damit der Körper genügend Energie hat) und fühlen uns unwohl.

Die meisten Menschen gehen davon aus, dass nur Erwachsene Probleme mit Stress haben. Doch die Zahl der Kinder mit übermäßigem Stress und in der Folge davon mit Angstzuständen, Schlaflosigkeit, Phobien oder Depressionen steigt immer weiter. Das Schlimme daran ist nicht nur, dass die körperliche und psychische Gesundheit der Kinder darunter leidet, sondern dass der Stress von ihren Eltern verursacht wird, die ihnen einen Lebensrhythmus aufzwingen, der die emotionalen und lebenswichtigen Bedürfnisse der Kinder missachtet.

›› *Die Welt ist nicht für Kinder gemacht, und das erleben wir tagtäglich:*

Stundenpläne entsprechen nicht ihrem Biorhythmus; das stundenlange Wiederholen bestimmter Aufgaben zügelt ihre Neugier und ihren Forscherdrang; wegen außerschulischer Anforderungen und Pflichten bleibt ihnen kaum bis gar keine Zeit zum Spielen. Dazu kommen unerreichbar scheinende Ziele, Eile, Geschrei, Strafen, Drohungen, das Fehlen einer emotionalen Begleitung, absolute Fremdbestimmtheit, Trennung von den Eltern, tiefgreifende Veränderungen ohne Begleitung, Mobbing in der Schule ohne Unterstützung durch Erwachsene oder die eigene Familie, fehlende bedingungslose Liebe, ständiger Streit in der Familie und vieles mehr.

Wie Forscherinnen und Forscher der Universität von Málaga in einer Studie[16] herausfanden, verursacht dieser hohe Stresspegel bei Kindern sowohl Probleme in ihrer sozioemotionalen Anpassung als auch Schäden in ihren neuroendokrinen und neurobiologischen Systemen, die sie selbst noch als Erwachsene beeinträchtigen. Auch eine Studie der US-amerikanischen Universität Stanford bestätigte, dass extremer Stress das kindliche Gehirn schädigt. Täglicher Stress über einen langen Zeitraum ist somit weitaus schlimmer als kurzfristiger Stress in einer bestimmten Situation.

Kinder sind also sowohl von der Lebensweise, die wir ihnen aufzwingen, gestresst als auch dadurch, dass wir uns nicht um ihre wahren emotionalen Bedürfnisse kümmern. Würden wir ihnen in jeder ihrer Entwicklungsstufen liebevolle Begleitung und Verständnis zukommen lassen, litten sie nicht unter Dauerstress.

9 Anti-Stress-Rezepte für unsere Kinder

Ob ein Kind unter Stress leidet, lässt sich leicht einschätzen. Wenn Eltern bewusst ist, dass ihre Erziehung auf Kontrolle und Forderungen basiert und sie ihr Kind bei seinen Gefühlen nicht emotional begleiten, können sie mit großer Sicherheit davon ausgehen, dass es unter Stress leidet. Es lebt in diesem Fall vor allem in der Angst, den elterlichen Erwartungen nicht gerecht zu werden, und sorgt sich ständig darum, alles richtig zu machen, mit all den Folgen, die dies mit sich bringt.

Zudem gibt es einige Indikatoren, die Eltern darauf hinweisen, dass ihr Kind unter hohem Stress steht. Das können u. a. sein: Schlafstörungen oder Albträume, Kopf- oder Bauchschmerzen, wiederkehrende und eingebildete Sorgen, wechselnder Appetit (entweder zu viel oder zu wenig), nervöse, reizbare oder aggressive Verhaltensweisen, nach Jahren der Blasenkontrolle wieder einsetzendes Einnässen, der ständige Wunsch, allein zu sein, wiederkehrende Ängste, Antriebslosigkeit, häufige Müdigkeit, Konzentrationsschwierigkeiten, Stottern, Beklemmung, Entwicklungsrückschritte (wenn es Verhaltensweisen wiederaufnimmt, die es als kleineres Kind schon abgelegt hatte), ein übertriebenes Bedürfnis nach der Mutter oder dem Vater, sodass eine Trennung sehr schwerfällt.

Deshalb sollten wir uns so früh wie möglich die Notwendigkeit bewusst machen, dass unsere Kinder eine Auszeit vom Hamsterrad der Erwachsenen brauchen und einfach Kinder sein sollten, ohne Stress, mit altersgerechten Verantwortungen, die jedoch nie ihre körperliche und psychische Gesundheit oder unsere Beziehung zueinander gefährden dürfen.

★ **Betrachte zunächst deine Erziehungsweise neu**

Falls nötig, ändere sie. Dazu kannst du:

- allmählich damit anfangen, deine eigenen Gefühle und emotionalen Defizite zu verstehen.
- dich von der Meinung anderer freimachen.
- dir kleine Ziele im Alltag setzen.
- die Kontrolle über dein Kind aufgeben.
- auf Strafen, Geschimpfe und Drohungen verzichten.
- bedingungslose Liebe in den Mittelpunkt stellen.
- respektvoll und einfühlsam kommunizieren.
- urteilsfrei und kritiklos zuhören.
- dein Kind umarmen.
- den Ausdruck ihrer Gefühle zulassen und richtig emotional begleiten.
- deinem Kind vertrauen.
- mit gutem Beispiel vorangehen.
- schulischen Leistungen weniger Bedeutung beimessen.
- an eurer emotionalen Beziehung arbeiten.
- deinem Kind Zeit schenken, ohne ihm mehr Pflichten aufzuerlegen, als für sein Überleben notwendig sind.
- dein Kind seine eigenen Entscheidungen treffen lassen, ohne ihm deine Meinung mitzuteilen oder aufzudrängen …

9 Ideen, die deinem Kind den Stress nehmen:

1. Fördere seine sportliche Betätigung

Körperliche Bewegung ist einer der wichtigsten Verbündeten im Kampf gegen Stress. Wir Erwachsenen können aus unterschiedlichen Aktivitäten auswählen, die in unseren Zeitplan passen (ohne dass wir dadurch weniger Zeit für unsere Kinder hätten). Bei Kindern ist es anders: Sie müssen sich in der freien Zeit, die ihnen ihre vollen Stundenpläne lassen, zwischen freiem Spielen, Ausruhen oder Sport entscheiden.

Zuallererst sollte dein Kind sich aussuchen können, was es machen will. Wenn es eine Sportart als Pflichtprogramm empfindet oder nicht motiviert ist, verursacht dies noch mehr Stress, anstatt ihn abzubauen. Wenn ihm jedoch gar kein Sport gefällt, kannst du auch eine halbstündige Sporteinheit in der Familie organisieren. Mit ein paar Matten und Regeln stellt ihr etwas auf die Beine, das Spaß macht und zwei Dinge gleichzeitig bewirkt: mehr Bewegung und Sauerstoffversorgung des Körpers sowie mehr familiäre Bindung, was beides den Stresspegel deines Kindes deutlich reduziert.

2. Animiere dein Kind, positive Dinge über seine schwierigen Momente aufzuschreiben

Ab und zu kannst du dein Kind bitten, wenn es mag, seine negativen Momente der Woche aufzuschreiben. Lass es darunter die positiven Aspekte notieren, die es glaubt, aus diesen Erfahrungen ziehen zu können. Wenn dein Kind noch nicht schreiben kann, übernimmst du das. Wenn du es für zu klein hältst, um das Ziel und das Konzept dieses Rezeptes zu verstehen, kannst du stattdessen mit ihm über seine Erlebnisse und über die positiven Seiten des Lebens reden. Denn die gibt es immer, auch in schwierigen Situationen.

3. Fördere seine optimale Erholung

Stelle sicher, dass dein Kind gut schläft. Das bedeutet nicht, dass du es krampfhaft zu einer bestimmten Uhrzeit ins Bett schickst und die Bettgehzeit dadurch von wütendem Streit und Geschrei geprägt wird. So steigerst du nur den Stress und verschlechterst eure Beziehung. Damit dein Kind gut schläft, sorge dafür, dass es glücklich und friedlich, gut behütet und geschützt ins Bett geht. Es braucht dich nicht zu beunruhigen, wenn es dich zum Durchschlafen an seiner Seite braucht. Das ist ganz normal. Durch deine Begleitung förderst du den erholsamen Schlaf deines Kindes.

4. Sorge für einen ausgeglichenen Terminplan und genügend Zeit zum Spielen

Überprüfe, ob der Terminkalender deines Kindes für seine Bedürfnisse zu voll ist. Wenn dem so ist, befrei es von Verpflichtungen und schaffe einen Ausgleich. Eigentlich sollten Kinder bis ins Jugendalter (und frühestens ab sieben Jahren) nur zur Schule gehen und nach dem Unterricht entspannen und spielen dürfen, denn das benötigt ihr Gehirn. Alles andere ist zu viel, es sei denn, sie wollen eine Aktivität unbedingt machen, weil sie so große Lust darauf haben.

Bei Jugendlichen ist es am wichtigsten, dass sie genügend schlafen können, ein Sozialleben führen und sich selbst kennenlernen.

Es geht darum, Zeiten zu schaffen, in denen dein Kind sich wirklich frei fühlt. Garantiere ihm genügend Freizeit zum ungestörten Spielen. Verlange in dieser Zeit nichts von ihm, verweigere ihm aber auch nichts (außer es ist wirklich schädlich). Dein Kind soll sein Leben mit Dingen füllen, die die rationalen und emotionalen Seiten seines Gehirns benötigen: mit vielem Spielen und Zeit für sich selbst, begleitet von Unterstützung und Respekt.

5. Bring deinem Kind bei, seine Wangen zu massieren

Du kannst deinem Kind den Rat geben, jedes Mal, wenn es Kopfschmerzen oder Herzrasen hat, sich erschöpft, traurig, nervös oder gereizt fühlt, seinen Kiefer zu massieren. Das entspannt das Gesicht. Legt dafür Zeige- und Mittelfinger der rechten Hand auf die rechte Seite des Kiefers, die der linken Hand auf die linke Seite und kreist die Finger mit sanftem Druck. Das macht auch Kindern Spaß, und sie lernen eine „Rettungstechnik“ für besonders stressige Momente. Natürlich kannst du deinem Kind auch das tiefe Atmen in den Bauch oder verschiedene Meditationsübungen zeigen. Diese sollten einfach und leicht verständlich sein und Spaß machen. Zwinge dein Kind nicht dazu. Zwang führt bloß zu mehr Stress, und es bringt nichts, ihnen Yoga oder Achtsamkeit beizubringen, wenn es aus Erwachsenensicht geschieht.

6. Fördere den Kontakt zur Natur

Achte darauf, dass dein Kind jede Woche mit der Natur in Berührung kommt, ganz gleich, ob in einem Park, im Wald, am Meer oder Fluss. Diese Gewohnheit wird deiner ganzen Familie, allen voran den Kindern, guttun.

7. Sorge für gute Ernährungsgewohnheiten und esst in Ruhe

Kinder machen diverse Lebensphasen durch, die wir respektieren müssen. Manchmal essen sie alles und manchmal mögen sie kaum was und essen wenig. Auch hierbei ist ein gutes Vorbild die wichtigste Grundlage. Es hängt von uns ab, ob wir gesunde und nährstoffreiche Lebensmittel zu Hause haben. Kaufen wir Kekse, Süßigkeiten, Fertiggerichte, Schokolade usw., können wir von unseren Kindern nicht verlangen, auf diese Dinge zu verzichten und nicht den ganzen Abend darum zu betteln. Schließlich wissen sie, dass sie in unserem Haushalt normal sind.

Fang am besten mit kleinen Veränderungen an, die eine große Wirkung haben: Stelle deine Ernährungsgewohnheiten um, kaufe gesunde Lebensmittel, biete sie deinem Kind immer an, wenn es Hunger hat (Obst, Trockenfrüchte, selbst gemachte Kekse ohne Zucker). So gewöhnt es sich allmählich daran. Dein Kind wird die neue Ernährung schnell zu schätzen wissen und sich an sie anpassen. Es wird aktiver und weniger nervös sein. Eine gute Ernährung senkt zudem den Blutzuckerspiegel, versorgt es mit den lebensnotwendigen Nährstoffen und reduziert so den Stress.

Achte auf regelmäßige Essenszeiten, in denen dein Kind in Ruhe essen kann.

8. Spielt „Gefühlswechsel"

Es gibt ein lustiges Spiel, bei dem du mit deinem Kind übst, ein Gefühl durch das absolute Gegenteil auszutauschen. Ist es beispielsweise wütend, weil es lernen muss, aber keine Lust hat, solltest du ihm in diesem Moment dabei helfen, seine Wut in Freude und etwas Positives zu verwandeln. Wenn du ihm diesen einfachen Kniff motiviert, freundlich und liebevoll näherbringst, wird es die Veränderung selbst spüren und die Dinge mit anderen Augen sehen. Selbstverständlich darfst du das Spiel nur dann einsetzen, wenn es angebracht ist. Befindet sich dein Kind gerade in einem sehr intensiven emotionalen Moment, weil seine Mutter zur Arbeit muss und es sie nicht gehen lassen will, ist es weder passend noch sinnvoll. „Gefühlswechsel" funktioniert gut in Situationen, die mit schulischem Stress oder dem Tagesrhythmus zu tun haben.

9. Lass dein Kind Musik hören

Dein Kind sollte unbedingt ein Musikabspielgerät haben und sich Musik aussuchen können, die ihm gefällt, es in Schwingung versetzt und zum Spielen anregt. Dein Kind sollte sich frei fühlen. Musik ist eine hervorragende Medizin gegen viele Übel und Stress. Dein Kind sollte jedoch immer die Wahl haben und sie nach seinem Bedarf hören dürfen.

Bekanntermaßen hilft gegen Stress nur die tägliche Praxis. Deshalb sollten wir täglich am Wohlbefinden unserer Kinder arbeiten und uns bewusst machen, dass die Art und Weise, wie wir mit ihnen umgehen, und die Dinge, die wir ihnen abverlangen, ihre Lebensweise, ihre Gesundheit und ihr Erleben bestimmter Situationen beeinflussen. Wenn du das Gefühl hast, du und dein Kind bräuchtet Hilfe, solltet ihr sie euch natürlich holen, am besten bei einer respektvollen und zugewandten Fachkraft, die auf die wahren Bedürfnisse deines Kindes achtet.

Bei allem gilt, dass Kinder Stress am besten bewältigen, wenn wir sie einfach Kinder sein lassen.

Alexandra und der Stress
Die Fehler der Eltern und wie sie sich richtig verhalten hätten:

Falsch: *Alexandras Eltern eröffneten eine Pizzeria und zwangen sie, dort zu arbeiten, obwohl sie lieber studieren und Lehrerin werden wollte.*
Dass ihre Eltern sich selbstständig gemacht haben, ist toll, aber sie hätten natürlich nicht die Mitarbeit ihrer Töchter verlangen dürfen, da diese selbst über ihr Leben entscheiden sollten.
Richtig: Die Eltern hätten Alexandras Berufswahl unterstützen und ihren Träumen Flügel verleihen sollen. Alexandras Stress hätte sich in Luft aufgelöst, wenn sie hätte tun können, was sie wirklich wollte, und zur Universität gegangen wäre.

Falsch: *Alexandra litt schon von klein auf unter Stress. Sie war auch mit 23 immer noch sehr gestresst und suchte nach Strategien dagegen.*
Alexandra verbrachte ihre Kindheit und Jugend eingeengt und ohne Unterstützung. Sie durfte nicht Kind sein, sich nicht ausdrücken oder spielen. Sie wurde von schulischen und außerschulischen Pflichten sowie der Arbeit im Haushalt völlig erdrückt. Nach langer Recherche verstand Alexandra, was mit ihr los war, doch leider änderte das nichts, machte es vielleicht sogar schlimmer. Sie sah sich als Erwachsene in einer Sackgasse, war körperlich und emotional an ihre Eltern gekettet und unglücklich.
Richtig: Ihre Eltern hätten den Stress der Tochter erkennen müssen, sie in ihrer Kindheit von Pflichten und Aufgaben befreien, sie so viel wie möglich spielen lassen, an ihrer Beziehung arbeiten und ihre Emotionen begleiten sollen. Sie hätten ihr Vertrauen, Respekt, Verständnis, Liebe, Toleranz und Mitgefühl schenken sollen. So hätten sie bei Alexandras Übergang ins Erwachsenenleben fortfahren sollen. Die Eltern hätten ihr

Selbstwertgefühl und Selbstvertrauen stärken und ihr das Gefühl geben müssen, sie zu unterstützen und zu beschützen.

Falsch: *Alexandra flüchtete sich in die Arme von Marcelo, nur um ihrem Leidensweg zu entkommen.*
Alexandra hatte sich noch nie verliebt und war auch nicht in Marcelo verliebt. Sie sah in ihm einen einfachen Mann und einen guten Menschen, der sie vielleicht glücklich machen würde. Im Grunde wollte sie nicht mit ihm zusammen sein, doch die Vorstellung, ihrem Zuhause zu entkommen, war zu verlockend.
Richtig: Eltern müssen im eigenen Zuhause eine Atmosphäre des Vertrauens und der Liebe schaffen, in der sich Kinder respektiert und wohl fühlen. Sonst wird jede sich bietende Möglichkeit zur Flucht aus dem emotionalen Gefängnis genutzt. Das können Beziehungen ohne Liebe, Drogen oder andere Suchtmittel sein.

Zusammenfassung

» Stressreaktionen sind Teil unseres emotionalen Systems und werden im Gehirn ausgelöst. Sie sind angeboren und erfüllen durchaus eine Funktion. Gar keinen Stress mehr zu haben, würde unsere Lebensqualität beeinträchtigen.

» Jedes Jahr steigt die Zahl der Kinder, die unter übermäßigem Stress und folglich auch unter Angstzuständen, Schlaflosigkeit, Phobien oder Depressionen usw. leiden. Stress beeinträchtigt ihre körperliche und psychische Gesundheit.

» Kinder sind von der Lebensweise, die Erwachsene ihnen aufdrängen, gestresst und dadurch, dass Eltern sich nicht um ihre wahren emotionalen Bedürfnisse kümmern. Würden wir Eltern unsere Kinder in jeder ihrer Entwicklungsstufen verständnisvoll begleiten, hätten Kinder keinen übermäßigen Stress.

» Die Hauptaufgabe von uns Eltern besteht darin, unsere Erziehungsweise zu ändern. Zudem können wir unseren Kindern durch bestimmte Aktivitäten und Spiele dabei helfen, Stress abzubauen.

Alexandra und ihre Kinder

Ein achtjähriges Mädchen saß in einem Schaukelstuhl in ihrem Zimmer und spielte mit zwei kleinen Spielzeugelefanten. Ihre Mutter kam wütend herein und sagte: „Emma, habe ich dir nicht gesagt, du sollst dich endlich anziehen? Nie gehorchst du, weiß der Kuckuck, wo du immer mit deinen Gedanken steckst."

Alexandra, ihre Mutter, hatte mit 32 Jahren ständig das Gefühl, sich weit von der Person entfernt zu haben, die sie wirklich war. Sie erinnerte sich kaum noch an sie. Sie schaffte es nicht, sich zu beherrschen und wieder zu der Alexandra zu werden, die sie bestimmt noch in sich trug.

Schon wenige Monate nachdem sie bei Marcelo eingezogen war, war sie schwanger geworden und hatte bitterlich geweint. Sie hatte nicht so früh Mutter werden wollen. Es war allerdings zu erwarten gewesen, denn er hatte keinen Hehl daraus gemacht, dass er nicht gern verhütete.

Alexandra war nicht in Marcelo verliebt, war es auch nie gewesen, und in Momenten wie diesen mit zwei Kindern und einem eigenen Restaurant, das sie gemeinsam mit ihrem Ehemann führte, war sie am selben Punkt wie einige Jahre zuvor, an jenem Sonntagabend in der Pizzeria ihrer Eltern: Sie war gestresst, beklommen und unglücklich. Ihr einziger Lichtblick waren ihre Kinder und der Wunsch, mit ihnen ein freies Leben zu führen, in einem Haus auf dem Land, und zu „normalen" Zeiten als Lehrerin zu arbeiten.

All das erschien ihr wie ein unerreichbarer Traum, denn ihr Leben war ein einziges Trauerspiel. Tagein, tagaus fühlte sie sich ausgelaugt, erschöpft, hatte weder Zeit für ihre Kinder noch für sich selbst, und jede Nacht legte sie sich zu einem Menschen ins Bett, den sie nicht einmal richtig kannte. Außerdem hatte sie ihre Gesundheit vernachlässigt: Sie aß täglich viele Süßigkeiten und ernährte sich hauptsächlich von Frittiertem, war jedoch trotzdem extrem dünn. Zu alledem rauchte sie, was sie bei ihren Eltern immer gehasst hatte. Doch sie hatte das Gefühl, dass es sie irgendwie beruhigte.

Seit acht Jahren sprach sie nicht mehr mit ihrer Schwester Carolina, die nicht einmal ihre Kinder kannte. Sie vermisste sie sehr, hatte das Gefühl, ihr sehr nahegestanden zu haben, obwohl sie ihr immer weit weg erschienen war. Und jetzt, da sie Kinder hatte, lastete die Tatsache, dass sie nicht bei ihr war, besonders auf Alexandra. Carolina hatte einige Jahre mit Drogen „experimentiert" und bei zwielichtigen Leuten gewohnt. Sie hatte in der Pizzeria ihrer Eltern aufgehört, nachdem diese sie als „Junkie" aus dem Haus geworfen hatten.

Manchmal fragte sich Alexandra: „Womit habe ich das verdient?" Und gab sich dann die Antwort: „Ich bin dumm, ich bin an allem schuld. Ich sollte gar nicht existieren." Sie sabotierte sich ständig selbst, hasste sich selbst und beging immer wieder dieselben Fehler.

Sie hatte das Gefühl, als ließe sie ihre Kinder für ihr Unglück büßen. Sie schrie sie ständig an, drohte ihnen und schikanierte sie. Alexandra hasste es, wenn sie nachts nach ihr riefen, und verlangte mehr von ihnen, als sie leisten konnten. Insgeheim wusste Alexandra, dass sie ihr Leben für ihre Kinder geben würde, aber sie hatte nicht die Kraft, liebevoll mit ihnen umzugehen. Es schien, als würde sie all ihre angestaute Wut bei den beiden entladen.

Als sie eines Samstags spätabends aus dem Restaurant nach Hause kam, fand sie Marcelo schlafend auf dem Sofa vor. Die Kinder waren noch wach. Wenn es um die beiden ging, rührte ihr Mann für gewöhnlich keinen Finger. Samstags verabschiedete er sich immer mit einer Ausrede früher aus dem Restaurant, nur um sich ausruhen zu können.

Die Kinder spielten im Zimmer des sechsjährigen Daniel. Sie hatten sich Talkumpuder geschnappt und taten so, als wäre er magischer Feenstaub, mit dem sie ihre Spielzeuge zum Leben erwecken könnten. Daniel streute den Puder über jede einzelne Figur, und Emma spielte ihre Verwandlung.

Als Alexandra das sah, fühlte sie, wie ihr Herz schneller schlug und die Wut in den Schläfen pochte, die gleich zu explodieren drohten. Wie besessen schrie sie los, packte ihren Sohn, zog ihn zu sich hoch, blickte ihm in die Augen und sagte: „Du bist ein böser Junge! Weißt du, was mit bösen Jungs passiert? Die Hexen kommen sie holen und fressen sie auf." Sie schlug ihm ein paar Mal auf den Po, doch Emma hielt sie auf: „Mama, lass Dani in Ruhe, wir haben nur gespielt." Alexandra sah sie voller Verachtung an und schrie: „Weißt du was? Du bist das Schlimmste, was mir in meinem Leben passiert ist!" Emma wurde kreidebleich, stimmte in das Weinen ihres Bruders ein, versteckte sich unter ihrem Schreibtisch, wo sie sich einen kleinen Zufluchtsort geschaffen hatte, und sagte kein Wort mehr.

Nachdem Alexandra den Puder aufgekehrt hatte und alle in ihren Betten lagen, überkamen sie in der Stille der Nacht Schuldgefühle. Sie waren ihr unerträglich. Sie fraßen sie von innen auf. „Wie kann das sein? Wieso habe ich das zu Emma gesagt? Warum bin ich so mit Daniel umgegangen? Sie sind doch meine einzige Rettung. Wieso nur, wieso?" Weinend lief sie ins Badezimmer und sah in den Spiegel. Ihr Anblick widerte sie an. Eine Mutter wie sie zu haben, war das Schlimmste, was ihrer Tochter passieren konnte, und nicht umgekehrt, dachte sie.

Sie hielt es nicht mehr aus und ging in Emmas Zimmer, wohl wissend, dass sie sie aufwecken könnte. Sie drückte ihre Tochter fest an sich, küsste ihre Stirn, ihre hübschen geschlossenen Augen, die Nase und die Wangen. Sie bat sie um Verzeihung, sagte ihr, dass sie sie liebe, dass es ihr von ganzem Herzen leidtue. Emma wachte auf, und obwohl sie wusste, dass ihre Mutter für sie da war, hatte sie einen Augenblick lang das Gefühl, dass sie sich um ihre Mutter kümmern, ihr beistehen und helfen müsste.

„Mach dir keine Sorgen, Mama. Ich verzeihe dir."

„Ich verspreche dir, dass ich mich ändern werde, mein Schatz. So etwas wird nie wieder passieren."

Sie schliefen Arm in Arm ein, und es war die beste Nacht in ihrer beider Leben.

Am nächsten Morgen erwachte Alexandra voller Zuversicht: Es würde einen Ausweg und eine andere Form der Erziehung geben. Sie musste nur an all das denken, was sie von ihren Eltern gebraucht hätte und nie bekommen hatte. Sie musste zur Verbündeten ihrer Kinder werden, anstatt ihre Feindin zu sein. Eine andere Erziehung war möglich, bei der sie weder ihren Kindern noch sich selbst schadete, und sie würde sie in jedem Fall umsetzen.

So begann ein neuer Tag, ein neues Leben.

I \ acht

Alles fängt bei dir an!

Wie du bist, so erziehst du – wie du erziehst, so werden deine Kinder

Absolut alles, was wir tun, was wir glauben und wie wir uns unseren Mitmenschen gegenüber verhalten, alles, was wir sind, werden unsere Kinder sein. Denn als Eltern werden wir zum Spiegel, in dem sie sich sehen. Wir sind das Fundament ihres Lebens.

Deshalb solltest du unbedingt darüber nachdenken, wie du bist und wie du dein Leben führst. Nur so kannst du dich bessern und der Art Mensch näherkommen, der du sein willst. Dann wirst du auch zu der Art Elternteil, das du für dein Kind sein solltest.

Kommuniziere selbstsicher

Wenn ich Menschen frage, für wie selbstsicher sie sich halten, wissen sie keine Antwort. Es scheint, als würde Selbstsicherheit im Allgemeinen mit vielen anderen Konzepten verwechselt und wäre nicht so leicht zu definieren.

Diese Eigenschaft besteht genau darin, mit anderen Menschen zu sprechen, ohne ihnen oder sich selbst zu schaden. Es geht darum zu sagen, was wir denken und fühlen. Dabei sagen wir unsere Meinung und verteidigen unsere Rechte, ohne zu versuchen, unser Gegenüber zu manipulieren, und ohne uns davon beeinflussen zu lassen, wenn sich andere in unsere Ansichten einmischen und uns ihre eigenen aufdrängen wollen.

» Ist eine Person nicht selbstsicher, dann ist ihr Selbstwertgefühl bei null.

Sie liebt sich nicht und schafft es deshalb auch nicht, selbstbewusste und empathische Beziehungen zu anderen Menschen aufzubauen. Eine solche Person ist entweder fügsam und leicht zu beeinflussen, lässt alles mit sich machen, oder sie neigt zu Gewalt und versucht, anderen Menschen ihre Meinung als absolute Wahrheit und ohne Mitgefühl oder die Fähigkeit zum Zuhören aufzudrängen.

Die heutigen Erwachsenen sind nicht oder nur wenig selbstsicher. Das Motto, nach dem sie erzogen wurden, hieß: „Zusehen, zuhören, schweigen“, und der Umgang mit ihnen war nicht selbstbewusst. Alles wurde ihnen aufgezwungen, sie durften nicht frei entscheiden, nicht Nein sagen und wurden nicht respektiert. Diese Art der Kommunikation haben sie verinnerlicht und praktizieren sie folglich auch mit ihren Kindern: ohne Selbstsicherheit. Diese Eigenschaft ist dem Menschen nicht angeboren, sie muss vielmehr durch Nachahmung und durch den Umgang mit anderen Menschen entwickelt werden.

Eine unsichere Person zwingt ihrem Kind ihre Entscheidungen auf, sodass dieses sich kaum wertgeschätzt fühlt. Sie ist unfreundlich und intolerant, schreit das Kind an, wenn sie etwas erreichen will, ist angespannt, defensiv, greift auf Missbilligung und Spott zurück. Für sie zählt nur das, was sie selbst will und denkt. Sie fühlt sich unverstanden, wenn andere nicht so wollen wie sie. Zudem verliert sie regelmäßig die Kontrolle, gibt immer dem Kind „die Schuld“, zieht Vergleiche und fühlt sich nur dann gut, wenn sie bekommt, was sie will.

Es ist wichtig, dass Eltern Selbstsicherheit entwickeln, nicht nur um die Beziehung zu ihrem Kind zu verbessern, sondern in allen ihren Beziehungen. Unsichere Mütter und Väter treten ihren Kindern gegenüber häufig aggressiv auf, verhalten sich jedoch anderen Erwachsenen gegenüber (Eltern, Schwiegereltern, Freunden, Kolleginnen, Vorgesetzten, Nachbarinnen) unterwürfig. Sie trauen sich kaum, etwas zu sagen, aus Angst vor deren Reaktion. Sie setzen keine Grenzen, sagen nicht Nein, drücken ihre Gefühle nicht aus oder verteidigen ihre Rechte nicht. Sie behalten alles in sich. Das führt irgendwann dazu, dass sie ihre angestauten Emotionen explosionsartig an denen auslassen, die sie am meisten lieben.

★ Was macht selbstsichere Menschen aus?

- Sie sagen und zeigen, was sie denken und fühlen, ohne andere niedermachen zu müssen.
- Sie verstehen andere Sichtweisen, bleiben ihren eigenen jedoch treu. Sie öffnen sich neuen Denkweisen.
- Sie sagen, was sie brauchen, auch wenn es das genaue Gegenteil von dem ist, was die anderen benötigen.
- Sie können über Probleme sprechen und bitten um Hilfe, wenn es nötig ist.
- Sie können ruhig und gelassen Nein sagen.
- Sie tun niemals etwas, was sie überhaupt nicht wollen, nur weil sie Angst vor der Meinung anderer haben.
- Sie kennen ihre Rechte und stehen dafür ein.
- Sie lassen nicht respektlos mit sich umgehen und gehen auch nicht respektlos mit anderen um.
- Sie wissen, dass sie Gehör, Aufmerksamkeit und Wertschätzung verdienen, allein weil sie Menschen sind.
- Bei Konflikten suchen sie immer nach einer Lösung, die alle Beteiligten berücksichtigt und frei von Aggressivität oder Zwang ist.

- Sie drücken ihre Gefühle aus und schämen sich nicht dafür. Sie haben dabei jedoch immer im Blick, dass andere nicht für ihre Gefühle verantwortlich sind.

> *Eine selbstsichere Person liebt sich selbst und hat tiefen Respekt vor sich selbst und anderen.*

Sie weiß, dass niemand besser ist als der andere, dass alle dieselben Rechte haben und diese respektiert werden müssen.

★ Unterstütze dein Kind, ein selbstsicherer Mensch zu werden

- Lass dein Kind sich frei ausdrücken und weise ihm respektvoll den Weg. So sagt es, was es denkt, ohne andere niederzumachen.
- Dein Kind sollte andere Sichtweisen verstehen, aber seinen eigenen treu bleiben. Dafür sollte es dir genug vertrauen, um dir seine Sichtweisen zu erklären. Geh mit gutem Beispiel voran, indem du über deine eigenen Ansichten sprichst, ohne sie deinem Kind aufzuzwingen. So verinnerlicht es, dass manche Menschen anders denken, dass es mehr Möglichkeiten gibt, aber alle gleich wichtig sind. Alle können im Einklang miteinander leben, solange sie respektvoll sind.
- Dein Kind soll seine Bedürfnisse äußern, auch wenn diese nicht dem entsprechen, was du brauchst oder gut findest. Hör dir seine Bitten an, nimm Rücksicht, kümmere dich um dein Kind, sei verständnisvoll. Wenn du diese Bitten nicht erfüllen kannst, fühle mit seiner Wut und Enttäuschung mit. Das sind normale Reaktionen. Begleite seine Emotionen. Nur so wird dein Kind das richtige Werkzeug erlernen, um sich mit schwierigen Situationen auseinanderzusetzen.

- Dein Kind sollte über seine Probleme sprechen und um Hilfe bitten, auch wenn es für dich keine Probleme sein mögen (für dein Kind sind es welche). Betrachte dein Kind nicht aus Erwachsenenperspektive, sondern aus Kindersicht. Schenke allem Aufmerksamkeit, was es dir erzählt. Vermittle ihm die Gewissheit, dass es um Hilfe bitten kann, ohne dafür Vorwürfe zu hören.
- Dein Kind sollte das Leben gelassen nehmen. Vermittle ihm Ruhe und Zuversicht, betrachte das Glas als halb voll und berücksichtige Alternativen. Wenn dein Kind sieht, dass du angesichts von Problemen ruhig bleibst, wird es lernen, selbst in den schwierigsten und emotional anspruchsvollsten Momenten ruhig und gelassen zu sein.
- Dein Kind muss Nein sagen können. Daher solltest zuerst du lernen, deinem Kind gegenüber richtig Nein zu sagen. Eltern sind allzu sehr daran gewöhnt, zu allem Nein zu sagen. Sie zwingen ihrem Kind ihre Verbote auf, als würde ihr Selbstwertgefühl davon abhängen. Das Nein steht in ihrer Beziehung immer an erster Stelle, und das ist unvereinbar und ungerecht. Damit dein Kind später richtig Nein sagen kann, solltest du zuerst wissen, was wirklich wichtig ist, und wann es sich tatsächlich lohnt, Ja oder Nein zu sagen. Jedes Mal, wenn du Nein sagen willst, überlege dir, ob es nicht eigentlich ein Ja sein könnte. Bleibt es bei Nein, sag es deinem Kind besser direkt, um es nicht zu verwirren. Wenn du schon Nein sagst, mach es richtig, auf Grundlage seiner Bedürfnisse und aus triftigem Grund. Sprich dabei ruhig, sei verständnisvoll und liebevoll. Dein Kind sollte natürlich auf deinen emotionalen Beistand zählen können, wenn ihm dieses Nein zu schaffen macht. Um richtig Nein zu sagen, gehe folgendermaßen vor: Überleg dir das Nein genau und sei realistisch. Du solltest nicht alles verweigern. Erlaube dir, Nein zu sagen, hör in dich hinein und mach dir deine Gefühle bewusst.

- Darf dein Kind hingegen nicht Nein sagen, wird es dies in anderen sozialen Kontexten auch nicht tun.
- Dein Kind muss seine Rechte verteidigen. Dazu solltest zuerst du seine (und deine) Rechte verteidigen. Wie willst du ihm beibringen, wie es für seine Rechte einsteht, wenn nicht einmal du es als Vater oder Mutter tust? Alle Menschen haben das Recht, mit Respekt und Anerkennung behandelt zu werden, angehört und emotional beachtet zu werden, zu sagen, was sie denken, Fehler zu machen, selbst zu entscheiden, was sie tun wollen, zu genießen, ihre Gefühle auszuleben, sie selbst zu sein. Dies musst du auch deinem Kind zugestehen und es verteidigen, wenn andere Menschen seine Rechte verletzen (Lehrkräfte, Familienmitglieder, Freundinnen und Freunde u. a.).
- Dein Kind muss Konflikte ohne Aggressivität lösen. Dafür braucht es dich als Vorbild. Bleib bei Konflikten ruhig, ehrlich und verbindlich. Schreie nicht und bestrafe nicht. So lernt dein Kind, einen Streit gewaltfrei zu lösen. Bleibe in stressigen Momenten gelassen, dann wird sich auch die Haltung deines Kindes radikal wandeln.
- Dein Kind muss seine Gefühle kennen und ausdrücken. Dafür erkenne und liebe zunächst deine eigenen und begleite selbstverständlich die Emotionen deines Kindes. So wird es seine Gefühle frei ausdrücken und es mit der Zeit immer bedächtiger und ausgeglichener tun. Je besser es dabei begleitet wird, umso schneller lernt es sich selbst kennen.

Du kannst deine Selbstsicherheit täglich in allen möglichen Situationen üben und dich dabei unterschiedlicher Werkzeuge bedienen. Dazu gehört auch die nonverbale Kommunikation. Achte darauf, dass die Gesten, die du in Gesprächen mit anderen einsetzt, zu deinen Worten passen, stelle Augenkontakt her, spiegle Gelassenheit und deine wahre Persönlichkeit in deinem Blick, sei nahbar, freundlich und verbindlich. Hebe nicht die Stimme, sondern sprich ausgeglichen, verbreite keine Angst und schüchtere niemanden ein, sei klar und aufrichtig, hör aufmerksam zu und sprich, ohne die ganze Aufmerksamkeit für dich zu beanspruchen. Sei dir bewusst, dass es immer ein Geben und Nehmen sein sollte. Stell anderen Personen keine verletzenden oder aufdringlichen Fragen, aber zeig Bereitschaft, mehr zu erfahren und helfen zu wollen.

» Wenn du in einer bestimmten Situation mit deinen Kindern merkst, dass du nicht selbstsicher bist, halte inne, bevor du einen Fehler machst.

Überlege dir, was genau dir Sorgen bereitet und was der Grund dafür ist, dass du womöglich gleich die Nerven verlieren wirst. Suche eine ehrliche Antwort und lege deine Erwachsenenperspektive ab. Eine andere Möglichkeit ist es, den Konflikt und das, was er emotional mit deinem Kind und eurer Beziehung macht, zu visualisieren. Mach dir klar, was nach deinem unsicheren Verhalten passieren wird und wie du diesen Fehler korrigieren wirst. Das wird dich bremsen und dir helfen, selbstsicher zu handeln.

Wenn du diese Übungen in allen „schwierigen" Momenten mit deinen Kindern anwendest, arbeitest du bereits an deiner Selbstsicherheit. Es wird mit jedem Mal stärker, und du wirst es häufiger in die Tat umsetzen.

Um dein Kind also zu einem selbstbewussten Menschen zu erziehen, solltest du selbst ihm gegenüber Selbstbewusstsein zeigen. Das ist der einzige Weg.

Übe dich in Selbstbeherrschung, um deinem Kinder Selbstbeherrschung beizubringen

Wenn wir in unserem Leben als Erwachsene merken, dass wir nicht so sind, wie wir gern wären, suchen wir für gewöhnlich nach allen möglichen Lösungen in Kursen, Selbsthilfebüchern, Therapien o.Ä. Wir wollen zügig Ergebnisse erzielen und unser Leben rasch verändern. In Wahrheit aber geht es nicht so schnell. Solche Veränderungen erfordern ein völliges Neulernen. Alles, was wir einmal gelernt und uns angeeignet haben, müssen wir wieder vergessen und ganz von vorn anfangen. Es ist, als wollten wir abnehmen, aber ohne Anstrengung, über Nacht, ohne dass es in unserem Kopf und unserem Herzen wirklich Klick macht. Womöglich verlieren wir sogar etwas Gewicht, nehmen aber schon bald wieder zu, wenn wir nicht unsere Gewohnheiten ändern. Auf diesem Weg gibt es keine Abkürzungen.

Das Ziel einer kindgerechten Erziehung, ohne die Nerven zu verlieren, erfordert einen Sinneswandel, der natürlich schwierige Momente mit sich bringt, in denen wir die Realität leugnen und uns wünschen, wir hätten nie erfahren, dass sich alles ganz anders machen lässt. In manchen Augenblicken würden wir gern in alte Muster zurückfallen, die viel bequemer erscheinen, weil wir ohne schlechtes Gewissen schreien und bestrafen und vieles andere tun konnten. Dieser Prozess ist manchmal schmerzhaft. Die Verwandlung, das benötigte Klicken, folgt erst nach viel Üben und Vertrauen. Wir sollten uns dafür auf eine radikale Veränderung unserer Gewohnheiten einlassen. Sobald wir die Werkzeuge beherrschen, unsere alten Muster und Verhaltensweisen aufgebrochen haben, wird es uns immer weniger Mühe kosten. Die Fehler werden kleiner, und wir erkennen sie immer leichter, können um Verzeihung bitten und aus ihnen lernen.

Selbstbeherrschung ist eine Eigenschaft, die uns sehr schwer fällt. Unsere Irrtümer zu erkennen ist nicht einfach, auch können wir nur schwer aus unserm Ego heraus und ehrlich zu uns selbst sein. Außerdem wehren wir uns dagegen, unsere Fehler einzusehen. Sobald wir sie genau kennen, sollten wir sie jedoch akzeptieren, anstatt uns zu rechtfertigen, indem wir anderen die Schuld geben, die Wahrheit verdrehen und Ausflüchte suchen. Akzeptanz ist der erste Schritt: Du bist, wie du bist, du tust, was du tust, und du möchtest ein paar Dinge an dir ändern, was völlig legitim und positiv ist. Als Nächstes solltest du grundlegend daran arbeiten, dich selbst kennenzulernen, zu wissen, wer du wirklich bist, was du willst, wohin du gehst, was du in deinem Leben verändern willst, ob du glücklich bist oder nicht. Du solltest dich so lieben, wie du bist, mit all deinen Stärken und Schwächen. An den Schwächen, die dir und deinen Kindern schaden, wirst du arbeiten.

» Richtige Selbstbeherrschung erfordert Willensstärke.

Sie hilft dir dabei, das umzusetzen, was du wirklich willst und tun musst. Sie befreit dich von deinen impulsiven Wünschen. Willensstärke und Selbstbeherrschung sitzen in der Großhirnrinde, wo auch die Vernunft angesiedelt ist. Impulsives Handeln, also das, was wir fast ohne nachzudenken tun, wird von unseren unmittelbarsten Emotionen geleitet. Es entsteht im limbischen System. Für ein selbstbeherrschtes Handeln, mit dem wir unsere Einstellungen oder Entscheidungen verändern, sollten wir vor einer Tat unseren Verstand einschalten und nachdenken.

Dafür sollten wir tief in unserem Innern zweifelsfrei wissen, was wir wollen, und es uns bewusst machen.

Wenn du zum Beispiel deinen Sohn anschreien willst, weil er seine Hausaufgaben noch nicht gemacht hat und sein Bruder schon fertig ist, hilft dir deine Selbstbeherrschung, dich zu bremsen. Du wirst dann deinem Sohn auf Augenhöhe mit Liebe, Respekt, Toleranz sowie Freundlichkeit begegnen und Lösungen suchen. Denn du denkst zunächst daran, welche Beziehung du dir tief im Inneren und von Herzen zu deinem Sohn wünschst, welche Art Mutter oder Vater du wirklich sein möchtest, welche Bindung dein Sohn zu dir braucht. Du denkst an die Aufmerksamkeit, die du ihm schenken solltest, ebenso an die Zuneigung und Toleranz, die du in diesem Moment aufbringen solltest. Es geht hier nicht um deine oberflächlichen Ziele (in diesem Fall, dass dein Sohn endlich seine Hausaufgaben machen soll).

» Das Geheimnis der Selbstbeherrschung liegt darin, dir über deine wahren Ziele im Klaren zu sein, sie zu visualisieren und dich auf sie zu konzentrieren, anstatt auf die Hindernisse.

Der US-Psychologe Roy Baumeister[18] von der Florida State University hat die Grenzen und Eigenheiten der Selbstbeherrschung und Willenskraft erforscht. Er kam zu der Erkenntnis, dass Selbstbeherrschung wie ein Muskel ist, den man trainieren und stärken kann. Aber wie alle Muskeln benötigt auch dieser Erholung. Baumeister fand, dass wir irgendwann müde werden, wenn wir uns den ganzen Tag beherrschen müssen (bei der Arbeit, in der Supermarktschlange, in unserer Ehe). Daher scheitern wir in den wichtigsten Momenten, wie beispielsweise gegenüber unseren Kindern. Nachdem wir uns den ganzen Tag zurückgehalten haben, lassen wir ausgerechnet bei ihnen locker und verlieren die Fassung.

Das passiert aber auch, wenn wir den ganzen Tag mit unseren Kindern verbringen und uns beherrschen, durchatmen, geduldig, freundlich, zugewandt und verständnisvoll sind. Manchmal können wir am Ende des Tages nicht mehr und machen Fehler. Wir sollten uns unserer eigentlichen Ziele immer bewusst sein und versuchen, den Selbstbeherrschungsmuskel kontinuierlich zu trainieren. Dann erreichen wir unsere Ziele und werden bessere Mütter und Väter.

7 Tipps für mehr Selbstbeherrschung im Alltag

Um Selbstbeherrschung als Lebensweise zu verinnerlichen, in der die Fehler immer seltener werden und nicht mehr so schlimm sind, kannst du folgende Tipps befolgen, die, zusammen mit den oben aufgeführten Grundsätzen, die Beziehung zu deinem Kind wirklich verändern werden:

1. Erschaffe dir eine eigene Routine vor dem Schlafengehen

Wenn unsere Kinder noch klein sind, ist es ziemlich schwierig, zur Schlafenszeit eine eigene Routine zu entwickeln, da wir von ihren Bedürfnissen abhängig sind und diese je nach Alter und ihren Emotionen ganz unterschiedlich ausfallen können. Da kann schon der Vorsatz, sechs Stunden zu schlafen, zur Herausforderung werden. Aus diesem Grund sollten wir uns an die Besonderheiten unserer Kinder anpassen und versuchen, sich ergebende Pausen für Ruhe und Schlaf zu nutzen.

Trotz allem kann eine Routine vor dem Schlafengehen helfen, dass wir am nächsten Tag gut gerüstet sind, unsere Selbstbeherrschung zu wahren. Sobald dein Kind im Bett ist und zu Hause Ruhe herrscht, nimm dir etwas Zeit für dich, um zur Ruhe zu kommen. Lass den ganzen Stress des Tages von dir abfallen, finde zu dir selbst und stimme dich darauf ein, so viele Stunden wie möglich und trotz Unterbrechungen friedlich zu schlafen. Manche duschen, manche lesen zehn Seiten, manche machen fünf Minuten leichte Sportübungen, manche hören Musik. Finde eine Angewohnheit und übe sie ohne Ausnahme jeden Tag aus. So arbeitest du an deiner Willenskraft und fokussierst dich auf dein Ziel: am nächsten Tag nicht die Nerven zu verlieren.

2. Sei dankbar

Dankbarkeit wird dir mitunter am meisten dabei helfen, deinen Selbstbeherrschungsmuskel zu trainieren. Sei dankbar dafür, wie du bist, was du hast, dass du lebst, dass deine Kinder bei dir sind, und freu dich.

Widme täglich ein paar Minuten ganz bewusst der Dankbarkeit. Das wird dich erden.

3. Meditiere täglich fünf Minuten

Zum Meditieren musst du kein Yogi oder Buddha sein. Nimm dir einfach fünf Minuten oder mehr, in denen du die Meditation, so gut es geht, praktizierst. Setze dich dafür bequem hin, halte den Rücken aufrecht und spüre deinen Körper. Schließe die Augen, atme tief und versuche, an nichts zu denken. Die bloße Tatsache, dass du es versuchst, hilft dir schon, an deiner Selbstbeherrschung zu arbeiten. Du brauchst keine absolute Gedankenleere anzustreben, denn das ist gar nicht nötig. Die tägliche Übung wird dazu führen, dass du dich besser fühlst.

4. Sei aufmerksam

Auch die Aufmerksamkeit lässt sich wie ein Muskel trainieren. Je aufmerksamer wir sind, umso liebevoller können wir uns um unsere Kinder kümmern, ohne die Geduld zu verlieren. Wenn wir jeden Tag ein Rätsel lösen oder eine Serienepisode in einer anderen Sprache mit Untertiteln schauen, trainieren wir unsere Aufmerksamkeit. Das heißt natürlich nicht, dass wir weniger Zeit mit unseren Kindern verbringen sollten, sondern kleine Freiräume für uns finden und uns gleichzeitig dabei entspannen.

5. Fang mit kleinen Zielen an

Nimm dir nicht alles auf einmal vor, wenn du an deiner Selbstbeherrschung arbeitest. Fang mit kleinen Vorsätzen an, die du auch umsetzen kannst. Wenn du beispielsweise abends die Nerven verlierst, weil dein Kind nicht schlafen will und du müde bist, dann konzentriere dich darauf, diesen Moment jeden Tag zu begleiten. Alle anderen Ziele sind erst mal zweitrangig. Wenn du dich auf ein bestimmtes Ziel fokussierst, wird dich das auch bei allem anderen weiterbringen.

6. Verzeih dir und befrei dich von deinen Fehlern

Wenn du dich selbst bestrafst, wirst du nur noch nervöser und gereizter. So entkommst du niemals dem Teufelskreis aus Fehlern, Schuldgefühlen und neuen Fehlern. Dann bist du vor ähnlichen Situationen angespannt (ohne es zu bemerken) und hast das Gefühl, dass du dich nie wirst ändern können. Sei gnädig mit dir und verzeih dir deine Fehler. Es ist wichtig, dich von der Schuld zu befreien, damit du ein besseres Verhältnis zu deinem Kind bekommst. (Unten erfährst du noch mehr über Schuld.)

7. Such dir eine Gruppe, die zu dir und deinen Zielen passt

Als soziale Wesen brauchen wir Kontakt zu anderen Menschen, die ähnlich ticken wie wir. Eine solche Bestätigung hilft uns, ganz wir selbst zu sein. Suche dir andere Menschen, die ihre Kinder ebenfalls frei von Kontrolle und Strafen erziehen. Gemeinsam werdet ihr zu immer besseren Müttern, Vätern und Menschen. In einer solchen Runde solltest du dich frei fühlen, du selbst sein können, damit auch deine Kinder dein wahres Ich erleben.

Es ist wichtig, uns selbst nicht zu viel vorzunehmen. Unser Gehirn mag neue Herausforderungen und Ziele sehr, jedoch nicht die damit verbundene Anstrengung. Das erklärt, weshalb wir uns alle Jahre wieder im Januar vornehmen, ins Fitnessstudio zu gehen (oder andere Vorsätze haben), und es bald darauf wieder aufgeben. Unser Gehirn schüttet gern Endorphine und Adrenalin aus, während wir uns unsere Veränderung und das Erreichen unserer Ziele vorstellen. Denn allein die Vorstellung wirkt fast genauso, als hätten wir uns wirklich verändert. Die Aufgabe besteht aber darin, an unserem Vorsatz festzuhalten und ihn umzusetzen, sobald die Hindernisse aus dem Weg geräumt sind. Dann wirst du diesen „Kick fürs Gehirn“ dauerhaft spüren. Wenn du jeden Morgen in dem Bewusstsein aufstehst, dass du deine Kinder so behandelst, wie sie es wirklich verdienen und brauchen, dass du genau da bist, wo du sein willst, und nach deinen Werten lebst, dann ist das die beste aller Belohnungen. Und auch schwierige Momente (die wird es immer geben, sie gehören zum Leben dazu) lassen sich gut bewältigen, sobald die ersten Tiefpunkte überwunden sind und die Willenskraft bewusst und täglich zum Einsatz kommt.

Die neue Lebensweise und die neue Selbstbeherrschung werden sich gegenseitig befeuern. Und diese positive Haltung wird sich auf alle Mitglieder deiner Familie und alle Menschen übertragen, die das Glück haben, in deiner Nähe zu sein.

Erste-Hilfe-Tipps für den Umgang mit deiner Wut

Alle Emotionen zeigen uns etwas, alle haben ihre Daseinsberechtigung. Wut sollten wir weder fürchten noch ablehnen. Wir sollten sie als Teil von uns nehmen und versuchen, sie umzuwandeln.

Wenn wir Wut verspüren, konzentrieren wir uns immer darauf, sie zu unterdrücken, sie aufzuhalten, anstatt aus und mit ihr zu lernen. Wir dürfen sie nie einfach nur zurückhalten, sondern sollten sie so herauslassen, dass sie weder anderen noch uns selbst schadet. Tun wir dies verantwortungsvoll und bedacht, bricht sie nicht mehr unkontrolliert aus uns heraus, sondern wird von unserem eigenen Verstand gefiltert und verarbeitet. Wut lässt sich jedoch auch so ausdrücken, dass wir uns dabei gut fühlen und anderen damit helfen, sodass sie sich nicht schuldig oder als Opfer fühlen.

★ Sobald du Wut verspürst und befürchtest, gleich zu explodieren, solltest du:

1. anerkennen, dass das, was du fühlst, Wut ist.
2. dir bewusst machen, was mit dir passiert und aus welchem Grund du so fühlst. Allein dadurch, dass du es weißt und dich genau kennst, wird deine Wut sich legen, ohne anderen wehzutun.
3. zwischen dem, was dein Kind oder andere tun, und dem, was du fühlst, unterscheiden. Niemand ist für deine Emotionen verantwortlich, nur du selbst. Was andere sagen oder tun, rechtfertigt niemals deine Wut.
4. die Dinge beim Namen nennen. Zum Beispiel: „Ich bin wütend, weil ich in Eile bin und mich das nervös macht, denn ich will nicht zu spät kommen, da ich so perfektionistisch bin." Sage nicht: „Ich bin wütend, weil mein Kind beim Anziehen trödelt." Wenn du genau hinsiehst, erkennst du einen gewaltigen Unterschied: Im ersten Satz urteilst du nicht über andere, sondern gehst ehrlich mit deinen Gefühlen um. Im zweiten Satz bewertest du das Verhalten der anderen, nämlich deines Kindes, und nimmst das als Rechtfertigung, obwohl das einzige Verhalten, das in Bezug auf deine Gefühle zählen sollte, dein eigenes ist.
5. verinnerlichen, dass niemand Schuld an deiner Wut hat. Nur du fühlst sie, nur du kannst sie in Gelassenheit, Frieden und Mitgefühl verwandeln. Nur du kannst in Zusammenarbeit mit anderen eine Lösung suchen.
6. eine empathische Verbindung zu den Bedürfnissen deines Kindes aufbauen. Wenn du erkennst, was wirklich mit dir los ist, anderen keine Schuld gibst und dich auf deine wahren Beweggründe konzentrierst, wirst du deine Wut spüren und filtern können, ohne sie zu unterdrücken. Dann kannst du deinem Kind zuhören und dich um es kümmern.

Mit den bereits vorgestellten Techniken kannst du auch deine Wut kontrollieren, dein persönliches Wissen über sie steigern und deine diesbezügliche Willenskraft fokussieren. Wenn du beharrlich an deiner Motivation und deiner Lust festhältst, euren Alltag zu verändern, wird dein Leben auf die Dauer glücklicher werden. Eine weitere Technik ist, dass du wöchentlich aufschreibst, was dir in den Situationen, in denen du wütend warst, durch den Kopf gegangen ist, und wie du diese Gedanken in andere verwandeln könntest, damit du deinem Kind nicht mehr die Schuld für deine Wut gibst. Du könntest auch jedes Mal, wenn du wütend bist, etwa eine Minute lang zählen. So fällt es dir leichter, deine Gedanken zu ordnen, zu reflektieren und das, was du fühlst und brauchst, von dem zu trennen, was deine Kinder fühlen und brauchen, damit du ihnen nicht die Schuld für etwas gibst, wofür sie nichts können. Das Zählen ist nicht das Gleiche, wie wegzugehen und dich woanders abzureagieren, die Wut herauszuschreien und dann zu deinen Kindern zurückzukehren. Letzteres ist tatsächlich eine Methode, die die Wut noch weiter steigert und umleitet, als würde man in ein Kissen beißen oder einen Anti-Stress-Ball malträtieren. So lenkst du die Wut bloß auf ein anderes Objekt, befreist dich aber nicht von ihr und kommst deinen Kindern wie auch allen anderen Menschen, mit denen du dein Leben teilst, nicht näher.

» Frage dich lieber, ob das Geschehene dein Leben oder das deines Kindes wirklich bedroht.

Die Antwort lautet meistens Nein. Dieser Gedanke und dein Bemühen, deinem Kind nicht die Schuld für deine Emotionen zu geben, helfen dir, dich zu entspannen.

Für einen schnellen und bewussten Ausweg aus deiner Wut stelle dir vor, dies sei der letzte Tag deines Lebens, an dem du deine Kinder beobachten und die unendliche Liebe wahrnehmen kannst, die euch eint.

Zu glauben, du würdest am nächsten Tag sterben, es ernsthaft vor dir zu sehen, bringt dein Gehirn und deine Hormone dazu, das wahre menschliche Bedürfnis in dir hervorzurufen: bedingungslose Liebe. Dieses Gefühl wird deine Wut in Wohlbefinden verwandeln.

Wut ist nur ein imaginärer Beweggrund, den unser Gehirn uns vorgaukelt. Suchen wir die Schuld und Verantwortung wie versessen bei unseren Kindern, finden wir keinen Ausweg aus unserer Wut, weil wir zu sehr damit beschäftigt sind, mit dem Finger auf andere zu zeigen, anstatt die Lösung in uns selbst zu suchen.

Was wir denken und fühlen, können wir nicht unterdrücken, aber wir können sehr wohl entscheiden, welchen Gedanken wir Aufmerksamkeit schenken, von welchen wir uns leiten lassen und von welchen nicht. Das wirkt sich sowohl auf die Beziehung zu unseren Kindern als auch auf unsere Beziehungen und unsere Lebensweise im Allgemeinen aus.

Grundsätze für Wertevermittlung statt Grenzen setzen

Wenn wir zu Müttern und Vätern werden, begleitet uns das ständig, vierundzwanzig Stunden am Tag, sieben Tage die Woche. Wir hören niemals auf, Eltern zu sein. Das ist eine Lebensaufgabe. Es ist anstrengend, ja, und manchmal stressig und ermüdend, für Menschen verantwortlich zu sein, deren Leben von uns abhängt. Natürlich ist es das. Aber genauso wahr ist es, dass niemand uns gezwungen hat, Kinder zu bekommen. Als wir diese Entscheidung getroffen haben - ob wohlüberlegt oder nicht -, haben wir das (meistens) aus freien Stücken getan und weil wir es wollten. Uns war klar, dass dies unser Leben für immer verändern würde.

Das Thema Grenzen setzen sorgt immer noch für viele Probleme in Familien. Viele Eltern glauben, ihren Kindern Grenzen zu setzen bedeute, sie dazu zu zwingen, etwas zu tun, was und wann sie wollen. Sie denken dabei allein an sich selbst, ihre eigenen Bedürfnisse und Interessen.

Meistens versteifen Eltern sich auf einige bestimmte Grenzen, und wenn diese nicht eingehalten werden, verlieren sie die Nerven und die Beziehung zu ihren Kindern nimmt Schaden. Da Eltern dazu neigen, die Kinder für alles verantwortlich zu machen, was ihnen emotional zu schaffen macht, bekommen sie das Gefühl, dass die Sprösslinge sich schlecht benehmen und nicht auf sie hören. Die Eltern halten nicht inne und denken nicht gründlich nach, was sie von ihren Kindern verlangen und was diese wirklich schon leisten können.

> *Kinder sind weder für die emotionalen Defizite der Eltern noch für ihre fehlende Selbstkenntnis verantwortlich.*

Im Grunde genommen klären Eltern ihre Kinder nicht über die für ihr Wohlergehen notwendigen Grenzen auf, sondern disziplinieren sie. Das Ziel davon ist es, dass die Kinder das tun, was die Eltern in diesem Moment entsprechend ihren Gefühlen und Zielen von ihnen wollen. Sie zwingen den Kindern unter dem falschen Vorwand, es sei „zu ihrem Wohl“, ihre Ideale auf. Dabei dienen Zwangsmaßnahmen nie dem Kindswohl, sondern nur den Egos derjenigen, die das Sagen haben. So müssen diese sich nicht mit den Bedürfnissen der Kinder beschäftigen und brauchen keine Rücksicht auf deren Gefühle zu nehmen.

Das Hauptanliegen von Eltern sollte es sein, eine respektvolle Beziehung zu ihren Kindern zu pflegen, in der gegenseitiges Vertrauen herrscht, niemand mehr wert ist als der andere und es keine Gewalt gibt, auch nicht als Erziehungsmethode.

Statt Grenzen in Form von Einschränkungen und Barrieren zu setzen, sollten wir eines begreifen: Grenzen bedeuten in Wahrheit, Werte zu vermitteln.

Grenzen setzen kann zudem bedeuten, sich an etwas anzupassen und sich darauf zu beschränken. Allein diese Bedeutung zählt für uns, und auf die sollten wir uns konzentrieren: Wir passen uns unseren Kindern an, ihrem Rhythmus und ihren Bedürfnissen. Deshalb sollten die Grenzen, die wir setzen, zu ihrem Vorteil sein, nicht zu unserem.

» Durch wahrhaft respektvolle Grenzen vermitteln wir unseren Kindern, was wirklich notwendig ist und was nicht.

Dafür sollten wir gute Werte vertreten und als Vorbild agieren. Unsere Kinder schauen sich bei uns ab, wie wir uns anderen Menschen gegenüber verhalten. Im Guten wie im Bösen.

Es bedeutet gleichzeitig, dass wir unseren Kindern respektvoll begegnen und ihnen Verständnis entgegenbringen, beispielsweise dafür, dass sie sich nicht zu einem bestimmten Zeitpunkt die Zähne putzen wollen. Auf diese Weise respektieren wir liebevoll ihren Rhythmus, machen ihnen aber durchaus verständlich, dass Zähneputzen bei uns zu Hause ein Grundsatz ist, etwas, das wir für unsere Gesundheit tun, etwas, das alle tun, aber sie sich den Zeitpunkt dafür selbst aussuchen können. Wenn der Zeitpunkt gar nicht kommt, sollten wir nach Strategien suchen, damit sie Spaß daran haben. Wenn wir mit allen respektvoll umgehen, lernen die Kinder nur diese Art der Kommunikation und begreifen aber, dass es an manchen Orten, wie in der Schule, im Restaurant oder bei ihren Freundinnen, andere Regeln gibt. Sie lernen, alles zu respektieren, und verstehen, dass sie dadurch selbst respektiert werden. Respektvoll zu leben wird Teil ihrer Persönlichkeit und ihres Lebensstils.

Viele Eltern haben das Bedürfnis, ihre Kinder herumzukommandieren, ihnen Grenzen zu setzen, zu entscheiden, was sie tun dürfen und was nicht. Jede andere Erziehungsart macht ihnen Angst. Sie denken, dass Kinder sonst zu undankbaren, dreisten, trotzigen Tyrannen, zu gesellschaftlichen Außenseitern werden. Doch diese Angst sollten sie ablegen. Sie stammt aus ihrer eigenen Kindheit und überträgt sich auf den Nachwuchs. Daraus lernen die Kinder nichts. Sie werden nur gezwungen, das zu tun, was die Eltern wollen, fühlen sich unter Druck gesetzt und weder geliebt noch geschätzt. Auch deshalb widersetzen sie sich. Je mehr Befehle und unfreundliche Umgangsformen Eltern einsetzen, umso schlechter werden sie ihre Kinder zu etwas bewegen können, ganz gleich, wie nötig es auch sein mag.

» *Fühlen sich Kinder hingegen verstanden, gehört und geschätzt, öffnen sie ihr Herz und tun das, was wirklich getan werden muss. Und schon bald wird es für sie zur Gewohnheit.*

Kinder ahmen ihre Eltern nach. Verwende daher all deine Energie darauf, selbst zu tun, was du von ihnen verlangst, und gehe als entspanntes Beispiel voran.

Folgende 6 Grundsätze können dir dabei helfen:

1. Vergiss die Ordnung

Viele von uns sind ganz und gar nicht ordentlich, doch sobald wir Mütter und Väter werden, verwandeln wir uns in echte Ordnungsfanatikerinnen und -fanatiker. Wir sind überhaupt nicht flexibel, und alles, was nicht ordentlich ist, sorgt offenbar für Unordnung in unserem Kopf. Aber so ist das Leben mit Kindern, die spielen, die entdecken, die Dinge durcheinanderbringen, Flecken machen, experimentieren. Es ist unmöglich, das Haus perfekt sauber und ordentlich zu halten. Trotzdem ereilt uns diese Wunschvorstellung, weil wir selbst so erzogen wurden: ordentlich zu sein, nicht aus der Reihe zu tanzen, alles blitzblank zu halten. Diese Maßstäbe sind von dem, was das Gehirn eines Kindes oder Jugendlichen braucht, weit entfernt. Wenn wir unseren Kindern beibringen wollen, achtsam mit ihren Sachen umzugehen, sollten wir dies zuerst mit unseren eigenen Sachen tun und uns weniger um ihre kümmern. Es sollte uns gleichgültig sein, ob wir hinter ihnen herräumen müssen: An manchen Tagen werden sie mitmachen, an anderen nicht. Doch sie werden es beobachten, rasch lernen und es von sich aus tun, ohne von uns dazu verpflichtet zu werden. Wir sollten auch beachten, dass sie eine andere Vorstellung von Ordnung haben. Sie schaffen sich ihre eigenen Strukturen entsprechend ihren Bedürfnissen. Vielleicht liegen ihre Puppen überall herum, weil sie sie später noch brauchen, um das Abenteuer fortzusetzen. Wir aber halten uns damit auf, sie wiederholt zum Aufräumen aufzufordern und, wenn sie es nicht tun, Konsequenzen und Strafen zu verhängen, anstatt innezuhalten und an ihre Gefühle zu denken.

Nimm das Thema mit Gelassenheit. Gib deinem Kind Raum und überdenke, ob das, was du von ihm verlangst, wirklich so wichtig ist, ob seine Sicherheit gefährdet ist. Wenn nicht, stell dieses Machtgebaren ein. Das heißt nicht, dass dein Kind in einem fürchterlichen Chaos leben sollte, in dem es selbst nicht mehr in sein Zimmer passt und in Unordnung erstickt. Es geht nur darum, einfühlsam zu sein. Hör zu, beobachte und schreibe ihm keine Ordnung vor. Bedenke, dass dein Zuhause ein passender Ort für alle seine Bewohnerinnen und Bewohner sein sollte, nicht nur für die Erwachsenen. Bleibst du in Sachen Ordnung locker, wird sowohl dein Leben als auch das deines Kindes glücklicher sein. Natürlich darfst du ihm Ordnung beibringen, indem du mit gutem Beispiel vorangehst und ihm beim Aufräumen hilfst, wenn es nötig ist. Achte dabei aber immer auf seine Gründe für die Unordnung. Zerstörst du beim Aufräumen ein Haus aus Knetmasse mit all seinem Innenleben, solltest du es lieber lassen. Alles hat seine Zeit und seinen Ort.

2. Motiviere dein Kind

Das häufigste Problem in Familien besteht darin, dass das, was Eltern von ihren Kindern verlangen, sie in der Regel nicht motiviert. Das liegt nicht an den Kindern, sondern daran, dass es sich meist um Dinge handelt, die außerhalb ihrer Welt liegen oder nicht ihren emotionalen Bedürfnissen entsprechen, wie Hausaufgaben. Ein Kind braucht keine Hausaufgaben, sondern sollte spielen, spielen, spielen, sich viel bewegen, erforschen, erschaffen, lachen, sich ausruhen und Dinge tun, die ihm gefallen. Wenn Hausaufgaben innerhalb des Wertesystems deiner Familie wichtig sind, wird dein Kind es verinnerlichen, vorausgesetzt, du hilfst ihm liebevoll dabei. Dein Kind sollte sich immer geliebt fühlen. Deine Aufgabe ist es, deinen Nachwuchs zu motivieren. Vielleicht entdeckt dein Kind seine Lust auf die Hausaufgaben, wenn du ihm hilfst, interessante Informationen über den Lernstoff zu suchen, wenn ihr regelmäßig ein neues Museum besucht, wenn du mit ihm thematisch passende Spiele spielst oder ihm Gesellschaft leistest, während es spielt. Sei zu jeder Zeit mitfühlend und liebevoll, mach Späße, hab Geduld und sei solidarisch. Tut ein Kind etwas, um zu gehorchen, und fühlt es sich nur dann wertgeschätzt, wenn es dich zufriedenstellt, ohne mit dem Herzen dabei zu sein, ist es nicht glücklich und wird nicht ordentlich lernen.

3. Kommuniziere respektvoll

Eltern sollten niemals Befehle geben. Damit setzen sie sich über die Kinder als eigenständige Menschen hinweg. Sie beachten nicht, was ihre Sprösslinge wirklich wollen. Wenn wir möchten, dass unsere Tochter duscht, weil sie es seit zwei Tagen nicht getan hat und beim Sport war, müssen wir es ihr kommunizieren. Aber weder genau dann, wann es uns passt, noch von oben herab. Es braucht eine vertrauensvolle Beziehung, die sie verstehen lässt, dass sie sich wegen ihrer Gesundheit duschen sollte. Wir fragen sie, wann sie am liebsten duscht, und erklären ihr die Vorteile des Duschens auf eine liebevolle, ruhige und an ihre Entwicklung und ihren Rhythmus angepasste Weise.

Um dich in dein Kind hineinzuversetzen, kannst du dir auch vorstellen, es wäre erst seit Kurzem in diesem Land und spräche deine Sprache nicht. Wenn es dich um Hilfe bäte oder du ihm etwas erklären wolltest, wie würdest du es tun? Würdest du ruhig und empathisch kommunizieren? Oder durch Forderungen, Vorwürfe und Erpressungen? Gehe mit deinem Kind genauso um, als sprächest du mit einer Person, die nicht über dasselbe Verständnis der Dinge verfügt wie du, und pass dich an sie an. Das im Hinterkopf zu behalten, wird dir helfen, deine Emotionen auszubalancieren und die Interessen und Verhaltensweisen deines Kindes, die ganz anders sind als deine, zu verstehen. Um ihm zu vermitteln, was wirklich wichtig ist, solltest du dein Ego überwinden, das dir ständig Signale schickt, wie alles deiner Meinung und Überzeugung nach zu sein hat. Bleibe in jeder Situation gelassen und schaffe eine Atmosphäre des Vertrauens und der Liebe. Glaube aus tiefstem Herzen, dass du deinem Kind nicht überlegen bist. Es hat das Recht auf eine respektvolle Behandlung, wie alle Menschen.

4. Sicherheit, Gesundheit und Wohlergehen

Wann immer wir glauben, es sei notwendig, unseren Kindern etwas zu vermitteln und dafür zu sorgen, dass sie etwas tun oder nicht tun, sollten wir uns überlegen, ob sie das wirklich brauchen oder wir es nur denken. Wenn wir das erkennen wollen, sollten wir ihre Sicherheit, Gesundheit und ihr Wohlergehen in Betracht ziehen und uns fragen: Ist es das Beste und wirklich notwendig für ihre Sicherheit, Gesundheit oder ihr Wohlergehen? Viele Eltern antworten mir daraufhin: „Aber wenn ich meinem Kind sage, es soll sich die Zähne putzen, dient das doch seiner Gesundheit, oder nicht?“ Ja, Mundhygiene ist sehr wichtig, aber sie braucht nicht durch Zwang vermittelt zu werden. Wir können sie unseren Kindern auch respektvoll beibringen, indem wir uns selbst die Zähne putzen, Geduld aufbringen, sie nicht zum Zähneputzen verdonnern, wann es uns passt, wir flexibel und verständnisvoll sind und nichts erzwingen.

Für alles findet sich eine Lösung. Wenn wir einmal Nein zu etwas sagen müssen (zum Beispiel keine Kekse mehr, nicht länger fernsehen, die Musik nicht um Mitternacht voll aufdrehen), sollten wir uns immer überlegen, ob dies mit den Grundsätzen der Sicherheit, Gesundheit und des Wohlergehens einhergeht und ob dieses Nein berechtigt ist. Ist es das, dann sollte es mit Bedacht und einer freundlichen, ruhigen und respektvollen Erklärung ausgesprochen werden.

Du könntest eine Liste mit all den Dingen erstellen, um die du dein Kind für gewöhnlich bittest, und prüfen, ob sie der Sicherheit, Gesundheit oder dem Wohlergehen dienen. Lass später nur die wirklich nötigen Dinge auf der Liste stehen und erarbeite Strategien, wie du diese deinem Kind kommunizieren kannst. Gehe mit gutem Beispiel voran und drücke dich mit Bedacht aus. Denke dabei an das Wohl deines Kindes, zwinge und verpflichte es nicht, sondern schaffe Verbundenheit. Schon bald wirst du beobachten, wie es aus seiner eigenen Motivation und Einsicht heraus etwas tut, nicht weil du ihm sagst, es sei das Richtige.

5. Geh mit Kreativität und Spaß an die Dinge heran

Manchmal müssen Kinder bestimmte Aufgaben erfüllen (immer vorausgesetzt, sie sind ihrer Entwicklung angemessen und für ihre Sicherheit, Gesundheit oder ihr Wohlergehen wirklich wichtig), aber sie wollen nicht. Geh zunächst geduldig, flexibel und respektvoll mit der Zeit deines Kindes um. Dann werde kreativ und unterstütze es mit Zärtlichkeit und Zuwendung, Spaß und Spiel bei diesen Aufgaben. Zwischen einfordern oder befehlen und kooperativer Zusammenarbeit liegen Welten.

6. Begleite die Emotionen deines Kindes, wenn es nötig ist

Manchmal gibt es zu Hause Dinge, die für die Gesundheit (wie sich auszuruhen) oder aufgrund unserer Lebensumstände und aus Notwendigkeit unvermeidbar sind (wie arbeiten zu gehen), die aber unseren Kindern zu schaffen machen. Sei es, dass sie nicht schlafen wollen und lieber weiter spielen würden oder sich nicht von uns trennen möchten, wenn wir zur Arbeit müssen. Die einzige Möglichkeit, wie sie in diesen Fällen unsere Werte und andere notwendige Aspekte unserer Familie und unseres Lebens lernen, besteht darin, dass sie sich verstanden und unterstützt fühlen. Dafür sollten wir sie emotional begleiten, einfühlsam sein und ihnen jederzeit liebevoll und mitfühlend beistehen.

Wenn Eltern ihre Kinder in allem einschränken, sind diese nicht mehr sie selbst. Denn dadurch kontrollieren sie ihre Sprösslinge, anstatt sie aus ihren Erfolgen und Fehlern lernen zu lassen, wo ihre Interessen und Motivationen liegen. Handeln sie so, werden ihre Kinder ausbrechen und das Gegenteil tun wollen, weil sie das brauchen. Eltern denken dann natürlich, dass sie die Kinder umso mehr beschränken müssen, weil sie glauben, sie seien außer Kontrolle. So wird daraus ein Teufelskreis.

» *Keine Grenzen zu setzen bedeutet nicht, dass die Kinder später zu unausgeglichenen, unzivilisierten Menschen werden, die keine Regeln kennen und alles tun, was ihnen in den Sinn kommt.*

Eine der größten Sorgen von Eltern ist der Glaube, dass die Kinder ihnen auf der Nase herumtanzen und sich in grausame Tyrannen verwandeln, wenn sie nicht genügend Nein sagen und ihnen keine Grenzen setzen.

Dabei brauchen wir nichts weiter zu tun, als in unserer Familie Werte zu etablieren und diese zu leben. Wenn wir uns zum Beispiel darüber im Klaren sind, dass bei uns zu Hause nicht geschlagen, geschrien und gezwungen wird, keine Lügen erzählt und alle mit Respekt behandelt werden, besteht der erste Schritt darin, dass wir uns als Erwachsene daran halten. Als Nächstes sollten wir verstehen, dass Kinder intuitiv lernen und dies, während sie wachsen und sich entwickeln, verinnerlichen. Wenn wir Fehler machen, ist das nicht schlimm: Wir fangen einfach mit Liebe und Verständnis noch mal von vorn an.

» *Kinder sollten sich nicht unterdrückt, sondern gehört und beachtet fühlen.*

Wenn wir Fehler machen, bitten wir aufrichtig um Entschuldigung (so lernen auch sie, sich zu entschuldigen und was das bedeutet) und setzen alles daran, diese Fehler nicht mehr oder so selten wie möglich zu wiederholen.

Alle Menschen sind einzigartig und unterschiedlich. Das Entscheidende ist, dass wir lernen, die Haltung zu wahren und geduldig zu sein, denn alles lässt sich lernen. Und wir sollten immer für unsere Kinder da sein.

Befrei dich von dem Schuldgefühl und blicke nach vorn

Womöglich hast du dich beim Lesen dieses Buchs an manchen Stellen schuldig gefühlt. Das ist ganz normal.

Schuld ist eine dieser Empfindungen, die vielen Menschen in ihrer Kindheit beigebracht wurden. Wenn sie nicht befolgten, was ihre Eltern für richtig hielten, redeten diese den Kindern Schuldgefühle ein. Dafür, dass sie nicht aufaßen, weinten, nicht in die Schule gehen wollten, sich mit ihren Geschwistern stritten, spät ins Bett gingen, nicht beim Tischdecken halfen, keine guten Noten bekamen, laut schrien, um etwas baten oder etwas ablehnten, sich aufregten und so weiter. Diese Art zu leben, nämlich mit Schuld, ist in ihre DNA übergegangen, und so geben sie für alles, was ihnen widerfährt, anderen die Schuld und fühlen sich selbst für alles Mögliche schuldig.

Wenn es dir so ergangen ist, solltest du diese Lebenseinstellung so schnell wie möglich ablegen. Es bringt nichts, sich für etwas schuldig zu fühlen, was sich nicht mehr ändern lässt. Wir haben in der Vergangenheit Fehler gemacht, die wir nicht mehr rückgängig machen können. Viele Mütter und Väter fühlen sich schuldig, weil sie in der Vergangenheit nicht gut mit ihren Kindern umgegangen sind. Die Schuld frisst sie auf, und genau dieses Gefühl bringt sie dazu, dieselben Fehler wieder und wieder zu begehen, weil sie im Beisein ihrer Kinder angespannt sind. Sie wollen krampfhaft alles richtig machen, können daher den Moment nicht genießen, sich entspannen und Frieden finden.

» Darüber nachzudenken, was uns Schuldgefühle macht, ist ein großer Schritt.

Du solltest akzeptieren, dass du zwar verantwortlich, aber nicht schuldig bist und das bereits Geschehene nicht ändern kannst. Du kannst nur die Gegenwart anders angehen, dieses Gefühl nach und nach ablegen und eine Beziehung zu deinem Kind entwickeln, die sich auf Respekt, Verbundenheit, Ehrlichkeit, Aufrichtigkeit, Gelassenheit, Verständnis, Toleranz und Herzlichkeit gründet.

Lerne aus deinen Fehlern, akzeptiere sie und nimm dir vor, sie nicht zu wiederholen. Dafür solltest du dir überlegen, was du anders hättest machen sollen, und den entstandenen Schaden bei deinem Kind wiedergutmachen. Da du nun die negativen Folgen von Kontrolle und fehlender

Begleitung kennst, nutze dieses Wissen. Nähere dich deinem Kind, kümmere dich, liebe und verstehe es, höre ihm zu. Sollten dir doch wieder Fehltritte unterlaufen, sabotiere dich nicht selbst und verteufele dich nicht, sondern nimm jeden neuen Tag als neue Chance.

Da du dieses Buch liest, bedeutet das, dass in dir etwas erwacht ist. Vergib dir, befreie dich und nimm dein Leben in die Hand.

Alexandra und ihre Kinder *Ihre Fehler und wie sie mit sich selbst und ihren Kindern ins Reine kommen kann:*

Falsch: *Alexandra denkt, ihre Tochter würde ihr nicht gehorchen.*
Sie kann nicht anders, als ihre Kinder zu kontrollieren und Dinge zu verlangen, die sie ihr nicht geben können. Alexandra kontrolliert ihre Kinder, anstatt ihnen vernünftige Grenzen zu setzen. Sie hat keine Beziehung zu ihren Kindern aufgebaut, die auf Respekt und Verständnis basiert. Sie erzieht sie ohne Rücksicht auf deren oder ihre eigenen Gefühle, weil sie es selbst nicht anders kennengelernt hat. Und obwohl ihr in ihrer Kindheit und Jugend sehr wohl bewusst war, was dieses Missverhältnis zu ihren Eltern bei ihr bewirkte, hat sie es völlig vergessen und wiederholt bestimmte Muster.
Richtig: Tief im Inneren weiß Alexandra, dass sie sich ändern muss. Die wichtigsten Schritte bestehen für sie darin, ihre eigenen Emotionen zu erkennen und die ihrer Kinder zu begleiten. Sie sollte sich in ihre Kinder hineinversetzen, tolerant und liebevoll mit ihnen umgehen, sie niemals als Feinde, sondern als Teil ihres Teams fürs Leben betrachten. Sie sollte damit aufhören, Schuldige zu suchen, und eine gelassene und vertrauensvolle Beziehung zu ihren Kindern aufbauen.

Falsch: *Alexandra lässt ihre Frustration und ihre Unzufriedenheit an ihren Kindern aus.*
Viele Erwachsene wurden im Glauben erzogen, Kinder könnten alle möglichen emotionalen Lasten tragen und Eltern hätten Macht über sie. Wenn Eltern sich ihnen dann noch überlegen fühlen, entstehen Missverhältnisse und Distanz. Sicherlich sind sich viele dessen nicht bewusst, sie

tun es nicht mit Absicht. Sie führen es nur fort und glauben, es sei normal. Auf dieser Grundlage können sie ihre Impulse nicht kontrollieren und lassen alles an den Kindern aus. Sie können nicht innehalten, durchatmen, nachdenken, verstehen, sich beruhigen und relativieren.
Richtig: Eltern sollten respektvoll mit ihren Kindern umgehen und dürfen ihnen für ihre eigenen Gefühle und Erlebnisse nicht die Schuld geben.

Würde Alexandra an ihrem Selbstwertgefühl arbeiten und selbst Entscheidungen treffen, könnte sie die Beziehung zu sich selbst und somit auch zu ihren Kindern verbessern.

Falsch: *Alexandra schafft es nicht, sich zu trennen oder ihrem Leben eine neue Richtung zu geben.*
Sie fühlt sich wertlos, sieht und kennt ihre Fähigkeiten nicht, versteckt sich in ihrem Schneckenhaus, aus dem zu entkommen ihr unmöglich erscheint.
Richtig: Sie sollte ihr Leben in die Hand nehmen, einen Ausweg finden, sich Hilfe suchen und ihrem Schicksal eine neue Richtung geben. Sie sollte ihre Kinder mit Respekt erziehen, sich selbst respektieren und sich darauf konzentrieren, was ihr Herz ihr sagt, seit sie ein kleines Mädchen war.

Falsch: *Alexandra fühlt sich schuldig.*
Sie lebt in einer Spirale aus Fehlern, Schuldgefühlen und Kummer. Sie begeht bei ihren Kindern Fehler, macht sich deshalb selbst fertig, sorgt sich extrem darum, diese Fehler am nächsten Tag nicht zu wiederholen, geht aber jedes Mal in dieselben Fallen. Schuldgefühle trüben ihr Selbstwertgefühl und Selbstbild immer mehr.
Richtig: Sie sollte ihre Fehler dazu nutzen, aus ihnen zu lernen. Wenn sie Fehler macht, sollte sie sich nicht schuldig fühlen, sondern sie akzeptieren, und all ihre Kraft darauf verwenden, es am nächsten Tag besser zu machen. So käme sie der Art Mutter näher, die sie sein möchte.

Zusammenfassung

» Selbstsicherheit ist die Eigenschaft, mit Menschen zu kommunizieren, ohne ihnen und natürlich auch uns selbst Schaden zuzufügen. Es geht darum, unsere Gedanken und Gefühle auszusprechen, unsere Meinung zu sagen und unsere Rechte zu verteidigen, ohne andere manipulieren zu wollen und ohne zuzulassen, dass wir von anderen gesteuert werden oder diese sich mit ihrer Einstellung in unser Leben einmischen.

» Um sicherzustellen, dass unsere Kinder heute und später im Leben selbstsicher agieren, sollten wir selbstbewusst mit ihnen umgehen. Das ist der einzige Weg.

» Selbstbeherrschung fällt nicht leicht, ist aber für die Erziehung unserer Kinder wichtig. Wir sollten unsere Fehler einsehen und akzeptieren. Wir sollten uns selbst kennenlernen und wissen, was wir in unserem Leben verändern wollen.

» Selbstbeherrschung ist wie ein Muskel, der trainiert werden kann. Wir sollten uns unsere Ziele deutlich ins Bewusstsein rufen und visualisieren, um uns auf sie zu konzentrieren, anstatt auf die Hindernisse auf dem Weg.

» Wut sollten wir niemals unterdrücken. Wir sollten sie so herauslassen, dass wir weder andere noch uns selbst verletzen.

» Das Hauptanliegen von uns Eltern sollte es sein, eine respektvolle Beziehung zu unseren Kindern zu pflegen, in der gegenseitiges Vertrauen herrscht, niemand mehr wert ist als der andere und es keine Gewalt gibt, auch nicht als Erziehungsmethode. Statt Grenzen in Form von

Einschränkungen und Barrieren zu setzen, sollten wir eines begreifen: Grenzen bedeuten, Werte zu vermitteln und uns den wahren Bedürfnissen unserer Kinder anzupassen.

» Wenn wir unsere Kinder in allem einschränken, sind diese nicht mehr sie selbst. Kontrollieren wir unsere Sprösslinge, werden die Kinder ausbrechen und das Gegenteil tun wollen, weil sie das brauchen.

» Darüber nachzudenken, was uns Schuldgefühle macht, ist ein großer Schritt. Wir sollten akzeptieren, dass wir zwar verantwortlich, aber nicht schuldig sind. Geschehenes können wir nicht ändern, sondern nur die Gegenwart anders angehen und das Schuldgefühl ablegen.

Erziehen, ohne die Nerven zu verlieren: die pädagogischen Herausforderungen von heute

Wenn du den Prinzipien und Ideen dieses Buches folgst und sie angstfrei in dein Leben integrierst, im vollen Vertrauen, dass du das Beste für dein Kind, sein Leben und eure Beziehung tust, wirst du dich jeder Situation stellen und sie gemeinsam mit deinem Kind verbindlich, liebevoll und nachhaltig bewältigen können.

» Kindererziehung ist nicht einfach.

Dessen sind wir uns heute bewusster denn je, und es wäre ganz leicht, vor all den Erfahrungen, die wir auf diesem Weg bereits gesammelt haben, die Augen zu verschließen. Wir könnten uns einreden, keine Roboter zu sein und nicht immer perfekt sein zu können, so schlecht würden wir es schon nicht machen, schließlich hätten unsere Eltern uns auch so erzogen und wir seien „gut geraten". Wir mögen tatsächlich zu guten Menschen geworden sein, doch wenn wir nur für unsere Taten Anerkennung erfahren haben, ohne die gebotene emotionale Unterstützung und bedingungslose Liebe, dann hat sich das in uns festgesetzt und zeigt sich möglicherweise in Form von fehlendem Selbstbewusstsein, Unsicherheit, dem Bedürfnis nach einer Gruppenzugehörigkeit, der Angst davor, wir selbst zu sein. Möglicherweise sind wir innerlich wütend, rauchen, trinken oder leiden unter Schlaflosigkeit. Möglicherweise denken wir bei der Erziehung nur an die negativen Folgen, weil wir als frischgebackene Mutter oder als frischgebackener Vater unbewusst wieder in die Erziehung unserer Kindheit zurückversetzt werden und uns dann durchaus bewusst wird, dass wir die Nerven verlieren, ausrasten, kontrollsüchtig sind, es nicht schaffen, eine Beziehung zu unseren Kindern aufzubauen, ihnen an allem die Schuld geben, nur nach Lösungen suchen, um sie zu ändern, ohne jemals in Betracht zu ziehen, dass der Weg bei uns beginnen sollte.

» Wir Eltern sind nicht die Einzigen, die einen Einfluss auf das Leben unserer Kinder haben.

Denn auch andere Familienangehörige, Lehrkräfte, Freundinnen und Freunde tragen dazu bei, dass unsere Söhne und Töchter ihr Leben im Rahmen ihrer eigenen Entscheidungen, ihres selbst gewählten Wegs, ihrer häuslichen Umstände und Gene gestalten. Dennoch bleiben wir immer ihre Wurzeln und können diese Tatsache nicht leugnen.

Betrachte diesen Weg als Gelegenheit zur Selbstfindung, zur persönlichen Weiterentwicklung, zum Überwinden von Hindernissen, zu mehr Bewusstsein, zu mehr Liebe, zu mehr Wertschätzung für das Leben. Wirf dir deine Fehler nicht vor, sondern gesteh sie dir ein, akzeptiere sie, such nach Lösungen und blicke nach vorn.

Aktuell haben wir Eltern vor allem mit vier Themen zu kämpfen:

- » Mobbing
- » digitale Medien
- » Geschwisterbeziehungen
- » Pubertät

Obwohl du nach der bisherigen Lektüre bereits über genügend Werkzeuge für eine respektvolle, bewusste und empathische Erziehung verfügst, die dir auch bei diesen Problemen helfen, möchte ich dir in diesem zweiten Teil des Buchs einige kurze, aber relevante Informationen liefern, die deinen großen Veränderungsprozess vollenden werden.

II \ eins

Mobbing

Was können wir gegen Mobbing tun?

Obwohl der Begriff „Mobbing“ erst in der zweiten Hälfte des 20. Jahrhunderts aus dem Englischen bei uns übernommen wurde, existierte dieses Phänomen schon lange vorher, spätestens seit sich eine Gesellschaft durchgesetzt hat, die adultistisch und autoritär mit Kindern umgeht.

In den wenigen Jahrzehnten, in denen das schulische Mobbing erforscht wird, sind die Fallzahlen in geradezu unvorstellbare Höhen geschossen. Die Fälle haben jedoch nicht nur quantitativ, sondern auch in ihrer Schwere zugenommen. Sowohl die Umstände, unter denen sie entstehen, wie auch ihre Folgen werden täglich besorgniserregender.

Es braucht daher rasch einen radikalen Wandel in der Gesellschaft, was den Umgang mit diesem Thema betrifft.

> ❞ *Es gibt Tausende Kinder und Jugendliche, die in ihren Schulen durch die Hölle gehen, die sich einsam und unglücklich fühlen und die es verdienen, ihr Leben zurückzugewinnen, es in Freiheit zu leben und wie jeder andere Mensch respektiert zu werden.*

Um diesen Wandel herbeizuführen, brauchen wir Instrumente und Maßnahmen aus einer anderen Perspektive, denn die aktuellen tragen nur zum Erhalt der Situation bei. Mobbing wird gern unter den Teppich gekehrt oder als normales Verhalten dargestellt, was es aber nicht ist. Wir tun es als eine Sache unter Kindern ab, obwohl Gewalt und Aggressivität (wie sie durch Mobbing sowie durch dessen fehlende emotionale Begleitung entstehen) für Kinder niemals typisch sind und sich dahinter immer etwas anderes verbirgt. Es wird zu spät und falsch gehandelt. Dem Täter oder der Täterin wird ein Stempel aufgedrückt, eine Strafe aufgebürdet und keine Hilfe angeboten. Ebenso wenig dem Opfer (oder nur in wenigen Fällen). Es gibt keine wirksamen Maßnahmen, sondern hauptsächlich autoritätsbasierte Interventionen, die das Mobbing seitens der Täterinnen und Täter sowie das Gefühl der Minderwertigkeit auf der Seite der Opfer eher verstärken. Beide Seiten benötigen jedoch dringend eine beständige emotionale Begleitung, um ihr Verhalten allmählich zu ändern, sich besser zu fühlen und ihrem persönlichen Martyrium zu entkommen.

Definition von schulischem Mobbing

Mobbing genauer zu definieren, ist wichtig, denn unsere Gesellschaft ist, wie bereits erwähnt, so sehr an Gewalt gewöhnt, dass es ihr schwerfällt, das Problem zu erkennen.

Mobbing ist durch folgende Kriterien gekennzeichnet:

» Es wiederholt sich. Es ist kein Einzelfall, sondern geschieht häufiger.
» Täterinnen und Täter sowie Opfer halten sich zur selben Zeit am selben Ort auf.
» Es handelt sich um Gewalt unter Gleichaltrigen. Die Beteiligten sind für gewöhnlich im selben Alter bzw. in derselben Lebensphase oder mit nur wenigen Jahren Unterschied.

» Das Verhältnis zwischen ihnen ist weder ausgewogen noch gut strukturiert, sondern in einer Schieflage. Eine Person glaubt, Macht über die andere zu haben und ihr überlegen zu sein.
» Meistens richtet sich eine Gruppe gegen ein oder zwei Personen. In dieser Gruppe gibt es meist einen Anführer oder eine Anführerin. Die anderen wollen für gewöhnlich gar nicht mobben, haben aber Angst, dass sie selbst zu Opfern werden, wenn sie nicht mitmachen. Diese passiven Mitglieder der Gruppe sind genau genommen Komplizinnen und Komplizen bei der Misshandlung, aber nicht die Täterinnen und Täter. Sie sehen zu und machen zum Teil sogar mit, allerdings aus Angst und Gruppenzwang. Sie fürchten sich vor den Bemerkungen der anderen und trauen sich deshalb nicht, sich der Ungerechtigkeit entgegenzustellen. Sie sind Marionetten des Täters oder der Täterin.
» Die Aggressionen sind in der Regel körperlicher und verbaler Art: Erpressung, Beleidigung, Drohung, Spott, Hohn, Beschimpfung, Diskriminierung. Das Opfer wird angeschrien, bestohlen, gekniffen, geschubst, aus der Gruppe ausgegrenzt und ignoriert, an den Haaren gezogen usw. In den meisten Fällen kommt es nicht zur körperlichen Gewalt, sondern es bleibt bei einer konstanten psychischen Gewalt und Einschüchterungen.
» Die Zahl der Täter unter den Kindern ist höher als die der Täterinnen. Auch in der Art des Mobbings unterscheiden sich die Geschlechter. Jungs wenden meist eher verbale (Beleidigungen und Spott) oder körperliche Gewalt (Eindringen in den persönlichen Raum) an, Mädchen wiederum greifen zu subtileren Gewaltformen, wie beispielsweise Ausgrenzung und Gerüchte streuen.
» Die Altersspanne der von schulischem Mobbing Betroffenen wird immer größer. Heutzutage beginnt es schon in der ersten Klasse und kommt sogar an der Universität noch vor. Da dieses Problem nicht beseitigt wird, sondern, im Gegenteil, einen immer festeren

Bestandteil unserer Gesellschaft bildet, weitet sich Mobbing auch auf die Arbeitswelt und andere soziale Beziehungen aus.
- Es gibt immer mehr Formen des Mobbings, das heißt, die Motive dahinter sind vielfältiger. Mobbing kann zum Beispiel rassistisch, sexuell, homo- und transfeindlich, religiös, chauvinistisch oder sozial motiviert sein und findet zudem im Internet statt.

Da den Schulen und Familien die richtigen Instrumente fehlen, um Mobbing vorzubeugen und zu verhindern, dauern solche Situationen an und werden zu großen Krisen im Leben der Opfer, die sich in einem ausweglosen Labyrinth gefangen fühlen. Mobbing führt im schlimmsten Fall zum Suizid des Opfers. Im Selbstmord sieht eine solche Person die einzige Möglichkeit, ihrem Leidensweg zu entkommen. Sie gibt sich letzten Endes selbst die Schuld dafür, was ihr passiert. Sie hält sich für anders, glaubt, mit den etablierten oder geforderten Maßstäben nicht mithalten zu können und eine Schande für die Familie oder Schule zu sein.

Seit vielen Jahren bin ich als Expertin auf diesem Gebiet tätig und habe einige Menschen kennengelernt, die ein Familienmitglied unter solch tragischen Umständen verloren haben. Diese Angehörigen wussten alle nicht viel von den Problemen ihrer Söhne und Töchter.

In den Mobbingopfern wächst das Gefühl von Einsamkeit und Schuld. Sie ziehen sich zurück und sehen in ihrem Leben kaum noch Chancen.

„Gemobbte Mädchen und Jungen entwickeln eine sogenannte „erlernte Hilflosigkeit“.

Der Begriff wurde vom US-amerikanischen Psychologen Martin Seligman geprägt und beschreibt den Zustand, bei dem sich Menschen an ihr Leid gewöhnen, nachdem sie dauerhaft schmerzhaften, schwierigen oder gewalttätigen Situationen ausgesetzt waren und bereits erfolglos versucht haben, diesen auf die eine oder andere Weise zu entkommen. Diese Menschen denken, es gäbe keinen Ausweg, was auch immer sie täten. Sie verfügen über keine Strategien und akzeptieren ihr Schicksal. Sie verlieren jegliche Motivation voranzukommen, daraus zu lernen oder andere Lösungen für ihr Problem zu suchen. Sie glauben, sie seien selbst schuld und würden verdienen, was ihnen widerfährt.

Die Persönlichkeiten von Täterinnen und Tätern sowie von Opfern unterscheiden sich zwar, weisen aber auch gewisse Ähnlichkeiten auf. Erstere sind häufig aggressiv und vollkommen empathielos. Sie wirken manipulativ und subtil erpresserisch in ihrer Gruppe, werden von dieser geliebt, verfügen aber gleichzeitig über sehr wenig Selbstwertgefühl und Selbstsicherheit, leiden unter Ängsten usw.

Die Opfer hingegen sind eher sensibel, zurückgezogen, schweigsam, unsicher, ängstlich und wenig selbstbewusst.

Viele Opfer werden später selbst zu Täterinnen und Tätern. Sie haben jahrelang und ohne jegliche Unterstützung Mobbing ertragen und tun schließlich jemand anderem das an, was ihnen selbst widerfahren ist. Meistens geschieht das bei einem Wechsel der Umgebung. Wenn sie beispielsweise in der Schule gemobbt wurden, wollen sie mit einer anderen Haltung an der Uni beginnen und denken, dass sie als Täterinnen oder Täter sozial besser dastehen. Oft geschieht dieser Wechsel im Erwachsenenalter: Menschen, die in ihrer Kindheit und Jugend viel unter Mobbing gelitten haben, begehren gegen ihre Partnerinnen oder Partner und Kinder auf. Daher leiden die Opfer nicht nur in der unmittelbaren Situation unter Mobbing, sondern ihr gesamtes Leben.

Sowohl die Täterinnen und Täter als auch die Opfer haben eine schlechte oder kaum existierende Beziehung zu ihren Eltern. Außerdem leiden sie meist unter sehr viel Stress. In ihren Familien herrscht ein Mangel an Zuneigung und Kommunikation. Die Eltern sind kontrollsüchtig oder abwesend und leisten wenig oder gar keine Hilfestellung. Die Kinder werden also emotional nicht begleitet, erfahren Gewalt, ihnen wird nicht zugehört und keine Aufmerksamkeit geschenkt. Es kann sich auch um Jugendliche handeln, die geliebte Menschen verloren oder unter der Trennung der Eltern, Misshandlungen oder anderen schwierigen Situationen gelitten haben, ohne eine gute emotionale Begleitung zu erfahren. Es sind Kinder, die in ihrem Zuhause eingeschüchtert werden, gehorsam sein müssen und dann in der Außenwelt entweder rebellieren oder sich noch kleiner machen. Sie erleben täglich Strafen, Geschrei, Drohungen, Spott, Angst, Leistungsdruck, Vorurteile, Kritik. Ihnen fehlen Zärtlichkeit, Zuneigung und echte emotionale Aufmerksamkeit.

Das hat sowohl für die Täterinnen und Täter als auch für die Opfer Folgen. Zu den häufigsten zählen ein schwaches Selbstwertgefühl, Unsicherheit, soziale Probleme, Stress und Angstzustände, Suchterkrankungen, Depressionen, Ess- und Zwangsstörungen, Einsamkeit, Antriebslosigkeit usw. Bei den Opfern kommt oft hinzu, dass sie sich schuldig fühlen oder glauben zu verdienen, was ihnen widerfährt. Sie leiden oftmals an einem posttraumatischen Schock. Die Täterinnen und Täter kompensieren den häuslichen Mangel in Form von Gewalt.

» Beide Seiten sind also Opfer und benötigen Hilfe.

Die einen wegen dem, was sie erleiden und erlitten haben, die anderen, um niemandem mehr Leid zuzufügen. Beide tragen schwer an ihren emotionalen Lasten und müssen aus ihren emotionalen Käfigen befreit werden.

Wie lässt sich Mobbing verhindern?

Im Kampf gegen Mobbing steht die Prävention an erster Stelle.

Damit unsere Söhne und Töchter, Schülerinnen und Schüler, Patientinnen und Patienten oder andere Kinder und Jugendliche in unserem Umfeld sich selbst und andere respektvoll behandeln, müssen wir selbst ihnen natürlich Respekt entgegenbringen.

In unserer heutigen Gesellschaft vollzieht sich eine sogenannte Normalisierung der Gewalt. Wir nehmen also das, was ein Problem darstellt, nicht mehr als solches wahr. Wir sehen etwas als normal an, was eigentlich weit davon entfernt ist.

Zur Veranschaulichung möchte ich dir einen beispielhaften Dialog präsentieren, den ich in den sozialen Medien geteilt habe und der vielen Menschen die Augen geöffnet hat:

» *„Gestern habe ich gesehen, wie ein Mann einer Frau gedroht und gesagt hat, sie solle sich schleunigst nach Hause bewegen, sonst würde es was setzen."*

» *„Und was hast du gemacht?"*

» *„Am liebsten wäre ich zu der Frau gegangen und hätte ihr gesagt, dass sie diese toxische Beziehung beenden soll, dass sie diese Person nicht zu ertragen braucht und dass sie das Recht auf ihr eigenes Leben hat. Die Arme, also wirklich."*

» *„Gestern habe ich gesehen, wie eine Frau ihrem Hund gedroht und gesagt hat, er solle sich schleunigst nach Hause bewegen, sonst würde es was setzen."*

» *„Und was hast du gemacht?"*

» *„Am liebsten wäre ich zu der Frau gegangen und hätte ihr gesagt, dass ich den Hund mitnehmen würde. Wozu hat sie einen Hund,* *wenn sie ihn so behandelt? Also echt, die Leute sind einfach schlecht."*

» *„Gestern habe ich gesehen, wie ein Mann seiner Tochter gedroht und gesagt hat, sie solle sich schleunigst nach Hause bewegen, sonst würde es was setzen."*

» *„Und was hast du gemacht?"*

» *„Am liebsten wäre ich zu dem Mann gegangen und hätte ihm gesagt, dass man es genau so machen muss, weil sie dir sonst auf der Nase herumtanzen, und ehe du dich versiehst, werden sie gewalttätig. So muss man erziehen."*

Das erleben wir täglich. Wir nehmen nicht mehr wahr, dass wir Gewalt gegen Kinder normalisiert haben, dass wir sie respektlos, kontrollierend und von oben herab behandeln, was nur dazu führt, dass sie genauso werden.

» Mädchen und Jungen haben das Recht, wie Menschen behandelt zu werden.

Es ist merkwürdig, dass wir Gewalt gegen Erwachsene und Tiere zweifellos als solche erkennen, aber nicht, wenn sie sich gegen Kinder oder Jugendliche richtet.

Gewalt in der Erziehung bringt gewalttätige oder unterwürfige Menschen hervor, die sich selbst nicht genug lieben, um ein glückliches und emotional erfülltes Leben zu führen und weder anderen noch sich selbst zu schaden. Indem Eltern mit Gewalt erziehen, säen sie die Saat für neue Gewalt, sowohl bei den Täterinnen und Tätern als auch bei den Opfern.

> **»** *An schulischem Mobbing können wir nur etwas ändern, wenn wir unsere Erziehung ändern.*

Wenn Eltern ihre Kinder anschreien, erpressen, auslachen, verspotten, sie überfordern, bedrohen, beschimpfen und sich über sie erheben, tun sie genau das, was sie in der Schule verhindern wollen. Ihnen ist nicht bewusst, dass sie den Kindern genau das beibringen, was sie ihnen austreiben wollen.

Die Eltern, mit denen ich am Thema Mobbing arbeite, beunruhigt der Gedanke sehr, dass eines ihrer Kinder darunter leiden könnte. Es bereitet ihnen umso größere Angst, wenn wieder einmal alarmierende Nachrichten in den Medien kursieren. Wenn sie dann etwas dagegen tun wollen, sind sie ganz verdutzt darüber, dass die Arbeit zu Hause in den Familien stattfinden muss.

Wenn ich die Eltern in meinen Kursen frage, in welcher Position sie ihre Kinder lieber sehen würden, als Täterinnen und Täter oder als Opfer (stell dir diese Frage vor dem Weiterlesen am besten selbst), möchte natürlich keiner von ihnen seine Kinder in irgendeiner dieser Positionen sehen. Doch sie sind sich alle darin einig, dass sie die Rolle des Opfers vorziehen würden.

Das erscheint zunächst seltsam, lässt sich aber erklären. Wir wurden dazu erzogen, in die Gesellschaft hineinzupassen, nicht anzuecken und beliebt zu sein. Mit der Mutter oder dem Vater eines Opfers haben alle Mitleid. Die Eltern von Mobbenden werden hingegen an den Pranger gestellt, beschuldigt und kritisiert.

Wenn wir unsere Kinder mit Gewalt erziehen, können sie entweder auf die eine oder die andere Seite geraten, je nach ihrer Persönlichkeit, genetischer Veranlagung und der jeweiligen konkreten Situation. Natürlich verwandeln sich nicht alle Kinder und Jugendlichen, die mittels Gewalt, Kontrolle und Autorität erzogen werden, später in Mobbende oder Opfer (die Folgen einer solchen Erziehung sind bekanntermaßen vielfältig), aber die Wahrscheinlichkeit ist bei ihnen definitiv höher, da sie es von zu Hause kennen.

In einem Workshop für ein Medienunternehmen sagte eine Frau zu mir, sie fände es sehr „krass", die gewaltsame Misshandlung einer Frau damit zu vergleichen, dass man beispielsweise seine Tochter ohrfeigt, wenn sie nicht aufessen will. Wir können noch so sehr unsere Augen davor verschließen, doch ein Kind zu schlagen, ob leicht oder fest, selten oder häufig, heißt, es zu misshandeln und Gewalt einzusetzen, um zu bekommen, was wir wollen. Wenn wir auf diese Weise erziehen, bringen wir genau das unseren Kindern bei.

» Gewalt unter Gleichaltrigen können wir nur vorbeugen, indem wir unsere Erziehung ändern.

Denn unsere Kinder leben zwar zwangsläufig in dieser Welt, in der sie Ungerechtigkeit, Gewalt, Kritik, Vorurteile, Spott, Sexismus, Rassismus und Respektlosigkeit erleben, doch so werden sie über das nötige Werkzeug verfügen, um auf der einen Seite nicht zu Täterinnen und Tätern zu werden und auf der anderen Seite zu wissen, wie sie sich gegen Mobbing wehren können.

Viele Eltern, deren Kinder andere quälen, werden wütend, streiten es ab, behaupten, es sei Unsinn und eine Übertreibung. Sie können sich nicht eingestehen, dass sie selbst ihren Kindern zufügen, was diese anderen antun. Der Kampf gegen Mobbing erfordert also eine grundlegende Veränderung unserer Gesellschaft.

12 Grundsätze, die Mobbing vorbeugen

Obwohl du bereits alle Grundsätze für eine liebevolle Erziehung kennengelernt hast, möchte ich dir die wichtigsten noch einmal in Erinnerung rufen:

1. Sei mitfühlend

Versetze dich in dein Kind hinein, verstehe seine Bedürfnisse, unterstütze sein Anliegen, wenn es möglich ist, und bleib dabei immer ruhig.

2. Begleite alle Emotionen deines Kindes

Übe bei jedem Gefühlsausbruch deines Kindes. Mit jedem Mal wirst du erfahrener und sicherer werden.

3. Sei selbstsicher

Biete deinem Kind in jedem Moment Geleit, indem du mit ihm und allen anderen Menschen selbstsicher umgehst.

4. Behandle dein Kind, wie du selbst behandelt werden möchtest

Was du nicht willst, das man dir tut, das füg auch keinem anderen zu. Ein ganz einfacher Grundsatz, auch wenn er oft schwer umzusetzen ist.

5. Hilf deinem Kind, Grenzen zu ziehen

Zunächst musst du selbst anderen Leuten Grenzen setzen können. Wenn beispielsweise eine Nachbarin den Kopf und das Gesicht deiner Tochter streichelt, was dir nicht gefällt, und du dich zu Hause darüber beschwerst, die Nachbarin als übergriffig und respektlos bezeichnest, es aber nicht verhindert hast, dann lernt deine Tochter daraus, dass sie etwas über sich ergehen lassen muss, was sie nicht möchte, um nicht anzuecken, obwohl sie sich dabei unwohl fühlt. Als Nächstes solltest du dein Kind seine eigenen Entscheidungen treffen lassen und es darin bestärken, solange es seine Sicherheit, Gesundheit und sein Wohlergehen nicht beeinträchtigt. Nur so lernt es, Entscheidungen unabhängig davon zu treffen, was andere denken.

6. Gehe konsequent mit gutem Beispiel voran

Da wir in allem Vorbild sind, müssen wir mit gutem und konsequentem Beispiel vorangehen. Wenn du ständig Leute kritisierst, dich über sie lustig machst, ihre Werte nicht respektierst, lügst, nicht auf deine Gesundheit achtest, herumschreist, dich schlecht ernährst, Menschen mit anderer sexueller Orientierung oder Hautfarbe beleidigst, Unterschiede zwischen den Geschlechtern machst usw., was erwartest du dann von deinem Kind? Führe dein Leben in respektvollem Umgang mit dir selbst und anderen. Das ist der einzige Weg.

7. Unterstütze dein Kind

Unterstütze dein Kind und hab keine Angst, ihm deine Hilfe und Zusammenarbeit anzubieten.

8. Haltet zusammen

Bildet ein Team. Es geht nicht darum, dass die Eltern in einer Mannschaft und die Kinder in der gegnerischen spielen, ihr spielt alle im selben Team! Den Zusammenhalt und das Vertrauen zu stärken ist sehr wichtig, damit Eltern über alles, was den Kindern widerfährt, Bescheid wissen.

9. Liebe dein Kind bedingungslos

Zeig deinem Kind sowohl in guten als auch in schwierigen Momenten deine Liebe.

10. Hör zu und schenke Aufmerksamkeit

Sei immer in der Nähe. Kümmere dich stets um die Bedürfnisse deines Kindes, höre ihm zu und mache ihm Mut.

11. Kommuniziere positiv

Kommuniziere freundlich, aufrichtig und ehrlich, ohne zu kontrollieren, zu bestrafen, zu schreien, zu fordern, zu verspotten, zu manipulieren, Angst zu verbreiten oder respektlos zu sein.

12. Zeige allen Menschen gegenüber Respekt

Zeig deinem Kind, dass du alle Menschen gleichermaßen achtest, es selbst eingeschlossen.

Was tun, wenn dein Kind gemobbt wird oder selbst mobbt?

Obwohl Schulen über Anti-Mobbing-Konzepte verfügen und es ein immer stärkeres Bewusstsein für dieses Thema gibt, sieht es durch die Normalisierung der Gewalt in der Realität so aus, dass Mobbing in vielen Fällen erst dann als Problem erkannt wird, wenn es weit fortgeschritten ist.

Sowohl Lehrkräfte als auch Eltern nehmen den Spott, die Ausgrenzung, die Hänseleien, die Drohungen zwar wahr, halten sie aber für die jeweilige Altersstufe für etwas „Normales“. Es ist jedoch in keinem Alter normal, anderen aus Vergnügen Schaden zuzufügen, auch nicht unabsichtlich oder weil man wütend, traurig oder nervös ist, ein Recht durchsetzen oder seiner Frustration Ausdruck verleihen will.

» Bei einer gewaltfreien Erziehung gehen wir davon aus, dass unsere Kinder uns alles erzählen, was ihnen in der Schule passiert, weil sie nicht fürchten müssen, verurteilt zu werden, sondern Gehör und Unterstützung finden.

Um ein Vertrauensverhältnis aufzubauen, reicht es allerdings nicht, sie jeden Tag im immer gleichen Tonfall zu fragen, wie es in der Schule war, und bei ihrer Antwort auf unser Handy zu schauen oder geistesabwesend das Abendessen zuzubereiten. Wir sollten ein Vertrauensverhältnis pflegen wie mit einem sehr guten Freund, unserer Partnerin/unserem Partner oder wie mit uns selbst. Immerhin sind es unsere Kinder, und unsere Beziehung zu ihnen ist wichtiger als jede andere, denn wir lieben sie bedingungslos und sie lernen von uns fürs Leben. Wir sollten also jeden Tag ausführlich mit ihnen reden, alles über ihr Leben in Erfahrung bringen, ohne sie zu verurteilen oder auszuschimpfen, auf jede Veränderung oder merkwürdige Situation achten und vor allem daran denken, dass wir ihnen jederzeit helfen müssen.

Tipp:
Um einschätzen zu können, ob dein Kind in der Schule gemobbt wird, musst du darauf achten, ob es auf einmal …

- mehr Zeit allein in seinem Zimmer verbringen will.
- nicht mehr über Freundinnen und Freunde spricht.
- wiederholt davon erzählt (oder aus Versehen fallen lässt), dass jemand es nicht mitspielen lassen wollte oder ausgelacht hat.
- seine Blase nicht mehr kontrollieren kann, obwohl es vorher schon klappte.

- » nachts unter Schlaflosigkeit oder Angstzuständen leidet.
- » nicht mehr in die Schule gehen will.
- » bei Schulausflügen von anderen gemieden wird.
- » beschädigte Utensilien (Federmäppchen, Rucksack, Kleidung) aus der Schule nach Hause bringt.
- » körperliche Spuren erkennen lässt, wie zum Beispiel Kratzer oder ungewöhnliche blaue Flecken.
- » wenig oder viel Appetit zeigt.
- » seine Wut nicht kontrollieren kann.
- » wenig Vertrauen zur Familie hat.
- » Phobien entwickelt.
- » am Wochenende nirgendwo hinwill.
- » nicht zu Geburtstagsfeiern geht.

Falls du einen Mobbingverdacht hegst, solltest du als Erstes mit deinem Kind darüber sprechen, um weitere Informationen einzuholen. Sprich liebevoll mit ihm und nicht bedrohlich, damit es sich nicht unter Druck gesetzt fühlt. Danach solltest du dich mit seinem Klassenlehrer oder seiner Klassenlehrerin treffen und dir zunächst von der Lehrkraft anhören, wie sie dein Kind einschätzt. Das eine oder andere kann dir hierbei schon Hinweise geben. Hat dein Kind ab und zu Probleme mit einer bestimmten Gruppe? Ist es auf dem Schulhof immer allein? Spricht es kaum mit den anderen? Traut es sich nicht, im Unterricht zu sprechen?

Falls es nicht spricht, bitte den Klassenlehrer oder die Klassenlehrerin, dein Kind eine Woche lang zu beobachten und auch die anderen Lehrkräfte mit einzubeziehen. Anschließend lass dir davon berichten. Bestätigt sich der Mobbingverdacht, muss die Schule sowohl mit den Eltern des Täters oder der Täterin als auch mit den Eltern des Opfers sprechen, Fakten sammeln und Maßnahmen ergreifen. Solche Konflikte sollten immer respektvoll behandelt werden und die Priorität erhalten, die sie verdienen.

Tipp:
Um einschätzen zu können, ob dein Kind in der Schule andere mobbt, musst du darauf achten, ob es auf einmal …

- Mitschülerinnen und -schüler beleidigt.
- andere Kinder beim Spielen ausschließt.
- die Sachen anderer kaputtmacht.
- andere Kinder auslacht.
- anderen sagt, was sie tun sollen.
- andere wiederholt schlägt.
- unkontrollierte Wut oder absolute Unterwürfigkeit zeigt.
- wenig Vertrauen zur Familie hat.
- sich Geschwistern gegenüber aggressiv verhält.
- abwertend über Mitschülerinnen und -schüler spricht.
- sich den anderen überlegen glaubt, wenn es von seiner Klasse erzählt.

Das Vorgehen ist hier dasselbe, bloß aus der anderen Perspektive: Dein Kind braucht nun Unterstützung, um anderen kein Leid mehr anzutun.

» In der Schule sollte bedingungslose Hilfe angeboten werden, damit die Last nicht nur bei der Familie liegt.

Der Kampf gegen Mobbing sollte nicht zu einer schlechten Behandlung der Kinder führen, sondern es sollten dieselben Grundsätze emotionaler Begleitung angewandt werden, die auch für die Eltern gelten.

Tipp:
Hab keine Hemmungen, Hilfe bei einer Expertin oder einem Experten zu suchen, ganz gleich, ob dein Kind mobbt oder gemobbt wird. Arbeitet gemeinsam intensiv daran, deine Erziehungsweise zu verändern und auch deinem Kind das nötige Werkzeug für eine eigene Veränderung an die Hand zu geben.

Sollte dir die Schule in einem Mobbingfall, in dem dein Kind das Opfer ist, nicht helfen, ist ein Schulwechsel die beste Option. Hierauf bekomme ich oft zu hören: „Dann muss ja das Kind gehen, das unschuldig ist!" Darum geht es nicht. Es ist vielmehr so, dass Mobbing nicht nur bei dem Opfer, seiner Gruppe oder Klasse, sondern auch auf dem Schulhof, in den AGs und sogar bei den Lehrkräften Spuren hinterlässt. Es ist für das betroffene Kind eine psychische Zumutung und Belastung, jeden Tag einen Ort aufsuchen zu müssen, an dem es großes Leid ertragen hat, auch wenn ihm nun das Leben nicht mehr schwer gemacht wird.

Auch in solchen Fällen steht nur das Wohl deines Kindes im Mittelpunkt. Wenn an der Schule keine Maßnahmen getroffen werden, solltest du dein Kind auf eine andere schicken, wo du dich vorher mit den Verantwortlichen zusammensetzen und unter Einbeziehung einer Fachkraft zum Ausdruck bringen kannst, was du benötigst (warte damit nicht bis zum Ende des Schuljahres, wenn sich die Situation deines Kindes nicht verbessert).

Ich kenne einen Jungen, der in der ersten Klasse der Grundschule gemobbt wurde. Den Eltern fiel es auf, als sie Kratzer auf seinen Armen entdeckten, jedoch war ihnen nichts Entsprechendes gemeldet worden und der Junge hatte Angst, es zu erzählen. Sie erreichten, dass die Schule den Fall aufarbeitete. Die Direktorin trat von ihrem Posten zurück, weil sie Fehler gemacht und die Misshandlung des Jungen durch seine Mitschülerinnen und -schüler verschwiegen hatte. Und obwohl den Täterinnen und

Tätern geholfen wurde und diese nun weder ihn noch andere mobbten, obwohl der Junge die Klasse gewechselt hatte und im neuen Schuljahr alles besser wurde, machte er sich beim Anblick der Eingangstür zur Schule in die Hose. Die tägliche Rückkehr an einen Ort, von dem man früher nur verschwinden wollte, würde jeden verstören.

Es kommt natürlich auf den jeweiligen Fall und die jeweilige Situation an, aber ein Schulwechsel ist immer eine gute Option. Möglicherweise wollen manche Kinder nicht wechseln, auch wenn sie sich an einem Ort befinden, an dem sie Schlimmes erlebt haben, weil sie denken: „Lieber das bekannte Unglück als das unbekannte Glück." Später sind sie für ihr neues Leben jedoch sehr dankbar.

Der Kampf gegen Schulmobbing gelingt jedoch nur durch eine große gemeinsame Anstrengung von Familien, Schulen und der Allgemeinheit.

Fazit:

Wir können Gewalt unter Gleichaltrigen bzw. Mobbing in der Schule nicht unterbinden, ohne unsere eigene Erziehungsweise zu verändern. Erziehen wir mittels Drohungen, Spott, Autorität usw., lernen unsere Kinder, dass dies die ideale Form der Kommunikation ist. Werden unsere Kinder gemobbt, müssen wir sie verteidigen (die anderen Personen zwar respektieren, aber nicht fürchten) und uns um ihr Wohl kümmern. Niemand muss in einem für seine körperliche und geistige Gesundheit schädlichen Umfeld lernen, darauf haben Kinder ein Recht.

Und falls unsere Kinder selbst mobben, sollten wir ihnen das nötige Werkzeug an die Hand geben, damit sie damit aufhören.

II \ zwei

Digitale Medien

Kinder und digitale Medien

Da wir so erzogen wurden und es eine Angewohnheit unserer Gesellschaft ist, für alles einen Schuldigen zu suchen, betrachten wir auch die Digitalisierung unter diesem Vorzeichen und halten sie für eine große Herausforderung für die heutigen Eltern.

Wenn Kinder und Jugendliche in der heutigen Zeit zum Beispiel …

» nervöser sind,
» häufig Widerworte geben oder wütend werden,
» schlechte schulische Leistungen erbringen,
» wenig sprechen,
» unglücklich sind,
» Aufmerksamkeitsdefizite oder Lernschwächen aufweisen,

… dann schreiben Eltern dies gern dem Umgang der Jugendlichen mit den digitalen Medien zu sowie natürlich ihrer Verantwortungslosigkeit und ihrer fehlenden Beschäftigung mit anderen Dingen im Leben. Andere Aspekte, wie die zeitlich übermäßige Nutzung dieser Medien, fehlende Kommunikation zwischen Kindern und Eltern sowie die einerseits autoritäre und andererseits in dieser Hinsicht zu freigiebige Erziehung, werden nicht berücksichtigt.

Laut statistischen Erhebungen verbringen deutsche Jugendliche im Schnitt vier Stunden am Tag im Internet. Solche Informationen sind für die Gesellschaft nützlich, um eine ungefähre Vorstellung von der Lage zu erhalten, doch sie bringen uns einer guten Eltern-Kind-Beziehung nicht näher. Diese Statistiken verleiten die Eltern lediglich dazu, die Nutzungszeiten der digitalen Medien zu reduzieren, ohne auf die Bedürfnisse ihrer Kinder einzugehen. Ihnen ist nicht bewusst, dass es gerade der unangemessene Umgang mit ihren Kindern ist, der u. a. die zuvor aufgezählten negativen Auswirkungen verursacht. Falls also die Medien für die neuronalen und emotionalen Schäden bei unseren Kindern verantwortlich sein sollten (immer wenn wir etwas missbräuchlich verwenden, schadet es uns), so bewirken wir genau dasselbe, wenn wir sie durch Zwang, Adultismus, Kontrolle, Strafen und Unverständnis davon abbringen wollen.

” *Digitale Medien sind ein hervorragendes Lerninstrument für Kinder.*

Sie helfen uns, Informationen einzuholen, uns zu bilden und alles Mögliche zu lernen, von Mathematik bis hin zu Fremdsprachen oder Lesen. Wir können mit ihrer Hilfe andere Länder per Satellit sehen, neue Kulturen und sogar Menschen kennenlernen.

Die Technologie an sich ist nicht böse, im Gegenteil: Sie bietet uns zahlreiche Möglichkeiten der persönlichen, akademischen und sozialen Weiterentwicklung, und es werden sogar mit jedem Tag mehr, denn das digitale Zeitalter stellt nicht nur die Gegenwart, sondern auch die Zukunft dar.

Wir können unsere Kinder nicht von ihrer Lebenswelt trennen. Sie sind nun mal in diese Epoche hineingeboren und wachsen darin auf. Meine Großmutter ist während des Spanischen Bürgerkriegs und der anschließenden Diktatur aufgewachsen und verlebte ihre Kindheit in jenen Verhältnissen. Meine Mutter spielte als Kind stundenlang ohne Aufsicht von Erwachsenen mit ihrem Bruder und anderen Kindern auf der Straße Murmeln. Ich bin mit meinem Radiorekorder in der Hand aufgewachsen und habe Lieder aus dem Radio auf Kassette aufgenommen. Für meine

Kinder wiederum sind Computer, Handys und Internet ganz normal, und sie können sich eine Welt ohne diese Dinge nicht vorstellen.

» Das ist die menschliche Evolution, das Gesetz des Lebens.

Folglich sind nicht die digitalen Medien das Problem. Das Problem liegt darin, dass wir es nicht schaffen, Regeln für die Nutzung aufzustellen, die dem Entwicklungsstand unserer Kinder angemessen und somit gut und richtig für sie sind. Zudem pflegen wir keine Beziehung zu unseren Kindern, die ihren emotionalen Bedürfnissen gerecht wird.

Viele Eltern wenden sich beunruhigt an mich, weil ihre Kinder zu viel Zeit mit der Spielekonsole (oder dem Tablet, Computer, Handy usw.) verbringen, und wenn sie aufgefordert werden, damit aufzuhören, gibt es Streit. Da die Eltern diesen Moment fürchten, schieben sie ihn immer weiter hinaus. Die Reaktion wird dadurch nicht weniger heftig und die Beziehung nimmt noch größeren Schaden. In diesem Fall liegt der Fehler auf der Hand: Die Eltern kommunizieren nicht gut mit ihren Kindern. Sie haben mit ihnen nicht die Vor- und Nachteile der digitalen Medien besprochen oder einen gemeinsam beschlossenen Zeitrahmen festgelegt (ab etwa drei Jahren können wir mit ihnen gemeinsam bestimmen, wann sie diese Art von Geräten nutzen, zum Beispiel bei Autofahrten, eine Weile nach dem Essen, während ihre kleine Schwester ein Mittagsschläfchen macht und sie wach sind usw.). Alles ist aus dem Gleichgewicht geraten und wird mit Gewalt, Zwang und ohne Gespräche auf Augenhöhe durchgesetzt.

Welchen Zeitrahmen solltest du deinem Kind setzen und wie?

Als Eltern sind wir für das Leben und die bestmögliche Bildung unserer Kinder verantwortlich. Deshalb müssen wir uns der Epoche anpassen, in die sie hineingeboren sind, ohne sie davon auszuschließen.

» Jedes Verbot löst Verlangen aus.

Wenn wir also unseren Kindern die Freiheit nehmen, das kennenzulernen, was in ihrer Kindheit ganz normal ist, werden sie erst recht neugierig auf die digitalen Medien und nehmen sie überall um sich herum wahr. Wenn wir deren Nutzung verbieten, werden unsere Kinder sich nicht trauen zu fragen, ob sie sie ausprobieren können. Wir können dann nicht offen mit ihnen sprechen, wie sie sich damit fühlen. Die digitalen Medien werden unsere Kinder jedoch sowohl in der Gegenwart (während ihrer schulischen Laufbahn) als auch in der Zukunft (im Beruf) benötigen.

8 Strategien für die Mediennutzung

Mit folgenden Strategien kannst du die Mediennutzung steuern und gleichzeitig respektvoll mit deinen Kindern und ihren Emotionen umgehen:

1. Fühl dich ein

Dein Kind zu verstehen bedeutet nicht, dass du ihm erlaubst, stundenlang vor dem Bildschirm zu verbringen, oder Mitleid mit ihm hast, wenn es sich nach der vereinbarten Zeit davon trennen muss. Es bedeutet, dass deine Liebe für dein Kind und dein Verständnis für seine Interessen im

Vordergrund stehen sollten, auch wenn du es bitten musst, die digitalen Geräte beiseitezulegen. Indem du dich in dein Kind hineinversetzt, wird deine Bindung zu ihm tiefer und stabiler.

2. Halte es einfach

Du wirst deinem Kind nie die wichtigen Fragen im Leben näherbringen, wenn du dich ständig widersprüchlich und von deiner Tagesform abhängig verhältst. Hattest du einen guten Tag bei der Arbeit, kann es mehr Zeit am Tablet verbringen; kommst du gestresst nach Hause, dann weniger. Das verwirrt dein Kind nur und entfernt dich von deinem eigentlichen Ziel, nämlich einer guten und sicheren Nutzung der digitalen Medien.

3. Sei konsequent

Du kannst nicht von anderen verlangen, was du selbst nicht befolgst. So verhält es sich auch, wenn du dein Kind aufforderst, sein Handy beiseitezulegen, aber gleichzeitig deine Augen nicht von deinem eigenen lösen kannst. Das hinterlässt bei ihm Unsicherheit und Unverständnis dafür, was du ihm als richtig vermitteln willst. Am besten bringst du deinem Kind etwas bei, indem du mit gutem Beispiel vorangehst.

4. Urteile nicht, stemple nicht ab

Du musst auf Kritik und lapidar dahingesagte Kommentare verzichten, denn sie schaden nur. Sie sind nichts weiter als ein verzweifelter Versuch, aus einer erwachsenen Ohnmacht heraus, die von solchen Situationen manchmal hervorgerufen wird, Grenzen zu setzen. Mit diesen Emotionen solltest du besser umzugehen wissen, damit sich deine Beziehung zu deinem Kind verbessert und es auch die negativen Seiten der digitalen Medien kennenlernt.

5. Sei ehrlich zu dir selbst

Wann immer du mit deinem Kind über das Thema sprechen willst, frag dich vorher, ob es wirklich nötig ist, ob es wirklich um seine gute und geschützte Entwicklung (also eine optimale Mediennutzung) geht oder um die Meinung anderer Leute oder dein Erwachsenenego. Wenn das, was du verlangst, notwendig ist und nicht auf deinen Interessen als Erwachsener basiert, ist es wichtig, darüber zu sprechen und deinem Kind dabei zu helfen, es umzusetzen.

6. Hör aufmerksam zu

Hör dir die Meinungen und Bedürfnisse deines Kindes mit echtem Interesse an, auch wenn du sie nicht teilst. Denk daran, dass es sich um den Menschen handelt, den du am meisten liebst.

7. Kommuniziere mit Liebe und Respekt

Nachdem du deinem Kind zugehört hast, solltest du ihm die Situation freundlich und ruhig erklären. Auch deine nonverbale Kommunikation sollte wohlwollend und respektvoll bleiben.

8. Hab Verständnis für die Emotionen und Wutausbrüche deines Kindes

Kinder brauchen eine Weile, um sich daran zu gewöhnen und zu verstehen, dass sie digitale Medien zum Beispiel nur für eine begrenzte Zeit oder für wirklich wichtige Dinge nutzen können. In dieser Zeit können sie durchaus mal emotional explodieren und wütend werden, wenn sie die Geräte weglegen müssen. Das ist normal. Du solltest dein Kind bei einem Wutausbruch gut emotional begleiten und verstehen, dass es das Recht hat, die Situation nicht gut zu finden, auch wenn es die Notwendigkeit versteht. Heutzutage haben Kinder für gewöhnlich wenig Zeit für sich und zum Spielen, sondern sind in Verpflichtungen, Hausaufgaben und Hausarbeiten eingespannt. Kein Wunder also, dass sie wütend werden, wenn sie sich in ihrer Freizeit entspannen wollen (was häufig digitale Medien einschließt) und dann das Gerät ausschalten müssen. Im Anschluss an die emotionale Begleitung solltest du gelassen und respektvoll an deiner Entscheidung festhalten, sofern sie wirklich sinnvoll ist und dem Wohl deines Kindes dient.

» In diesen (wie in allen) Momenten nicht die Nerven zu verlieren, ist der Schlüssel dazu, dass solche Wutausbrüche immer seltener und weniger heftig werden.

Dein Kind wird es schlicht und einfach in sein tägliches Leben integrieren (so wie es versteht, dass es sich nicht allein von Schokolade ernähren oder auf Dauer zu wenig schlafen kann), da es für seine Sicherheit, Gesundheit und sein Wohlergehen wichtig ist.

Was bietet Schutz vor den Gefahren des Internets?

Der sichere Umgang mit digitalen Medien ist auch ein Aspekt der Frage, ob respektvolle und angemessene Grenzen gelten. Wenn Eltern zu ihren Kindern eine respektvolle Beziehung pflegen, in der vereinbarte Zeiten gelten und Vertrauen darüber herrscht, was die Kinder sehen und tun, dann ist schon viel gewonnen.

In meinen Kursen habe ich viele Eltern zu diesem Thema befragt und es hat sich herausgestellt, dass sie entweder keine Ahnung hatten, was ihre Kinder in der digitalen Welt machten (sondern sie einfach die Nutzung der Geräte auf eine gewisse Stundenzahl begrenzten), oder nicht wussten, dass es bei Geräten Kinderschutzeinstellungen gibt. Bei manchen traf sogar beides zu.

Tipp:

Sorge für die Sicherheit deines Kindes im Netz:

» Statte das Endgerät mit guter Software und einem optimalen Antivirusprogramm aus.

» Prüfe, welche Sicherheitseinstellungen es bei dem Gerät noch gibt.

» Hab immer im Blick, welche Seiten dein Kind besucht und was es gern spielen oder ansehen möchte.

» Sprich offen über die Möglichkeiten, die die digitalen Medien eröffnen, und welche davon vielleicht gar keine sind.

Das Entscheidende ist das Vertrauensverhältnis zwischen deinem Kind und dir. Spotte und urteile nicht, damit dein Kind sich nicht versteckt.

» Gib ihm einen geschützten Freiraum, indem du sicherstellst, dass es keiner Gefahr ausgesetzt ist und gleichzeitig sich selbst kennenlernen kann. Kommuniziere respektvoll und hilf, wenn es nötig ist.

Ab welchem Alter sollten Kinder digitale Medien nutzen?

Das hängt tatsächlich von jeder Familie und den Wünschen der Kinder ab.

In ihren ersten Lebensjahren benötigen Kleinkinder gar keine digitalen Medien, denn sie sollten ihre Umwelt entdecken, sich bewegen, laufen, springen, experimentieren. Damit möchte ich nicht sagen, dass digitale Medien in dieser Phase verboten sein sollten, da alles, was mit Verstand benutzt wird, positiv ist (zum Beispiel mit der ganzen Familie ein Lied auf YouTube hören).

» *Wir sollten Kindern jedoch keine Geräte in die Hände geben, damit sie ruhig bleiben und nicht stören, was in der adultistischen Welt bei Kindern in den ersten Lebensjahren und sogar Monaten sehr häufig geschieht.*

Hinterher regen die Eltern sich auf, wenn die Kleinen weinen und wütend werden, weil sie mehr wollen. So entgleiten ihnen die jeweiligen Situationen, und weil sie die Kinder beruhigen möchten, lassen sie sie wieder an die Geräte. Eine Spirale, aus der die Eltern nur schwer wieder herauskommen.

Kleine Kinder verlangen nicht nach digitalen Medien, weil sie für sie lebensnotwendig sind, sondern einzig und allein, weil sich ihr Gehirn wegen der Undiszipliniertheit der Erwachsenen an die Glückshormone gewöhnt, die durch die Mediennutzung ausgeschüttet werden, und daher immer häufiger danach verlangt. Erlauben Eltern ihnen mehr Zeit mit den Geräten oder entscheiden nach Lust und Laune, werden sie niemals eine adäquate Nutzung etablieren und das Problem von Anfang an verschleppen.

Mit drei bis vier Jahren verlangen Kinder nach digitalen Medien, um ihre Neugier zu befriedigen, Neues zu lernen oder mentale Strategien zu entwickeln. Das ist völlig in Ordnung, solange angemessene Zeiten eingehalten werden, die sich nach der Gesundheit der Kinder anstatt nach unserem Wohl richten.

» *Wir müssen die Nutzung digitaler Medien konsequent gestalten und verstehen, dass sie zum Leben unserer Kinder dazugehören.*

Sie sollten als normal gelten, ebenso wie die Situationen und Zeiten, in denen sie zum Einsatz kommen.

Während wir mit unseren Kindern Zeit verbringen (natürlich, ohne auf unsere Displays zu starren), also mit ihnen plaudern, spielen, lachen, kuscheln, singen, tanzen, Spaß haben, sind digitale Medien völlig überflüssig. Es ist nötig und wichtig, dass wir uns täglich diese Zeit nehmen. Auch wenn es uns unmöglich vorkommt, es ist alles eine Frage des Willens.

Fazit:

Digitale Medien gehören zur Gegenwart und Zukunft unserer Kinder dazu und sind in ihrem Leben normal. Es geht also nicht darum, sie zu verbieten und als Feindbild zu betrachten, sondern auch in diesem Bereich intensiv an einer respekt- und vertrauensvollen Beziehung zu unseren Kindern zu arbeiten und Nutzungszeiten festzulegen, die sie je nach Entwicklungsphase wirklich schützen.

II \ drei

Geschwister-beziehungen

Die Grundlage der sozialen Beziehungen

Geschwister zu haben ist das Schönste, was einem Kind auf dieser Welt passieren kann, denn es bedeutet, dass es immer jemanden in seinem Leben geben wird, der es niemals verlässt, es bedingungslos liebt, mit ihm gemeinsam wächst und sich weiterentwickelt. Unabhängig von seiner konkreten Lebenssituation oder seinem Alter kann ein Kind sich stets glücklich schätzen, wenn es zu Bruder oder Schwester wird.

Geschwister bilden die Grundlage unserer sozialen Beziehungen (ohne Geschwister bildet sich diese Basis häufig mit Cousins und Cousinen oder sehr nahestehenden Freundinnen und Freunden aus). Geschwister sind, abgesehen von den Eltern, die ersten Personen, mit denen Kinder zusammenleben und sich die elterliche Liebe und Aufmerksamkeit teilen müssen. Daher sind die Eltern dafür verantwortlich, dass die Beziehung zwischen den Geschwistern eng, zugewandt, verständnis- und respektvoll ist und Liebe darin den wichtigsten Wert bildet. Das bedeutet, wir müssen ihre Vorbilder sein und sie in ihrer Entwicklung als Geschwister begleiten, damit ihre Beziehung jederzeit auf Respekt basiert.

Wie sich die Beziehung zwischen den Kindern entwickelt, hängt von der emotionalen Begleitung ab. Eltern üben keinen guten Einfluss auf das

Verhältnis zwischen ihnen aus, wenn sie ihre Sprösslinge ständig vergleichen, einen von ihnen bevorzugen oder nur einem zuhören und ihm all ihre Zeit schenken, die eine stets loben und die andere stets niedermachen, Lösungen zu ihrem eigenen Vorteil suchen, ohne angemessen zu intervenieren, und die Nerven verlieren. Sobald Konflikte an der Tagesordnung sind und nicht begleitet werden, treten sie häufiger und heftiger auf und werden mit jedem Mal verbissener und gefährlicher.

Pflegen unsere Kinder hingegen eine Beziehung zueinander, die auf Respekt basiert, fühlen sie sich wohl, glücklich, verstanden, sicher und haben ein gesundes Selbstwertgefühl, was sich auf alle ihre sozialen und emotionalen Beziehungen auswirkt.

Bereite dein Kind auf die Ankunft eines Geschwisterchens vor

Sind deine Kinder schon größer und streiten ständig, solltest du dir überlegen, wie du sie bis zum aktuellen Zeitpunkt, sowohl individuell als auch in der Geschwisterkonstellation, begleitet hast. So findest du heraus, in welchen Punkten du bei ihnen gegenseitiges Vertrauen und Respekt herausarbeiten kannst.

> ❞ *Während der Schwangerschaft oder eines Adoptionsverfahrens solltest du mit deinen Kindern offen über alles sprechen, was diese Zeit mit sich bringt.*

Du brauchst genauso wenig Angst davor zu haben, mit ihnen über Themen wie Fortpflanzung, Geburt oder das erste Lebensjahr zu sprechen, wie über Sex oder den Tod, denn all das gehört zum Leben dazu. Es ist wichtig, diese Monate gemeinsam in Vorfreude zu verbringen. Rede mit deinen Kindern, höre ihnen zu, malt euch gemeinsam das Leben mit dem Geschwisterkind aus, und sobald es da ist, beziehe die älteren Kinder in alles ein. Viele Mütter erzählen mir, dass sie das Thema nicht angesprochen haben, weil sie Angst hatten, das ältere Kind zu „entthronen“. Sie gaben sogar zu, sich schuldig zu fühlen (da ist wieder die Schuld, die uns verfolgt). Zunächst einmal wird niemand entthront, denn wir haben keine Könige oder Königinnen zu Hause, sondern Kinder, und die lieben wir alle gleichermaßen. Im Herzen einer Mutter oder eines Vaters finden alle Platz.

» *Unabhängig von ihrem Alter müssen wir mit den Kindern über diese Veränderung und die Bedürfnisse des Neugeborenen reden.*

Ganz gleich, ob es ein zweijähriges Kleinkind oder ein zehnjähriges Mädchen ist, wichtig ist, dass wir uns dem Verständnishorizont des Kindes anpassen, stets Begleitung anbieten und aufrichtige, respektvolle, von Herzen kommende Gespräche führen. Je kleiner das Kind ist, umso weniger wird es von alldem verstehen, denn ein Zweijähriger ist im Grunde noch ein Baby, das rund um die Uhr Aufmerksamkeit benötigt. Deshalb können wir nicht erwarten, dass es wirklich begreift, was es bedeutet, wenn das Geschwisterkind irgendwann da ist. Es versteht nur, dass es nicht mehr so sein wird wie früher. Viele Eltern erzählen mir, dass sie während der Schwangerschaft mit ihrem drei- oder vierjährigen Kind über die Ankunft seines Geschwisterchens und die damit verbundenen Vorstellungen gesprochen, den Schwangerschaftsbauch bemalt und erklärt haben, dass die Mutter das Baby immer im Arm halten und sich sehr viel darum kümmern muss. Und später verstehen die Eltern nicht, dass die Kinder sich nicht mehr an diese Erklärungen erinnern und (aus Sicht der Eltern) trotzdem gereizt und verzweifelt auf das neue Kind reagieren.

Natürlich erinnern sie sich, aber nun sehen sie nur noch, dass ihnen weniger Zeit gewidmet wird, dass ihre Mutter dem Baby mehr Aufmerksamkeit schenkt als ihnen. Das ist ein ganz normaler Säugetierinstinkt. Frauen sind darauf trainiert, ihre Nachkommen zu schützen, zu ernähren, zu umsorgen und ihr Überleben zu sichern: Das haben Biologie und Natur so eingerichtet, und Mütter tun alles, um diese Aufgabe zu erfüllen. Im Wochenbett sind die Hormone auf ihrem Höhepunkt und die Mutter durchläuft eine innere Neuausrichtung, sodass sie viel Fürsorge und Liebe braucht, damit sie sich um ihre Kinder kümmern kann. In dieser Phase entwickelt die Mutter gelegentlich eine Art „Ablehnung" gegenüber ihren älteren Kindern, da die „Löwenmutter" in ihr sich nur zurückziehen und bei ihrem neuen Jungen sein will. Dafür muss sich keine Frau schuldig fühlen, denn es ist in ihr veranlagt. Mütter sollten sich verzeihen und nach vorn blicken, mal Zeit allein mit den älteren Kindern und mal mit dem Baby verbringen.

Tipp:
Das Neugeborene kannst du in einem Tragetuch oder einer ergonomischen Tragehilfe ganz nah am Körper haben, wo es das bekommt, was es braucht, während du dich um die Bedürfnisse deiner anderen Kinder kümmerst. Lass dich beim Kauf einer Tragehilfe beraten, damit das Baby keine Haltungsschäden bekommt.

Viele Väter fühlen sich gekränkt, wenn ich über die Rolle der Mutter in den ersten Lebensjahren der Kinder spreche. Das ist nicht meine Absicht, denn es ist schlicht der Erkenntnisstand aus Wissenschaft und Neurobiologie: Kinder brauchen ihre Mütter als emotionale Basis. Und obwohl Väter eine fundamental wichtige Rolle spielen, besteht ihre Hauptaufgabe in der Anfangszeit darin, die Mutter von ganzem Herzen zu unterstützen, zu umsorgen, zu lieben und sich in sie einzufühlen. Väter sollten sich stets um ihre Kinder kümmern, eine gute Beziehung zu ihnen aufbauen, ihnen Zuneigung und Aufmerksamkeit schenken, aber zugleich verstehen, was die Mutter für sie bedeutet und immer bedeuten wird. Dies ist wohl der größte Liebesbeweis, sowohl gegenüber der Mutter als auch gegenüber den Kindern.

» Um ältere Kinder auf die Ankunft eines neuen Geschwisterchens „vorzubereiten", darfst du die Bedeutsamkeit der Veränderung und das Mitgefühl in der neuen Situation nicht vergessen.

So viel Begleitung und Erklärungen du zuvor auch schon geleistet hast, die Ankunft des neuen Babys wird immer eine emotionale Auswirkung auf deine älteren Kinder haben, ganz gleich, wie alt sie sind. Es ist ganz normal, wenn sie auf einmal wieder Rückschritte machen: einnässen, auf den Arm genommen werden wollen, einen Schnuller möchten usw. Das machen sie nicht, um Aufmerksamkeit zu bekommen, sondern aus einem menschlichen Überlebensinstinkt heraus. In der Urzeit war ein Kind in den ersten sieben Lebensjahren am meisten gefährdet, da sein Gehirn in dieser Phase rein emotional funktioniert und zudem noch nicht weit entwickelt ist. Kam ein neues Mitglied in den Stamm, sicherten die schon existierenden Kinder ihr Überleben, indem sie weiterhin bei ihren Eltern schliefen und von ihnen umsorgt wurden, als wären sie noch Babys, um sich vor Raubtieren zu schützen. Heutzutage brauchen wir zwar nicht mehr zu fürchten, gefressen zu werden, aber diese biologische Veranlagung ist noch da. Mit ihren Rückschritten wollen Kinder also bloß ihre eigene Fürsorge, Beachtung und emotionalen Bedürfnisse, kurzum ihr Überleben, sichern.

Je kleiner die Kinder sind, wenn sie Geschwister bekommen, umso schwieriger ist es für sie, da sie umso verletzlicher sind und mehr Bedürfnisse auf emotionaler Ebene und im Allgemeinen haben. Der Gedanke: „Je früher wir ein zweites Kind bekommen, desto besser, so entwickeln die Geschwister sich gemeinsam“ ist also nichts als ein Trend unserer adultistischen Gesellschaft. Denn dabei geht es nur um die Interessen und die Bequemlichkeit der Eltern, nicht um die Bedürfnisse der Kinder (sowohl der älteren als auch der neugeborenen). Tatsächlich ist ein Kind, je älter es ist, umso besser darauf vorbereitet, die Veränderung zu verstehen. Es ist etwas eigenständiger, wenn ein neues Familienmitglied hinzukommt, was natürlich nicht bedeutet, dass ein Fünfjähriger dann völlig bedürfnislos ist. Er benötigt im Gegenteil viel Begleitung, aber sein auf Überleben programmiertes Gehirn hat bereits längere Zeit die alleinige Aufmerksamkeit seiner Eltern bekommen. Das optimale Alter für ein Geschwisterkind spielt allerdings keine Rolle, wenn wir bereit sind, jedem Kind die emotionale Begleitung zukommen zu lassen, die es braucht. So fühlen sie sich weder abgeschoben noch verurteilt, sondern geliebt und glücklich.

Manche Kinder haben nie die ausschließliche Aufmerksamkeit ihrer Eltern genossen, weil sie schon ein oder mehrere Geschwister hatten, als sie auf die Welt kamen. Daher erleben sie es anders, wenn ein drittes oder viertes Kind hinzukommt, doch auch sie benötigen Begleitung.

Bei Zwillingen oder Mehrlingen gibt es keinen Altersunterschied, der zu berücksichtigen wäre. Es bleibt nur, der Mutter viel Unterstützung zu bieten, damit sie allen Kindern gleich viel Zeit schenken kann.

❞ *Gibt es Eifersucht unter Geschwistern?*

Eifersucht hängt eher damit zusammen, wie wir die Ankunft eines neuen Geschwisterkindes begleiten, als dass sie ein Ausdruck der Gefühle unserer Kinder ist. Auch wenn sie sagen, sie würden ihre Geschwister hassen, sie nicht lieben (manche besorgte Eltern schreiben mir sogar, ihre Erstgeborenen hätten wörtlich gesagt, sie wünschten sich, ihre Geschwister wären tot), empfinden sie eigentlich nicht so. Kinder lieben ihre Geschwister. Sie sind froh, sie zu haben. Sie haben bloß Angst davor, dich zu verlieren, nicht mehr bei dir zu sein, nicht mehr von dir geliebt und umsorgt zu werden, von dir vergessen zu werden. Das erklärt, warum sie emotional so verwirrt sind: Sie lieben ihre Geschwister, aber hätten gern wieder eine Familie ohne sie. Um ihnen zu helfen, mit diesen Gedanken zurechtzukommen, braucht es uns und unsere bedingungslose emotionale Begleitung. Je eher sie merken, dass sich ihre Befürchtungen nicht erfüllen, umso eher können sie sich entspannen und ihr neues Leben als Bruder oder Schwester in Liebe und Harmonie genießen.

Wir Erwachsenen möchten den Phasen unserer Kinder immer gern Namen geben. Damit schaffen wir jedoch bloß Probleme, die es durch eine gute Begleitung unsererseits gar nicht geben würde. Stellen wir uns beispielsweise vor, eine Mutter hat eine vierjährige Tochter und ein Neugeborenes. Die Tochter macht Rückschritte in ihrer Entwicklung. Sie merkt, dass ihre Mutter weniger Zeit mit ihr allein verbringt, dem Baby mehr Zuneigung schenkt. Ohne angemessene Begleitung fühlt sie sich fehl am Platz und ohne Schutz. Es ist normal, dass sie Gefühlsausbrüche hat, sich allein gelassen fühlt, Wut und Appetitlosigkeit empfindet. In der Kita erzählt die Mutter der Erziehungskraft unverhohlen, die Tochter sei ein eifersüchtiges Kind, und diese stempelt sie als solches ab. Auch bei Verwandten, Großeltern, Onkeln und Tanten, Cousins und Cousinen, oder sogar beim Kinderarzt und beim Einkaufen reitet sie darauf herum. Das führt zum einen dazu, dass die Mutter sich immer mehr von ihrer Tochter distanziert, sich selbst einredet, es sei nur eine Phase, die wieder vergeht, und ihr nicht die Begleitung bieten kann, die sie benötigt. Die Tochter hingegen fühlt sich in eine Schublade gesteckt, schuldig und traurig.

Tipp:
Vor der Ankunft eines neuen Bruders oder einer neuen Schwester benötigen Kinder immer und in jedem Fall:

- » Respekt vor ihrem eigenen Rhythmus und ihrer Entwicklung.
- » ausschließlich ihnen gewidmete Zeit.
- » Gehör, Verständnis und Unterstützung.
- » Körperkontakt.
- » weder Urteile noch Vergleiche oder Etiketten.
- » emotionale Begleitung.
- » sich dafür geliebt zu fühlen, wie sie sind, und nicht für ein bestimmtes Verhalten.
- » eine liebevolle, ehrliche und verständliche Kommunikation.
- » Mitgefühl und bedingungslose Liebe.
- » keine Unterschiede zu spüren (niemand ist größer oder kleiner als der andere, alle sind Geschwister).
- » All diese Punkte gelten für jedes der Kinder gleichermaßen.

Rückschritte müssen nicht unbedingt in den ersten Jahren mit dem neuen Geschwisterkind vorkommen, sondern können sich auch erst später zeigen. Außerdem ist es häufig das jüngere Kind, das sich gereizt verhält, weil sich die Eltern so sehr darauf konzentrieren, das erstgeborene nicht zu vernachlässigen, dass es stattdessen das jüngere trifft.

Unsere Aufgabe besteht darin, mit Ausgeglichenheit, Friedfertigkeit, Vertrauen, Verbundenheit, Respekt und Liebe für unsere Kinder da zu sein.

Streit zwischen Geschwistern. Was tun?

Konflikte zwischen Geschwistern gehören dazu. Wie alle Menschen ist jeder von ihnen einzigartig und kann somit Ansichten haben, die sich von denen der anderen unterscheiden. Außerdem lernen sie sich erst noch kennen, und selbst wenn sie sich lieben, ist dies ein Prozess. Wichtig ist nur, dass sie lernen, ihre Meinung respektvoll und ruhig zu vertreten, was unmöglich ist, wenn ihre Eltern es ihnen nicht vorleben. Sonst sind die Streitereien irgendwann an der Tagesordnung, die Entfremdung zwischen den Geschwistern wird immer größer und das Zusammenleben für alle schwierig.

Wir müssen echte Konflikte von solchen zu unterscheiden wissen, die eigentlich keine sind, und uns immer bewusst sein, dass es bei einer respektvollen Erziehung kaum Probleme geben kann. Wenn doch, sind wir in der Lage, sie zu begleiten, so wie wir es mit ihren Emotionen machen. Häufig sind es die Eltern, die die Konflikte schüren und weitere verursachen, weil sie nicht richtig reagieren.

Kinder sollten selbst miteinander auskommen und selbst nach Lösungen suchen. Die Eltern sollten erst dann eingreifen, wenn es wirklich nötig ist.

Es gibt drei Arten von Streitereien zwischen Geschwistern, in denen wir notwendigerweise vermitteln müssen, ohne uns auf die eine oder andere Seite zu stellen, damit sich alle besser fühlen:

1. Bei körperlicher Gewalt

In Auseinandersetzungen, in denen ein Kind (oder mehrere) ein anderes schlägt, tritt, schubst, beißt oder kneift, müssen wir zur Stelle sein und zwischen den beiden vermitteln. Denk daran: Womöglich sind die Kinder noch zu klein und dies ist ihre Art der Kommunikation. Trotzdem sollten wir der Gewalt Einhalt gebieten und uns um beide Seiten kümmern. Wir dürfen uns nie von dem einen entfernen und dem anderen näher sein oder das schlagende Kind als „böse“ und das andere als „gut“ darstellen. Das wirklich Wichtige ist, dass wir für alle gleichermaßen da sind, mit derselben Zuneigung und derselben Begleitung, uns ihre Standpunkte anhören und dabei helfen, Lösungen zu finden, die gut für die Kinder sind und den erwachsenen Blickwinkel außen vor lassen. Man braucht einem Streit zwischen Geschwistern nicht mehr Bedeutung beizumessen als nötig. Es ist ein Konflikt, der begleitet und ausgeräumt wurde. Beobachten wir, dass sich die Auseinandersetzungen häufen, sollten wir unsere Begleitung verstärken und mehr Zeit mit jedem Kind allein verbringen, denn ihre Gereiztheit kann durch fehlende Aufmerksamkeit unsererseits verursacht werden. Die Gründe können auch externer, sozialer oder emotionaler Natur sein, aber auch in diesen Fällen benötigt das Kind eine stärkere emotionale Begleitung. Sobald der Frieden wiederhergestellt ist, brauchen wir die Geschwister nicht dazu zu zwingen, dass sie einander küssen, umarmen oder um Verzeihung bitten. Solche Dinge lassen sich nicht erzwingen. Sie lernen es am besten durch Eltern, die schwierige Momente mit Gelassenheit bewältigen und alle gleichermaßen unterstützen. Diese sozialen Verhaltensweisen stellen sich im Laufe der Zeit ohne fremden Druck von allein ein.

2. Wenn Beleidigungen fallen

Beleidigungen und Schimpfwörter sind eigentlich Teil des Prozesses, seiner Enttäuschung Ausdruck zu verleihen. Würden Kinder anstatt „Blödmann“ oder „Idiot“ einander erfundene Wörter oder „du Baum“ an den Kopf werfen, würden wir dem sicherlich nicht so viel Aufmerksamkeit schenken und ruhig bleiben. Fallen jedoch Kraftausdrücke, verlieren wir die Nerven, haben das Gefühl, als Eltern zu versagen, und verfallen in schlechte Verhaltensweisen, mit denen wir die Gräben zwischen unseren Kindern vertiefen und die unausgesprochenen Gefühle sowie das Vertrauensdefizit verstärken. Beleidigen oder beschimpfen sich die Kinder, brauchen wir nicht ständig zu wiederholen: „Sei still, sag nicht solche Dinge zu deinem Bruder“, oder: „Wenn du ihn noch einmal beleidigst, wirst du schon sehen, was du davon hast“ usw. Stattdessen sollten wir zunächst beobachten, wie sich die Situation entwickelt, und dann vermitteln, ohne zu verurteilen und Partei zu ergreifen, sondern indem wir beiden Seiten zuhören und ihnen helfen, eine Lösung zu finden, von der alle profitieren. Wir suchen nach anderen Wörtern, mit denen sie ihre Gefühle ausdrücken können, ohne den anderen zu verletzen, und begleiten die Emotionen, die im Streit entstanden sind.

3. Wenn es weder Gewalt noch Beleidigungen gibt

Wir müssen lernen, dass unsere Kinder ihre Konflikte selbst lösen und miteinander auskommen, solange wir sie zu Respekt erziehen. Andernfalls werden sie sich nie ohne Gewalt oder Zwang einigen können, denn sie haben schlicht und einfach nicht das richtige Werkzeug dafür. Häufig streiten sich Geschwister, weil der eine das Spielzeug des anderen haben möchte, weil die eine der anderen etwas aus den Händen reißt usw. Es ist wichtig, Kindern keine Vorstellungen von Eigentum zu vermitteln. Wenn wir ihnen also beibringen, dass bei uns zu Hause dieses dem einen und jenes dem anderen gehört, Unterschiede markieren, sie dazu anstiften, ihren Besitz abzugrenzen, können wir hinterher nicht von ihnen erwarten, dass sie teilen. Tatsächlich teilen Erwachsene ja nichts, was sie als „ihr Eigentum“ bezeichnen, wie zum Beispiel das Handy, mit einem anderen Erwachsenen, nicht einmal mit ihrem Partner oder ihrer Partnerin, weil sie es für etwas Privates und Unübertragbares halten. Genauso verhält es sich, wenn wir jedes Spielzeug einem unserer Kinder zuordnen. So lernen sie nicht, friedlich und in dem Wissen, dass alle Spielzeuge von allen genutzt werden können, mit ihren Geschwistern zusammenzuleben, sondern glauben, jedes Teil habe einen Besitzer oder eine Besitzerin. Vor diesem Hintergrund entstehen viele Streitereien, in denen es darum geht: „Das ist meins, das ist deins." Um diese zu beenden, sollten wir zunächst unser Zuhause umstrukturieren und Raum für gemeinschaftliche Spielzeuge schaffen, mit denen alle spielen können. Auch dann kann es vorkommen, dass ein Kind mit etwas spielt, was ein anderes haben will, dass also dennoch ein Konflikt entsteht. In diesem Fall sollten wir erst einmal beobachten, und wenn wir merken, dass die Kinder ihn nicht allein beilegen können, helfen wir ihnen, aber nur, indem wir zuhören und gemeinsam nach Lösungen suchen. Wir dürfen das Spielzeug niemals demjenigen wegnehmen, der es gerade hat, und es dem anderen geben. Dadurch ergreifen wir Partei und vermitteln den Kindern, dass sie immer alles gleich hergeben müssen, was falsch ist. Eine gute Begleitung würde darin bestehen, dass die Kinder lernen, ihre Geschwister und deren Zeit mit dem Spielzeug zu respektieren. Wir können dabei helfen, ein anderes Spielzeug zu finden, das dem Kind gefällt. Falls das Kind mit dem begehrten Spielzeug dieses freiwillig hergibt, umso besser, jedoch loben wir es dafür nicht. Es sollte ganz normal sein, dass alle mit dem spielen, was da ist, die Spielsachen tauschen und manchmal etwas haben wollen, was sie nicht bekommen können. Die Kinder sollten aber stets auf die Begleitung ihrer Mutter oder ihres Vaters zählen können, wenn sie wütend oder frustriert sind.

> ” *In welcher Situation sich deine Kinder heute befinden, ist immer das Ergebnis deiner Begleitung jedes einzelnen und in der Gemeinschaft.*

Wenn du der Meinung bist, du hättest es falsch gemacht, solltest du von vorn anfangen und von Grund auf daran arbeiten, dich selbst besser kennenzulernen, emotionale Begleitung zu üben und die Beziehung zwischen deinen Kindern wiederherzustellen.

Unsere Kinder lieben einander. Sie brauchen Eltern, die sie respektieren, sie anleiten und ihnen helfen, sich gegenseitig zu unterstützen und zusammenzuhalten, ohne die Unterschiede zwischen ihnen zu betonen, sondern die Liebe, den Respekt und das gegenseitige Verständnis.

Fazit:
Das Verhältnis zwischen Geschwistern bildet die Basis für den Respekt in allen anderen sozialen Beziehungen. Das Wichtigste ist, dass Eltern ihre Kinder mit Respekt behandeln, mit jedem Kind Zeit allein verbringen und allen bedingungslose Liebe sowie emotionale Begleitung zuteilwerden lassen. Eine gute Begleitung hat zur Folge, dass die Kinder sich weniger streiten werden. Kommt es doch einmal zu Streitereien, wissen wir sie richtig, nämlich mit Ruhe und Respekt, zu schlichten.

II \ vier

Die Pubertät

In der Pubertät

Kinder und Jugendliche durchlaufen unterschiedliche, mal mehr, mal weniger relevante Phasen, in denen sie sowohl körperlich als auch psychisch und emotional zu erwachsenen Menschen heranreifen.

» *Es gibt jedoch nur drei Momente, die lebensverändernd sind und sich von den restlichen entscheidend abheben: die Geburt, die Pubertät und der Tod.*

Den französischen Ärztinnen Catherine Dolto-Tolitch und Françoise Dolto[17], Expertinnen auf diesem Gebiet, zufolge ist die Pubertät sogar wie eine zweite Geburt. Sie markiert einen Wendepunkt in unserem Leben und hinterlässt für immer Spuren in unserer späteren Persönlichkeit.

Wenn unsere Kinder diese einzigartige und unwiederbringliche Phase durchmachen, müssen wir immer bedenken, dass sie noch keine Erwachsenen sind. Es scheint, als würden manche Eltern sie bereits im Jugendalter als Erwachsene ansehen und Dinge von ihnen verlangen, die sie in dieser Phase noch nicht leisten sollten.

Jugendliche sind noch keine Erwachsenen. Die Pubertät bedeutet vielmehr, dass sie sich in einem Zustand absoluter Verwirrung befinden, in dem sie mehr denn je auf Unterstützung und Verständnis, auf emotionale Begleitung, Liebe, Respekt und Toleranz angewiesen sind.

So etwas wie eine vorpubertäre Phase gibt es dabei nicht. Das ist wieder einmal ein Konzept unserer adultistischen und egozentrischen

Gesellschaft. Wenn Kinder nicht das tun, was wir wollen, nennen wir sie vorpubertär oder rebellisch. Das ist in doppelter Hinsicht unfair. Zum einen gegenüber unseren Kindern, da wir ihren Rhythmus und ihre Entwicklung weder verstehen noch zu begleiten wissen, und zum anderen gegenüber der Pubertät selbst, da wir sie als etwas Schlechtes brandmarken, als einen schwierigen Prozess für die Eltern darstellen, anstatt uns auf das zu konzentrieren, was mit unseren Kindern geschieht und was sie von uns brauchen. Die Pubertät spielt sich in einem Alter von etwa 12 bis 18 Jahren ab, abhängig von der Entwicklung jedes einzelnen Kindes. Kein Kind erreicht sie jedoch mit acht Jahren. Anstatt unsere Kinder als „vorpubertär" zu bezeichnen, sollten wir lieber unsere Erziehung gründlich verändern.

Was passiert während der Pubertät im Gehirn?

Das jugendliche Gehirn macht während der Pubertät eine große Metamorphose durch. Der Körper bildet Geschlechtshormone und bereitet sich auf die Geschlechtsreife vor. In der Folge verändert sich auch der Körperbau der Jugendlichen.

Da das Gehirn der Jugendlichen von diesem hormonellen, psychischen und physischen Prozess völlig überfordert ist, befinden sie sich in einer Phase maximaler Schwäche und in innerem Chaos. Die Teenager wollen gleichzeitig nichts und alles, brauchen elterliche Liebe und Zärtlichkeit, möchten jedoch nicht von den Eltern angefasst werden, wissen, was sie werden wollen, trauen sich jedoch nicht, Entscheidungen zu treffen. Ihr Gehirn, sowohl die Großhirnrinde als auch das limbische System, ist zu sehr mit der Vorbereitung auf die Fortpflanzung und der Sicherung seiner optimalen Weiterentwicklung beschäftigt.

Wie können Mütter und Väter echte Unterstützung bieten?

Wir müssen begreifen, dass unsere Kinder in dieser Phase nichts tun oder lassen, um uns zu ärgern, sondern einfach weil ihr Gehirn Zeit, Mühe, Energie und Verständnis braucht.

» *In der Pubertät ernten wir die Früchte unserer vorherigen Begleitung - oder eben nicht.*

Wenn wir unsere Kinder also mittels Geschrei, Strafen, Forderungen, Kontrolle, Lieblosigkeit usw. erzogen haben, sind dies die Formen, die sie im Umgang mit uns gelernt haben. Außerdem fehlt es ihnen an Vertrauen zu uns, also werden sie uns, so sehr wir uns auch darum bemühen, weder zuhören noch unsere Unterstützung suchen. Wenn wir das wiedergutmachen und ihnen eine gute Begleitung bieten wollen, müssen wir also bei null anfangen. Wir müssen unsere gewohnten Verhaltensmuster ablegen und uns nach den Grundsätzen der emotionalen Begleitung neu ausrichten.

★ So begleitest du dein pubertierendes Kind

Neben all dem, was du in diesem Buch bereits erfahren hast, solltest du Folgendes beherzigen:

» Ordne die Pubertät nicht als Rebellion ein und rede auch nicht mit anderen über dein Kind. Du selbst solltest dein Kind und seine Phasen am meisten respektieren.

» Lass nicht zu, dass sich irgendjemand aufgrund dieser Lebensphase über dein Kind lustig macht (zum Beispiel über seine körperliche Entwicklung oder seine Unentschlossenheit).

» Gib deinem Kind Raum, renn nicht hinter ihm her und sag ihm nicht, was es zu tun oder zu lassen hat.

» Hab Verständnis, dass das Sozialleben für Teenager am allerwichtigsten wird, weil ihr Gehirn so programmiert ist.

» Pubertierende Jugendliche brauchen mehr Schlaf, da ihr Körper durch die Wachstumsschübe und hormonellen Veränderungen mehr Erholung benötigt.

» Rückschritte sind normal. Manches, was Teenager zuvor gemacht haben, lehnen sie jetzt ab. Vergiss nicht, dass sie sich in einer lebensverändernden Metamorphose befinden. Die Pubertät ist wie ein Kokon. Darin befindet sich ein wunderschöner Schmetterling, der voller Leben in die Freiheit fliegen wird, sobald er bereit ist. Er war einst eine Raupe, die gelernt hat, als solche zu leben, doch nun einen großen Sprung machen muss und dafür eine Phase des Rückzugs, der Entwicklung und Veränderung braucht, in welcher sie auf dem bereits Gelernten aufbaut und sich weiterentwickelt. Niemandem würde es einfallen, eine verpuppte Raupe von einem Baum zu rupfen, sie zu stören, zu öffnen, auf den Boden zu werfen und zu zertreten. Genauso wenig darfst du das mit deinem Kind in der Pubertät tun. Hetze es nicht, fordere keine Dinge, die nichts mit seiner guten Entwicklung zu tun haben, sondern gib ihm Zeit, respektiere seine Phase, fühle dich ein, liebe es und sei geduldig.

- Denk über deine eigene Jugend nach und schreib auf, wie du dich gefühlt und was du gebraucht hast. Überlege dann, wie du in dieser Zeit begleitet wurdest. Das wird dir dabei helfen, dich in dein jugendliches Kind hineinzuversetzen und zu verstehen, dass es nichts mit Nachgiebigkeit zu tun hat, wenn du es respektierst, sondern du ihm dadurch das gibst, was es wirklich braucht.
- Vergiss deine erwachsenen Bedürfnisse. Die meisten Eltern, die mich kontaktieren, haben dieselben Probleme mit ihren jugendlichen Kindern: Sie wollen nicht lernen, duschen oder im Haushalt helfen. Sind wir als Eltern von Anfang an respektvoll gegenüber unseren Kindern, wissen wir, dass nichts davon wirklich von Bedeutung ist. Viel wichtiger ist doch, dass die sie wohlgenährt sind, gut schlafen, wissen, dass sie sich uns immer anvertrauen können, genug Zeit für ihr Sozialleben und ihre Entwicklungsprozesse haben. Wie man das Bett macht, den Tisch deckt, die Wäsche wäscht, das lässt sich alles noch lernen. Diese Dinge sind es nicht wert, dass wir uns ständig mit unseren Kindern streiten. Dadurch zeigen wir ihnen viel mehr, dass wir sie nicht verstehen und uns nur um unser eigenes Wohl kümmern. Eltern müssen sicherstellen, dass es bei ihnen zu Hause entspannt zugeht, ohne ihre Kinder als „Hilfe" zu missbrauchen, denn der Haushalt ist ihre Aufgabe. Häufig verlieren Eltern die Nerven, weil sie ihnen Dinge abverlangen, für die die Erwachsenen zuständig sind. Sie werfen den Jugendlichen vor, sie würden ihnen nicht helfen oder keinen Finger rühren. Dabei verstehen sie nicht, dass die Teenager ganz im Gegenteil schon sehr viel tun und ihr System aus biologischen Gründen nicht mehr hergibt. Wenn wir den Jugendlichen Respekt entgegenbringen, werden sie all diese Dinge, die sie scheinbar vergessen haben, lernen. Sie haben sie auch nie vergessen, sondern diese Dinge zählen in dem Moment einfach nicht.

- » Gib ihnen Raum für ihre Sexualität, ohne Scham und Tabus. Ihre Neugier und ihre Libido sollten dir keine Angst machen, sie sind normal. Sei unbedingt offen und sprich respektvoll mit ihnen darüber. Zeige Respekt vor dem männlichen wie dem weiblichen Körper. Es ist viel wichtiger, den Jugendlichen Zeit zu geben, sich selbst kennenzulernen und zu erforschen, als ständig zu fordern, dass sie ihr Bett machen.
- » Du darfst dein jugendliches Kind weder beleidigen noch Aussagen über seine Zukunft anstellen. Solche Sätze wie: „Du bist faul", „Du bist schlampig", „Du wirst es zu nichts bringen", „Du kannst nichts", „Ich habe es satt mit dir", „Du bist ein Parasit" o. Ä. gehören verboten. Sie stellen eine Form psychischer Gewalt dar und nützen unseren Kindern nicht. Jugendliche brauchen Toleranz, Respekt gegenüber ihren Entwicklungsprozessen, Liebe, Vertrauen, Ehrlichkeit, Aufrichtigkeit, Gelassenheit und Unterstützung. Keine Vergleiche, keine Zurechtweisungen, sondern Mütter und Väter, die sie verdienen.

Für unsere Söhne und Töchter ist die Pubertät mit all ihrer Intensität und ihren Schwierigkeiten wie eine Trauerphase. Sie empfinden Trauer beim Abschied von der Kindheit und sind im Begriff, das Erwachsensein kennenzulernen, befinden sich jedoch in keiner dieser beiden Lebensphasen, sondern in einem Zwischenstatus.

> ›› *Diese tiefgreifende Veränderung erfordert allen Respekt der Welt.*

Das Wichtigste in dieser Zeit ist, aufrichtig daran zu glauben, dass die Beziehung zu unseren Kindern oberste Priorität hat. Wenn wir uns daran halten, tun wir das Bestmögliche für ihre Gegenwart und Zukunft. Hab keine Angst, dich auf die Seite deiner Kinder zu stellen, anstatt gegen sie.

Du machst das toll!

Fazit:

Die Pubertät ist eine der bedeutsamsten Lebensphasen des Menschen. Unsere jugendlichen Kinder brauchen uns mehr denn je. Sie brauchen unseren Respekt, unser Mitgefühl, unsere Ausgeglichenheit und emotionale Begleitung, Liebe, Toleranz, Freiraum, Zuneigung und Zeit. Das Wichtigste ist, dass wir eine gute Beziehung zu ihnen pflegen. Dass sie nach dem Duschen ihre Kleidung wegräumen, kann warten.

Alexandra und ihr neues Leben

Alexandra stand in ihrem Garten und beugte sich zu einer gelben Blume, um an ihr zu riechen. Sie entdeckte einen bunten Schmetterling, der glücklich umherflatterte. Sie atmete den Duft der Blume tief ein, und plötzlich fühlte sie sich genauso glücklich und frei wie der Schmetterling.

Vor sechs Jahren hatte sie sich von Marcelo getrennt, doch es kam ihr wie ein ganzes Leben vor. Ihre Kinder waren Teenager und hatten ein warmherziges und mitfühlendes Wesen. Sie dachte an die Alexandra von früher zurück, und sie kam ihr wie ein völlig anderer Mensch vor.

Es war ein schwieriger Prozess gewesen. Zuerst hatte sie mit einem Scheidungsanwalt gesprochen, der auf Gütertrennung spezialisiert war. Sie hätte gern eine Anwältin gehabt, um sich besser verstanden und begleitet zu fühlen, hatte aber keine gefunden. So war sie bei einem tatkräftigen und intelligenten Anwalt gelandet, der sich schnell in ihre Situation hineinversetzte. Da ihr die Hälfte des Restaurants gehörte, sollte Marcelo sie auszahlen, damit sie mit ihrer Tochter und ihrem Sohn ein neues Leben auf dem Land beginnen konnte. Marcelo stellte sich quer. Er beschimpfte und bedrohte sie so, dass sie sogar um ihr Leben und das ihrer Kinder fürchtete. Zum Glück bot ihr eine gute Freundin an, während des Scheidungsverfahrens bei ihr zu wohnen.

Marcelo sagte, er wolle nichts mehr von Alexandra oder den Kindern wissen. Und obwohl diese ihn oft anriefen, besuchten und den Kontakt suchten, öffnete er ihnen nicht einmal die Tür. Daniel und Emma, die beteuerten, den Vater nie aufgeben zu wollen (sie wollten ihn sehen, umarmen, in ihrem Leben haben), waren sehr traurig darüber. Das erforderte eine intensive Begleitung durch Alexandra.

An jenem Abend, an dem Alexandra ihren Tiefpunkt erreicht und ihrer Tochter Dinge gesagt hatte, die sie nicht einmal mehr laut auszusprechen wagte, hatte etwas in ihr Klick gemacht. Plötzlich konnte sie sich in ihr

Kind hineinversetzen. Sie sah sich selbst wieder als Kind, wie sie allein in ihrem Zimmer weinte, traurig war und ohne Beistand, und wie sie sich ihre eigenen Strategien beigebracht hatte, um sich besser zu fühlen. Ihr wurde klar, dass sie ihren Kindern nicht dasselbe antun konnte. Alle Menschen verdienen Respekt, und sie verdienten es nicht nur, sondern hatten als Kinder ein Recht darauf. Dies war auch ihre Pflicht als Mutter.

Alexandra informierte sich und recherchierte und stieß auf eine Expertin, die seit vielen Jahren bei Konferenzen, Tagungen und Vorträgen ihre Botschaft verbreitete: Der respektvolle Umgang mit Kindern und Jugendlichen ist ein wichtiger Schritt, um die Gesellschaft zu verändern. Sie half Alexandra auf ihrem Weg, alte Erfahrungen und Muster hinter sich zu lassen und neu anzufangen. Dieser Prozess brachte zuerst Groll gegen ihre eigenen Eltern hervor, dann Mitgefühl und Kummer, und schließlich Akzeptanz. Alexandra wurde klar, dass sie ihre gesamte Kindheit in ständiger Kontrolle, Angst, Traurigkeit, emotionaler Vernachlässigung verbracht hatte und sich das auf ihre heutige Persönlichkeit als Erwachsene ausgewirkt hat. Aber es lag an ihr, das zu überwinden und ihr Leben zu ändern. Zudem lag es in ihrer Hand, ihre Kinder auf eine andere Weise zu erziehen: eine, in der Respekt im Mittelpunkt steht und alle als Menschen gleich viel wert sind und geliebt werden.

Diese Transformation half Alexandra dabei, ihr Leben zu gestalten und der Mensch zu sein, der sie tief im Inneren schon immer gewesen war.

Seit viereinhalb Jahren lebten sie in einem Dorf in den Bergen. Marcelo, dessen Zustimmung (als Vater, der in der Stadt blieb) dafür nötig gewesen war, hatte buchstäblich gesagt, es sei ihm egal, für ihn seien sie gestorben.

An diesem Ort waren Alexandra und ihre Kinder sehr glücklich: Sie wohnten in einem kleinen Haus mitten auf dem Land, und die Kinder gingen auf eine weiterführende Schule in der Nähe. Alexandra arbeitete nun an einer Grundschule. Sie hatte ihr Studium noch nicht ganz beendet, half aber bereits in der Mensa und als Reinigungskraft aus, und war unglaublich dankbar für das, was sie hatte. Mit diesem Einkommen und dem Geld des Restaurants kamen sie sehr gut aus. Sie brauchten nicht viel. Das Glück lag für sie in der Natur, ihrem Zusammenhalt und kleinen Freuden wie einer guten Paella oder einem Spieleabend.

An einem Tag kamen ihre Eltern und Carolina, zu der sie seit einiger Zeit wieder Kontakt hatte, zu Besuch. Es war nicht leicht. Ihre Schwester nahm noch immer Drogen. Doch wenn sie mal eine Weile nicht konsumiert hatte, redeten die Schwestern miteinander, nahmen einander in den Arm und schauten sich zusammen auf dem Sofa einen Film an.

Ihre Eltern waren schon alt. Alexandra hegte keinen Groll mehr gegen sie und hatte es geschafft, über viele Dinge mit ihnen zu reden. Einige davon sahen die Eltern ein, andere nicht. Im Großen und Ganzen bemühten sie sich, ihre Beziehung zu verbessern und eine Verbindung zu ihren Enkeln aufzubauen. Sie halfen Carolina, wo sie konnten, ohne sie zu verurteilen, und mischten sich auch in Alexandras Leben nie wieder missbilligend ein.

Alexandra war mit ihrem neuen Leben überglücklich. Endlich hatte sie das Gefühl, eine Mission zu haben: Sie wollte sich selbst, ihren Werten, Überzeugungen und Motivationen treu bleiben. Und das würde sie auch ihren Kindern beibringen.

„Das Leben ist kurz“, dachte sie, „und das, was mir noch davon bleibt, werde ich als ich selbst verbringen.“

III \ Anhang

Zum Abschluss

Ein Brief an alle Mütter und Väter

Ich bin der festen Überzeugung, dass sich Briefe für viele Bereiche unseres Lebens gut als Therapie eignen. Sie sind eine sehr wirksame Methode, um auszudrücken, was in uns vorgeht, um uns in eine bestimmte Zeit in unserer Vergangenheit zurückzuversetzen und sogar, um mit einem geliebten Menschen zu sprechen, der uns für immer verlassen hat.

Du kannst einen Brief an das Kind schreiben, das du einmal warst, ihm erzählen, wie es dir heute geht, ob du seinen tiefsten Überzeugungen treu geblieben bist oder wie du das noch erreichen willst. Du kannst auch einen Brief an deine Mutter oder deinen Vater verfassen und zum Ausdruck bringen, was du ihnen schon immer sagen wolltest, offen und ehrlich, das Positive wie das Negative, und so zu deiner eigenen Wahrheit finden. Vielleicht möchtest du auch einen Brief an deine Kinder schreiben, den sie lesen können, wenn sie erwachsen sind, und darin erklären, wie du dich im Moment fühlst und von welchen Dingen du dir wünschst, dass sie sie als Erwachsene wissen, jedoch aus deiner jetzigen Perspektive, die sich bestimmt von deiner zukünftigen unterscheiden wird.

In meiner Kindheit und Jugend war ich eine begeisterte Briefeschreiberin. Ich habe einer Freundin, einer Cousine, meinem verstorbenen Onkel und sogar mir selbst geschrieben, um diese Briefe Jahre später zu lesen.

Deshalb schreibe ich nun dir einen Brief, um all das auszudrücken, was ich dir noch auf den Weg geben möchte, bevor wir uns verabschieden:

Liebe Leserin, lieber Leser,
liebe Mutter, lieber Vater,

ich möchte dich wissen lassen, dass du das großartig machst und bei der Erziehung deines Kindes eine unglaublich tolle Arbeit leistest.

Wir Menschen sind nicht perfekt, ganz im Gegenteil. Wir sind emotionale Wesen mit Bedürfnissen, Empfindungen, Höhen und Tiefen. Wir sind geprägt von Erfahrungen und Lebensumständen. Das Wichtige dabei ist, dass wir jeden Tag wachsen, lernen und uns weiterentwickeln wollen. So kommen wir der Person, die in unserem Herzen wohnt, unserem wahren Ich, näher.

Da du dich für dieses Buch entschieden hast, war dir bewusst, dass du früher häufig die Nerven verloren hast, dass dir die Dinge entglitten sind, dass du einiges ändern wolltest, um mit deinen Liebsten glücklicher zusammenzuleben. Nachdem du nun die Lektüre beendet hast, hast du die erste Stufe der Leiter erklommen. Nun musst du den Aufstieg Stufe um Stufe fortsetzen. Mit Vertrauen, einer offenen Einstellung, Beharrlichkeit, Liebe und Geduld. Und falls dich doch mal Schuldgefühle überkommen, klammere dich nicht an sie. Sie bescheren dir nichts weiter als Leid. Akzeptiere deine Fehler, denke über sie nach und lass sie los. Blicke ohne Schuldgefühle und selbstsicher nach vorn, sei dir gewiss, dass du immer mehr die Mutter oder der Vater wirst, die/der du sein willst und die/den deine Kinder brauchen.

Ich würde dir gern sagen, dass du keine Angst zu haben brauchst, aber wie du ja weißt, ist Angst etwas ganz Normales. Lass dich trotzdem nicht von ihr beherrschen. Befrei dich von dem Druck der Gesellschaft, deiner Umgebung und den Lasten deiner Vergangenheit. Führe ein Leben in vollkommener Verbundenheit mit deinen Kindern.

Eine liebevolle, verbindliche Erziehung, ohne die Nerven zu verlieren, wie ich sie dir in diesem Buch gezeigt habe, bedeutet nicht, nur nachgiebig zu sein. Indem du für ein gutes Zusammenleben sorgst, den Interessen, Emo-

tionen und wahren Bedürfnissen deines Kindes Aufmerksamkeit schenkst, erziehst du es zu einem selbstbewussten, respektvollen und aufmerksamen Menschen.

Denk dran, dass eine respektvolle Erziehung kein neuer Trend ist. Sie ist der einzig richtige Weg, der schon immer da war und auf den ich dich gern führen wollte.

Ich wünsche dir und natürlich auch deinem Kind alles Gute.

Danke für alles.

Ganz liebe Grüße

Tania

Quellen und Leseempfehlungen

Quellen

Batson, Charles Daniel: „Altruism in Humans", Oxford University Press, Oxford 2011 (https://books.google.de/books?hl=de&lr=&id=b4fJWzJRnPkC&oi=fnd&pg=PR5&dq=Daniel+Batson+Empathie+und+Altruismus&ots=dNSBEYS3xz&sig=e-ZfvkNwq5cjnFHdsfuxFtqlKUeY#v=onepage&q&f=false) (zuletzt abgerufen am 11.03.2022).

Buss, Claudia / Pruessner, Jens C. / Mayberg, Helen / Mletzko, Tanja / Heim, Christine / Nemeroff, Charles: „Larger amygdala volumes after childhood trauma associated with depression and cortisol response to psychosocial stress in adulthood", in: European Journal of Psychotraumatology, Published 03 September 2012 (DOI:10.3402/ejpt.v3i0.19445) (zuletzt abgerufen am 25.02.2022).

Coopersmith, Stanley: „The Antecedents Of Self-Esteem", W. H. Freeman & Co Ltd, New York 1968.

Dolto, Françoise / Dolto-Tolitch, Catherine / Percheminier, Colette: „Von den Schwierigkeiten, erwachsen zu werden", Übersetzung: Regine Hermannsdörfer, Klett-Cotta-Verlag, Stuttgart 1999.

Goleman, Daniel: „Emotionale Intelligenz", Übersetzung: Friedrich Griese, dtv, München 1997.

Gómez, Viviola: „Relación Entre Estrés E Inmunidad: Una Visión Crítica a La Investigación", in: Revista latinoamericana de psicología, 2000 (https://www.academia.edu/56544135/Relaci%C3%B3n_Entre_Estr%C3%A9s_E_Inmunidad_Una_Visi%C3%B3n_Cr%C3%ADtica_a_La_Investigaci%C3%B3n) (zuletzt abgerufen am 27.02.2022).

Gottman, J. M. / Katz, L. F. / & Hooven, C. (1996): „Parental meta-emotion philosophy and the emotional life of families: Theoretical models and preliminary data", in: Journal of Family Psychology, 10(3), S 243–268 (https://doi.org/10.1037/0893-3200.10.3.243) (zuletzt abgerufen am 25.02.2022).

Heron, Jonathan / O'Connor, Thomas G. / Evans, Jonathan / Golding, Jean / Glover, Vivette and the ALSPAC Study Team: „The course of anxiety and depression through pregnancy and the postpartum in a community sample". Available online: 03 October 2003 (https://doi.org/10.1016/j.jad.2003.08.004) (zuletzt abgerufen am 25.02.2022).

Kellert, Stephen R.: „Building for Life: Designing and Understanding the Human-Nature Connection", in: Renewable Ressources Journal, Summer 2006, S. 8–24. (https://www.researchgate.net/publication/40777405_Building_for_Life_Designing_and_Understanding_the_Human-Nature_Connection) (zuletzt abgerufen am 25.02.2022).

Nohemi Romo P. / Bárbara G. / Anguiano N. / Ricardo N. / Pulido O. / Gustavo Camacho L.: „Rasgos de Personalidad en ninos con padres violentos", Universidad Autónoma de Baja California, México, 2007 (https://sisbib.unmsm.edu.pe/bVrevistas/Investigacion_Psicologia/v11_n1/pdf/a07.pdf) (zuletzt abgerufen am 27.02.2022).

O'Connor, Thomas G. / Heron, Jonathan / Golding, Jean / Glover Vivette and the AL SPAC Study Team: „Maternal antenatal anxiety and behavioural/emotional problems in children: a test of a programming hypothesis." First published: 08 October 2003 (https://doi.org/10.1111/1469-7610.00187) (zuletzt abgerufen am 25.02.2022).

Talge, Nicole M. / Neal, Charles / Glover, Vivette et al.: „Antenatal maternal stress and long-term effects on child neurodevelopment: how and why?" First published: 07 March 2007 (https://doi.org/10.1111/j.1469-7610.2006.01714.x) (zuletzt abgerufen am 25.02.2022).

Torres, María Victoria Trianes / Mena, María J. Blanca / Fernández-Baena, Francisco Javier / Espejo Milagros Escobar / Montero, Enrique F. Maldonado / Universidad de Málaga: „Evaluación y tratamiento del estrés cotidiano en la infancia", in: Papeles del Psicólogo, 33(1) 2012, S. 30–35.

Wells, Nancy M. / Evans, Gary: „Nearby Nature", in: Environment and Behavior 35(3), S. 311–330, published May 2003 (DOI:10.1177/0013916503035003001) (zuletzt abgerufen am 25.02.2022).

Endnoten

1 Im weiteren Verlauf erfährst du, was zu tun ist, wenn Kinder wütend werden und emotional explodieren, und wie du sie in diesem Prozess lenkst, indem du deine eigenen Gefühle richtig steuerst.

2 Manche machen sich darüber lustig, dass Hebammen und Gynäkologen vom Verzehr rohen Schinkens oder Wurst während der Schwangerschaft abraten, da dies in seltenen Fällen zu Toxoplasmose führen kann (außer man ist immun dagegen), die den Fötus schädigen kann. Neue Studien weisen darauf hin, dass man viel vorsichtiger mit vorgeschnittenen Salaten oder Früchten und auch mit Käse und nicht pasteurisierten Milchprodukten sein sollte.

3 Vgl. zum Beispiel: O'Connor, Thomas G. / Heron, Jonathan / Golding, Jean / Glover Vivette and the AL SPAC Study Team: „Maternal antenatal anxiety and behavioural/ emotional problems in children: a test of a programming hypothesis." First published: 08 October 2003 (https://doi.org/10.1111/1469-7610.00187) (zuletzt abgerufen am 25.02.2022);
und Heron, Jonathan / O'Connor, Thomas G. / Evans, Jonathan / Golding, Jean / Glover, Vivette and the ALSPAC Study Team: „The course of anxiety and depression through pregnancy and the postpartum in a community sample." Available online: 03 October 2003 (https://doi.org/10.1016/j.jad.2003.08.004) (zuletzt abgerufen am 25.02.2022);
und Talge, Nicole M. / Neal, Charles / Glover, Vivette et al.: „Antenatal maternal stress and long-term effects on child neurodevelopment: how and why?" First published: 07 March 2007 (https://doi.org/10.1111/j.1469-7610.2006.01714.x) (zuletzt abgerufen am 25.02.2022).

4 Buss und andere bestätigten in ihren wissenschaftlichen Studien 2012, dass sich der Hypocampus, ein Teil des limbischen Systems, falls er während der Schwangerschaft Stress ausgesetzt war, im ersten Lebensjahr erholen kann. Dafür benötigt er positiven, direkten, konstanten Kontakt und bedingungslose Liebe der Mutter (beziehungsweise der jeweiligen Bezugsperson). Vgl. auch: Buss, Claudia / Pruessner, Jens C. / Mayberg, Helen / Mletzko, Tanja / Heim, Christine / Nemeroff, Charles: „Larger amygdala volumes after childhood trauma associated with depression and cortisol response to psychosocial stress in adulthood", in: European Journal of Psychotraumatology". Published 03 September 2012 (DOI:10.3402/ejpt.v3i0.19445) (zuletzt abgerufen am 25.02.2022).

5 Dr. Viviola Gómez (Lateinamerika) untersuchte im Jahr 2000 in einer Metastudie den Zusammenhang von Nervensystem und limbischem System mit dem Immunsystem. Die analysierten Studien zeigten, dass kontinuierliche Stresssituationen und depressive Zustände die Zellen und Antikörper unseres Immunsystems veränderten und so dessen Funktion herabsetzen und verschlechtern. Vgl. Viviola Gómez: „Relación Entre Estrés E Inmunidad: Una Visión Crítica a La Investigación", in: Revista latinoamericana de psicología, 2000 (https://www.academia.edu/56544135/Relaci%C3%B3n_Entre_Estr%C3%A9s_E_Inmunidad_Una_Visi%C3%B3n_Cr%C3%ADtica_a_La_Investigaci%C3%B3n) (zuletzt abgerufen am 27.02.2022).

6 Viele wissenschaftliche Studien bestätigen den positiven Einfluss der Natur auf Kinder. Wells und Evans haben 2003 festgestellt, dass der Kontakt Stress reduziert.
Vgl. Wells, Nancy M. / Evans, Gary: „Nearby Nature", in: Environment and Behavior 35(3), S. 311–330,, published May 2003 (DOI:10.1177/0013916503035003001) (zuletzt abgerufen am 25.02.2022).
Und Kellert (2005) stellt heraus, dass die Natur helfen kann, die Kreativität zu steigern, die Fähigkeit, Probleme zu lösen und die intellektuelle Entwicklung zu verbessern.
Vgl. Kellert, Stephen R.: „Building for Life: Designing and Understanding the Human-Nature Connection", in: Renewable Ressources Journal, Summer 2006, S. 8–24.

(https://www.researchgate.net/publication/40777405_Building_for_Life_Designing_and_Understanding_the_Human-Nature_Connection) (zuletzt abgerufen am 25.02.2022). Und die American Academy Ophthalmology (AAO) (2011) bewies, dass Kinder, die viel in der Natur sind, besser sehen können und daher prozentual gesehen seltener kurzsichtig sind. Vgl. https://www.aao.org/newsroom/news-releases/detail/more-time-outdoors-may-reduce-kids-risk-nearsighte (zuletzt abgerufen am 27.02.2022).

7 Ein Krampfanfall bei Fieber, der bei zwei bis fünf Prozent der Kinder zwischen sechs Monaten und sechs Jahren auftritt. Meist sind die Anfälle harmlos. Sie kommen bei Jungen öfter vor als bei Mädchen. Fast ein Drittel der Kinder, die einmal einen Krampf erleiden, bekommt ihn ein weiteres Mal oder öfter. Eltern sollten wissen, welche Maßnahmen ergriffen werden müssen, um keine Komplikationen zu verursachen. Nach dem Anfall ist ein Kinderarzt aufzusuchen.

8 Der nordamerikanische Psychologe Daniel Goleman ist durch den Begriff „emotionale Intelligenz" und das gleichnamige Buch bekannt geworden. Er stellte fest, dass ein hoher Intelligenzquotient nichts nützt, wenn der Mensch keine emotionale Intelligenz besitzt. Sie ist die Grundlage aller Beziehungen. Vgl. Daniel Goleman: „Emotionale Intelligenz", Übersetzung: Friedrich Griese, dtv, München 1997.

9 Vgl. Gottman, J. M. / Katz, L. F. / & Hooven, C. (1996): „Parental meta-emotion philosophy and the emotional life of families: Theoretical models and preliminary data", in: Journal of Family Psychology, 10(3), S. 243–268 (https://doi.org/10.1037/0893-3200.10.3.243) (zuletzt abgerufen am 25.02.2022).

10 Vgl. Batson, Charles Daniel: Altruism in Humans, Oxford University Press 2011 (https://books.google.de/books?hl=de&lr=&id=b4fJWzJRnPkC&oi=fnd&pg=PR5&dq=Daniel+Batson+Empathie+und+Altruismus&ots=dNSBEYS3xz&sig=e-ZfvkNwq5cjnFHdsfuxFtqlKUeY#v=onepage&q&f=false) (zuletzt abgerufen am 11.03.2022).

11 Wenn Kinder in Rage sind und vor sich hin schimpfen, braucht dich das nicht direkt zu beunruhigen. Das gehört zur Wut bzw. der jeweiligen Emotion dazu, die sie in dem Moment fühlen und herauslassen müssen. Mit der Zeit werden sie neue Ausdrucksmöglichkeiten lernen, jedoch nur, wenn sie sich immer sicher und verstanden fühlen, ganz gleich, welche Art Wörter sie benutzen. In Kapitel 6 erfährst du, wie du mit der Aggressivität von Kindern umgehen kannst.

12 Vgl. Coopersmith, Stanley: „The Antecedents Of Self-Esteem", W. H. Freeman & Co Ltd, New York 1968.
Stanley Coopersmith war ein amerikanischer Psychologe. Seine Forschung zum Selbstwertgefühl war wegweisend und zeigte, dass die Grundsteine dafür in der Kindheit gelegt werden. Sein 1959 entwickelter Test hat Tausenden Menschen auf der ganzen Welt dabei geholfen, den Grad ihres persönlichen Selbstwertgefühls zu ermitteln. So können sie ihren emotionalen Zustand und mögliche Defizite bestimmen, an diesen arbeiten und ihr Leben verbessern. Coopersmith wies durch seine Forschung nach, dass das Selbstwertgefühl einer Person von der Beziehung zu ihren Eltern abhängt.

13 Der Film basiert auf der gleichnamigen Horrorerzählung von Stephen King. Darin geht es um ein bösartiges Wesen, das hauptsächlich Kinder entführt, Morde begeht und die Einwohnerschaft der imaginären Stadt Derry terrorisiert. Die Kreatur nimmt zwar unterschiedliche Gestalten an, am bekanntesten ist jedoch die des Clowns Pennywise.

14 Eine Gruppe von Psychologinnen und Psychologen der Universidad Autónoma de Baja California in Mexiko haben 2007 Untersuchungen zu Persönlichkeitsmerkmalen von Kindern mit gewalttätigen Eltern durchgeführt. Sie stellten fest, dass Kinder, die irgendeine Art von Gewalt durch ihre Eltern erlebt hatten (Bestrafung, Anschreien, Drohungen, Erpressung, Abwesenheit, körperliche Gewalt), erhebliche Spuren davontrugen, wie etwa Unsicherheit, Zurückgezogenheit, Hemmungen, Aggressivität oder weitere negative Persönlichkeitsmerkmale. Diese erschweren es ihnen, soziale Beziehungen aufzubauen, und lösen in ihnen das Gefühl aus, ständig Schutz und Zuflucht suchen zu müssen. Vgl. Nohemi Romo P. / Bárbara G. / Anguiano N. / Ricardo N. / Pulido O. / Gustavo Camacho L.: „Rasgos de Personalidad en ninos con padres violentos", Universidad Autónoma de Baja California, México, 2007 (https://sisbib.unmsm.edu.pe/bVrevistas/Investigacion_Psicologia/v11_n1/pdf/a07.pdf) (zuletzt abgerufen am 27.02.2022).

15 Heutzutage herrscht eine Verwirrung bei den Begrifflichkeiten vor. Strafen werden gern als „Konsequenzen" bezeichnet. Eltern wiegen sich dadurch fälschlicherweise in Sicherheit, da sie glauben, keine Strafen zu verhängen und somit auch keine negativen und unheilvollen Auswirkungen zu verursachen, wenn sie es nur anders nennen. Tatsächlich ist aber alles, was Erwachsene Kindern aufzwingen, eine Strafe. Wenn Eltern ihrem Kind verbieten, auf den Spielplatz zu gehen oder Fernsehen zu schauen, weil es zu lang für die Hausaufgaben braucht, ist das eine als Konsequenz getarnte Strafe. Eigentlich sollten wir in erster Linie darauf achten, dass unsere Kinder Freizeit haben, ihnen bei den Hausaufgaben helfen, eine Höchstdauer für schulische Aufgaben festlegen (sie verbringen schon viel Zeit in der Schule und sollten nicht auch noch mit Hausaufgaben überfordert werden). Sie sollten genügend Freizeit haben. Denn diese ist für ihre Gesundheit genauso wichtig wie essen oder schlafen. Die einzigen Konsequenzen, denen Mädchen und Jungen begegnen sollten, sind natürliche oder logische, die nichts mit den Entscheidungen oder Vorschriften der Erwachsenen zu tun haben. Wenn sie zum Beispiel spät ins Bett gehen und am nächsten Tag müde sind; wenn sie wenig essen und bald darauf wieder Hunger haben; wenn sie in ihrer Wut ein Spielzeug kaputt machen und danach feststellen, dass sie das nicht wollten und es sich nun nicht mehr reparieren lässt usw. Solche Lektionen ziehen sie aus Erfahrungen und getroffenen Entscheidungen. Ihnen unsere erwachsenen Kriterien aufzuzwingen – indem wir etwas zu einer Konsequenz ihrer Handlungen erklären, was in Wahrheit nur unserer Sichtweise entspricht, ohne sie ihre eigenen Erfahrungen verarbeiten und aus ihnen lernen zu lassen –, ist eine Strafe, auch wenn wir uns an die neue Bezeichnung „Konsequenz" klammern wie an einen rettenden Strohhalm.

16 Vgl. Torres, María Victoria Trianes / Mena, María J. Blanca / Fernández-Baena, Francisco Javier / Espejo Milagros Escobar / Montero, Enrique F. Maldonado / Universidad de Málaga: „Evaluación y tratamiento del estrés cotidiano en la infancia", in: Papeles del Psicólogo, 33(1) 2012, S. 30–35.

17 Vgl. Dolto, Françoise / Dolto-Tolitch, Catherine / Percheminier, Colette: „Von den Schwierigkeiten, erwachsen zu werden", Übersetzung: Regine Hermannsdörfer, Klett-Cotta-Verlag, Stuttgart 1999.

18 Vgl. Baumeister, Roy F. / Tice, Dianne M. / Vohs, Kathleen D.: „The Strength Model of Self-Regulation: Conclusions From the Second Decade of Willpower Research", in Perspectives on Psychological Science, 13(2), S. 141-145. First published: 29 March 2018 (https://doi.org/10.1177/1745691617716946) (zuletzt abgerufen am 28.03.2022).

Leseempfehlungen

Bowlby, John: „Bindung als sichere Basis", Übersetzung: Axel Hillig und Helene Hanf, Ernst Reinhardt Verlag, München, 5. Aufl. 2021

Greenberg, Leslie S. / Rice, Laura N. / Elliott, Robert: „Emotionale Veränderungen fördern: Grundlagen einer prozeß- und erlebnisorientierten Therapie", Übersetzung: Theo Kierdorf und Hildegard Höhr, Junfermann, Paderborn 2003

Juul, Jesper : „5 Grundsteine für die Familie", Übersetzung: Knut Krüger, Kösel, München 2015

Juul, Jesper: „Leitwölfe sein", Übersetzung: Nuka Matthies, Beltz, Weinheim 2018

Juul, Jesper: „Dein selbstbestimmtes Kind", Übersetzung: Knut Krüger, Kösel, München 2020

Kohn, Alfie: „Liebe und Eigenständigkeit", Übersetzung: Claudia Kolarik, Arbor-Verlag, Freiburg im Br. 2010

Neill, Alexander Sutherland: „Das Prinzip Summerhill", Übersetzung: Hermann Krauss, Rowohlt Verlag, Reinbek 2018

Rosenberg, Marshall B.: „Was deine Wut dir sagen will: überraschende Einsichten", Übersetzung: Michael Dillo, Junfermann, Paderborn, 5. Aufl. 2013

Rosenberg, Marshall B.: „Gewaltfreie Kommunikation", Übersetzung: Petra Quast, Junfermann, Paderborn 2016

Stern, Daniel N.: „Die Mutterschaftskonstellation: eine vergleichende Darstellung verschiedener Formen der Mutter-Kind-Psychotherapie", Übersetzung: Elisabeth Vorspohl, Klett-Cotta, Stuttgart, 3. Aufl. 2020

Winnicott, Donald W.: „Reifungsprozesse und fördernde Umwelt", Übersetzung: Gudrun Theusner-Stampa, Psychosozial-Verlag, Gießen, 3. Aufl. d. unveränd. Neuauflage 2001, 2020

Interessante Studien

Wilson, Beverly J. / Petaja, Holly / Yun, Jenna / King, Kathleen / Berg, Jessica / Kremmel, Lindsey / Cook, Diana: „Parental Emotion Coaching: Associations With Self-Regulation in Aggressive/Rejected and Low Aggressive/Popular Children", 2014. (https://www.ncbi.nlm.nih.gov/pmc/articles/PMC4111247/) (zuletzt abgerufen am 25.02.2022)

Laurent, Heidemarie / Stevens, Alexander / Ablow, Jennifer C.: „Neural correlates of hypothalamic-pituitary-adrenal regulation of mothers with their infants", in: Biological Psychiatry, 70 (9), 1. November 2011, S. 826–832. (https://pubmed.ncbi.nlm.nih.gov/21783177/) (zuletzt abgerufen am 25.02.2022)

Nakash-Eisikovits, Ora / Dutra, Lissa / Westen, Drew: „Relationship between attachment patterns and personality pathology in adolescents", in: Journal of American Academy Child and Adolescent Psychiatry, Vol. 41, Nr. 9, September 2002, S. 1111–1123. (https://pubmed.ncbi.nlm.nih.gov/12218433/) (zuletzt abgerufen am 25.02.2022)

Farrington, D. P. / Loeber, R.: „Epidemiology of Juvenile Violence", in: Child and Adolescent Psychiatric Clinics of North America, 9 (4), 2000, S. 733–748. (https://pubmed.ncbi.nlm.nih.gov/11005003/) (zuletzt abgerufen am 25.02.2022)

Phillips, Mary L. / Drevets, Wayne C. / Rauch, Scott L. / Lane, Rirchard: „Neurobiology of emotion perception I: The neural basis of normal emotion perception", in: Biological Psychiatry, 54, 1. September 2003, 54 (5), S. 504–514. (https://pubmed.ncbi.nlm.nih.gov/12946879/) (zuletzt abgerufen am 25.02.2022)

Hesse, E. / Main, M.: „Disorganized infant, child, and adult attachment: collapse in behavioral and attentional strategies", in: Journal of the American Psychoanalytic Association, 48(4), 2000, S. 1097–1127. (https://pubmed.ncbi.nlm.nih.gov/11212184/) (zuletzt abgerufen am 25.02.2022)

Elicker, James / Englund, Michelle M. / Sroufe, L. Alan: „Predicting peer competence and peer relationships in childhood from early parent-child realtionships", in: Family-Peer relationships: Modes of Linkage, 1. Januar 2016, S. 77–106. (https://experts.umn.edu/en/publications/predicting-peer-competence-and-peer-relationships-in-childhood-fr-2) (zuletzt abgerufen am 25.02.2022)

Dank

Ich möchte meiner Mutter und meinen zwei Vätern (der eine biologisch, der andere nicht) für alles bisher Erlebte und für die Zeit, die wir noch vor uns haben, danken. Ohne sie wäre ich nicht die, die ich bin.

Meinen Kindern und ihrem Vater dafür, dass sie das Licht meiner Tage und meines Herzens sind, meine größte Unterstützung und Motivation.

Allen Menschen, die ich liebe und die mich lieben, dafür, dass sie mir einfach ihre Hilfe, Zuneigung und ihr Ohr schenken.

Allen, die an mich und mein fachliches Wissen geglaubt haben. Die mir dabei geholfen haben, jeden Winkel der Welt zu erreichen, um meiner Stimme sowie denen der Kinder Gehör zu verschaffen.

An die Tausenden Familien und Fachkräfte, die sich mir Tag für Tag anvertrauen, weil sie ihr Leben verändern wollen. Ohne sie wäre ich heute nicht da, wo ich bin.

Und auch dir danke ich, dass du dich entschieden hast, dieses Buch zu lesen.

Danke von ganzem Herzen.

Autoreninfo

Tania García ist eine der führenden spanischen Expertinnen einer beziehungsbasierten Erziehung, die auf Respekt und Kohärenz beruht. Sie arbeitet als Sozialfamilienpädagogin und als Ausbilderin von Erziehungsfachkräften. 2014 gründete sie ihr eigenes Familienbildungsunternehmen (www.edurespeta.com), in dem sie mithilfe wertschätzender Kommunikation Eltern und Erziehende befähigt, die Familienalltagsprobleme zu lösen.

Tania ist Mutter eines Sohnes und einer Tochter. Sie stammt aus Madrid und wohnt heute mit ihrer Familie in England.